Schlotter, Ropers, Meyer
Die neue KSZE

Analysen

Politik — Gesellschaft — Wirtschaft

Herausgegeben von Göttrik Wewer

Band 44

Peter Schlotter
Norbert Ropers
Berthold Meyer

Die neue KSZE

Zukunftsperspektiven
einer regionalen
Friedensstrategie

Leske + Budrich, Opladen 1994

Die Autoren:
Dr. Peter Schlotter und Dr. Berthold Meyer, Projektleiter an der Hessischen Stiftung Friedens- und Konfliktforschung, Frankfurt a.M.;
Dr. Norbert Ropers, Leiter des Berghof Forschungszentrums für konstruktive Konfliktbearbeitung, Berlin.

ISBN 978-3-663-01251-1   ISBN 978-3-663-01250-4 (eBook)
DOI 10.1007/978-3-663-01250-4

Satz: Leske + Budrich

Inhalt

Abkürzungsverzeichnis 7

1.   Einleitung 9

2.   Die Strukturmerkmale der KSZE von Helsinki 1972
      bis Helsinki 1992 12
2.1   Die Entwicklung des alten KSZE-Prozesses
      von 1972 bis 1990 12
2.1.1 Die Vorbereitungsphase (1972-1975) 13
2.1.2 Die Phase der Entspannungskrise und
      der Implementierungskontroversen (1975-1985) 14
2.1.3 Die Phase des entspannungspolitischen Neubeginns
      und der institutionellen Dynamisierung (1985-1989) 19
2.1.4 Der Übergang zur neuen KSZE (1989-1990) 20
2.2   Die institutionelle Struktur der neuen KSZE 21
2.3   Von der militärischen Vertrauensbildung zu den
      neuen Krisenmechanismen 31
2.3.1 Der politische Krisenmechanismus 34
2.3.2 Der militärische Krisenmechanismus 34
2.3.3 Der Mechanismus der friedlichen Regelung
      von Streitfällen 37
2.3.4 Der KSZE-Mechanismus der „Menschlichen
      Dimension" 42

3.   Erste Bewährungsproben für die neue KSZE:
      Ihre Rolle bei den Kriegen im zerfallenden
      Jugoslawien und in der früheren Sowjetunion 46

4.   Die Zukunft der KSZE im Rahmen einer neuen
      europäischen Sicherheitsarchitektur 54
4.1   Die Weiterentwicklung der KSZE zu einer
      Internationalen Organisation 54
4.1.1 Die Strukturprobleme kollektiver Sicherheitssysteme ... 55
4.1.2 Die KSZE im europäischen Institutionengeflecht 58
4.1.3 Plädoyer für eine institutionelle Weiterentwicklung
      der KSZE 61
4.2   Minderheitenschutz und Staatszerfall 69
4.2.1 Die neuen ethnonationalen Herausforderungen 70
4.2.2 Der Minderheitenschutz im KSZE-Prozeß 75
4.2.3 Sezession im Völkerrecht 79

4.2.4   Kriterien für Sezession 81
4.2.5   Die Aufgaben der KSZE 83
4.3   Konfliktprävention durch „citizen diplomacy"
         und transnationale Mediationsprojekte 85
4.4   Friedenssicherung und humanitäre Interventionen
         mit militärischen Mitteln 89

5.   **Der KSZE-Prozeß als Modell für regionale
         Friedensstrategien in anderen Weltregionen** 95
5.1   Vorschläge für Initiativen und Konferenzen nach
         dem KSZE-Modell 95
5.2   Kriterien der Übertragbarkeit von
         KSZE-Erfahrungen 100
5.2.1   Bereitschaft zur nicht-militärischen
         Konfliktbearbeitung 101
5.2.2   Schlüssel-Akteure und ihre Funktionen 102
5.2.3   Klärung der regionalen „Zugehörigkeit" 103
5.2.4   Komplementäre Interessenstrukturen
         und Themenvielfalt 104
5.3   Erfolgschancen für KSZE-ähnliche regionale
         Friedensstrategien 105

6.   **Schlußfolgerungen** 107

Ausgewählte Literatur 110

Wichtige Adressen zur KSZE 114

Regelmäßige Informationsdienste über die KSZE 116

Zu den Materialien 117

Materialien 120
M 1.   Die KSZE von 1972-1990 121
M 2.   Die neue KSZE 137
M 3.   Die KSZE als „regionale Abmachung der UNO" ... 153
M 4.   Pro und Contra KSZE 166
M 5.   Die KSZE und die gesellschaftliche
         Konfliktprävention 188

Abkürzungsverzeichnis

AHB	Ausschuß Hoher Beamter
BDIMR	Büro für Demokratische Institutionen und Menschenrechte
EBRD	European Bank for Reconstruction and Development (Europäische Bank für Wiederaufbau und Entwicklung)
ECE	United Nations Economic Commission for Europe (Wirtschaftskommission der Vereinten Nationen für Europa)
EG	Europäische Gemeinschaft
EIB	Europäische Investitionsbank
GUS	Gemeinschaft Unabhängiger Staaten
KSE	Konventionelle Streitkräfte in Europa
KSZE	Konferenz über Sicherheit und Zusammenarbeit in Europa
KVAE	Konferenz über Vertrauens- und Sicherheitsbildende Maßnahmen und Abrüstung in Europa
KVZ	Konfliktverhütungszentrum
MBFR	Mutual Balanced Force Reduction (Konferenz über Truppenabbau in Europa)
NACC	North Atlantic Co-operation Council (Nordatlantischer Kooperationsrat)
NATO	North Atlantic Treaty Organization (Nordatlantische Allianz)
NN	Neutral and Nonaligned (neutrale und blockfreie Länder)
OECD	Organisation for Economic Co-operation and Development (Organisation für wirtschaftliche Zusammenarbeit und Entwicklung)
VKSE	Verhandlungen über Konventionelle Streitkräfte in Europa
VSBM	Vertrauens- und Sicherheitsbildende Maßnahmen
VVSBM	Verhandlungen über Vertrauens- und Sicherheitsbildende Maßnahmen in Europa
WEU	Westeuropäische Union
WVO	Warschauer Vertragsorganisation

1. Einleitung

Die radikale Transformation des internationalen Systems nach dem Zusammenbruch des Kommunismus hat auch die Herausforderungen an die Sicherheits- und Friedenspolitik grundlegend verändert. Die jahrzehntelang drohende Gefahr eines weltweiten Nuklearkrieges scheint gebannt zu sein. Die Voraussetzungen für gemeinsames Handeln der ständigen Mitglieder des UN-Sicherheitsrates haben sich deutlich verbessert. In vielen Teilen der Welt sind die Chancen für Demokratisierungsprozesse und die Achtung der Menschenrechte gestiegen und damit auch die Chancen für dauerhafte Friedensstiftung.

Allerdings haben die Hauptakteure des früheren Ost-West-Konfliktes die Möglichkeiten zur Zivilisierung der internationalen Beziehungen bislang völlig unzureichend genutzt. Offen ist darüber hinaus, ob durch die Neuformierung des internationalen Systems nicht traditionelle und neue Rivalitäten zwischen den Führungsmächten bzw. den Wachstumszentren der Welt aufflammen werden. Schon jetzt haben ethnonationale Konflikte, Krisen und Kriege auf dem Boden der ehemaligen sozialistischen Staaten eine ungeahnte Dramatik entfaltet. Nicht zuletzt zeichnen sich aufgrund der ökologischen Krise und wachsender Migrationsbewegungen neuartige Konflikte um Ressourcen und eine Renaissance territorialer Streitigkeiten ab.

Parallel zu diesen Entwicklungen hat der Wandel nach dem Ende des Ost-West-Konfliktes zu einer „Dezentralisierung des internationalen Sicherheitssystems" geführt.[1] Unmittelbar betroffen waren davon Europa und das Territorium der früheren Sowjetunion, wo nach dem Wegfall der konflikteindämmenden Wirkung des Kalten Krieges plötzlich eine Vielzahl alter und neuer sicherheitspolitischer Probleme auf die Tagesordnung rückte. In den anderen Regionen der Welt hatte der Kalte Krieg zwar auch disziplinierend gewirkt. An den nicht bipolar abgesteckten Rändern war es jedoch immer wieder zu kriegerischen Konflikten gekommen. Sie konnten durch das neue Einvernehmen nach dem Ende des Ost-West-Konflikts zumindest gedämpft, in manchen Fällen auch beigelegt werden. Zugleich gewannen allerdings die Kon-

---

1 Barry Buzan, People, States and Fear. An Agenda for International Security Studies in the Post-Cold War Era, Boulder 1992, S. 186-229.

kurrenz regionaler Vormächte und endogene Konfliktursachen an Gewicht. Weltweit ist deshalb nicht auszuschließen, daß die Gefahr militärischer Eskalationen eher zu- als abnehmen wird.

Angesichts dieser Dezentralisierung des internationalen Sicherheitssystems finden regionale Friedensstrategien verstärktes Interesse. Besondere Aufmerksamkeit richtet sich dabei auf die „Konferenz über Sicherheit und Zusammenarbeit in Europa" (KSZE), genauer auf den mit ihr verbundenen „KSZE-Prozeß". Welchen Anteil die KSZE an der Überwindung des Ost-West-Konfliktes in Europa hatte, ist zwar bis heute umstritten.[2] Unumstritten ist jedoch, daß der besondere Charakter der KSZE als ein Prozeß aufeinander aufbauender multilateraler diplomatischer Veranstaltungen mit einem sich allmählich verdichtenden Normengefüge erheblich dazu beigetragen hat, die Ost-West-Beziehungen zu „zivilisieren".

Mit der „Charta von Paris" vom November 1990 wurde ein neues Kapitel in der KSZE-Geschichte aufgeschlagen. An die Stelle des ordnungspolitischen Grundkonfliktes zwischen Ost und West trat das gemeinsame Bekenntnis zu Rechtsstaatlichkeit, pluralistischer Demokratie und Marktwirtschaft und verankerten dieses in der neuen KSZE auch institutionell: Nicht nur der Prinzipien- und Normenkatalog wurde ausgeweitet, sondern auch Regeln und Prozeduren zur multilateralen Unterstützung rechtsstaatlicher, demokratischer und marktwirtschaftlicher Reformprozesse verabschiedet. Wurde damit die KSZE schon zur zentralen gesamteuropäischen Plattform, so „erhoben" die Teilnehmerstaaten sie beim Helsinki-Gipfeltreffen im Juli 1992 sogar zur „regionalen Abmachung" im Sinne der Charta der Vereinten Nationen. Die Übergangszeit von der Pariser Charta 1990 zum Helsinki-Gipfel 1992 markiert allerdings eine Phase, in der die KSZE mit einer Vielzahl neuer Herausforderungen konfrontiert wurde und oft genug die in sie gesetzten Erwartungen, insbesondere im Hinblick auf die friedliche Regelung ethnonationaler Konflikte, nicht erfüllen konnte.

Gleichwohl war es vor allem die KSZE, die als Vorbild für regionale Friedensstrategien im Mittelmeerraum und im Nahen Osten, in Afrika, in Zentralamerika und in Asien ins Gespräch kam. Zum offiziellen Thema zwischenstaatlicher Politik sind derartige Initiativen außer in Afrika und dem Mittelmeerraum bisher

---

2 Vgl. zur positiven Einschätzung Wilfried von Bredow, Der KSZE-Prozeß. Von der Zähmung zur Auflösung des Ost-West-Konflikts, Darmstadt 1992, S. 19.

allerdings noch nicht geworden.[3] Angesichts der Dezentralisierung sicherheitspolitischer Herausforderungen werden die Fragen der Weiterentwicklung und der Übertragbarkeit des KSZE-Modells weiterhin auf der Tagesordnung bleiben. Offen ist freilich, worauf sich der Modellcharakter der KSZE genau bezieht: auf die „alte" KSZE, mit deren Hilfe der Ost-West-Konflikt in Europa „kleingearbeitet" wurde, oder auf die „neue" KSZE mit ihren Elementen kooperativer Sicherheit und den diversen Krisenmechanismen.

Im folgenden sollen die Möglichkeiten und Grenzen einer regionalen Friedensstrategie am Beispiel der KSZE genauer untersucht werden. Unser Ausgangspunkt ist dabei eine Bestandsaufnahme der bisherigen Strukturmerkmale des KSZE-Prozesses, wie er sich in der besonderen Ost-West-Konfliktkonstellation, bezogen auf Europa, herauskristallisiert hat (Kapitel 2). Dieser Teil ist aufgeschlüsselt in ein Resümee des alten KSZE-Prozesses, eine Darstellung des institutionellen Gefüges der neuen KSZE und eine Zusammenfassung der neuen KSZE-Krisenmechanismen. Im dritten Kapitel wird die Rolle der KSZE bei den Kriegen im zerfallenden Jugoslawien und um Nagornij-Karabach untersucht, um anhand dieser Herausforderungen die Defizite der neuen KSZE genauer bestimmen zu können. Im vierten Kapitel geht es dann um die Zukunft der KSZE als regionale Friedensstrategie. Dabei werden im einzelnen vier Aspekte berücksichtigt: die Weiterentwicklung zu einer internationalen Organisation, die Regimebildung beim Schutz von Minderheiten und bei der Neubildung von Staaten, die Konfliktprävention und schließlich die Friedenssicherung mit militärischen Mitteln. Das fünfte Kapitel ist der Frage gewidmet, welche Schlußfolgerungen sich aus den KSZE-Erfahrungen für andere regionale Friedensstrategien ziehen lassen.

---

3 Vgl. zu diesen beiden Regionen die Dokumente des Africa Leadership Forums: The Kampala Document. Towards a Conference on Security, Stability, Development and Cooperation in Africa, Kampala 1991, sowie das Documento conjunto de España, Francia, Italia y Portugal, Conferencia para la Seguridad y la Cooperación en el Mediterráneo, Madrid: Oficina de Información Diplomática 1991.

2. Die Strukturmerkmale der KSZE von Helsinki 1972 bis Helsinki 1992

2.1 Die Entwicklung des alten KSZE-Prozesses von 1972 bis 1990

Als Anfangsdatum des KSZE-Prozesses wird heute in der Regel der 1. August 1975 betrachtet. Damals unterzeichneten die Staatsoberhäupter bzw. Regierungschefs der 35 KSZE-Teilnehmerstaaten die Schlußakte von Helsinki. Die Vorgeschichte reicht freilich sehr viel weiter zurück. So hatte die Sowjetunion bereits 1954 vorgeschlagen, über eine gesamteuropäische Konferenz ein System der kollektiven Sicherheit zu schaffen. Zu einem Thema der praktischen Politik wurde das Konferenzprojekt freilich erst, als sich in der zweiten Hälfte der sechziger Jahre die Supermachtbeziehungen konsolidierten und die kleineren Bündnispartner über einen wachsenden Handlungsspielraum verfügten. Eine wichtige Einstimmung und Voraussetzung für die Konferenz bildeten schließlich die erfolgreichen bilateralen Ost-West-Verhandlungen zu Beginn der siebziger Jahre, insbesondere die Ostverträge zwischen der Bundesrepublik Deutschland und der Sowjetunion, Polen und der Tschechoslowakei, das Viermächteabkommen über Berlin (West) und der Grundlagenvertrag zwischen der Bundesrepublik und der DDR.

Die multilateralen Konsultationen zur Vorbereitung der KSZE begannen offiziell im November 1972 in Dipoli in Helsinki. Da sich bei diesen Verhandlungen bereits die wesentlichen Struktur- und Prozeßelemente der alten KSZE herauskristallisierten, erscheint es sinnvoll, den KSZE-Prozeß von diesem Zeitpunkt ab zu datieren.

Die Geschichte des KSZE-Prozesses von 1972 bis 1993 läßt sich in vier Phasen einteilen (vgl. Schaubild 1, S. 17).[4]

---

4 Vgl. die Periodisierung bei Reimund Seidelmann, Der KSZE-Prozeß. Perspektiven und Probleme für die Verfriedlichung der europäischen Staatenordnung, Bonn 1989 (Interdependenz, Materialien der Stiftung Entwicklung und Frieden, Heft 2/1989). Zur Geschichte des KSZE-Prozesses im einzelnen vgl. Mathias Jopp/Berthold Meyer/ Norbert Ropers/Peter Schlotter, Zehn Jahre KSZE-Prozeß. Bilanz und Perspektiven gesamteuropäischer Entspannung und Zusammenarbeit,

2.1.1 Die Vorbereitungsphase (1972-1975)

Die Aushandlung der Schlußakte von Helsinki war geprägt durch ein Tauschgeschäft, das es ermöglichte, die Interessen beider Seiten miteinander zu verknüpfen: Das östliche Streben nach Anerkennung der territorialen Nachkriegsordnung und nach einem stärkeren Wirtschaftsaustausch stand dem westlichen Bemühen um die „Einbindung" der sowjetischen Außenpolitik in ein „Regelwerk" und um mehr Freizügigkeit für Menschen und Informationen zwischen beiden Systemen gegenüber. Die ordnungspolitischen Grundvorstellungen hingegen waren nicht verhandlungsfähig.

Die eigentliche Leistung der ersten KSZE-Runde bestand darin, das gesamte Spektrum der Ost-West-Beziehungen in Europa je nach ihrem Konfliktgrad „kleinzuarbeiten". Mit Ausnahme der Abrüstung und Rüstungskontrolle, die an die Verhandlungen über einen Truppenabbau in Europa in Wien (MBFR) delegiert wurden, umfaßte die Schlußakte so gut wie alle gesamteuropäischen Konfliktthemen. Die Qualität der Beschlüsse reichte von Formelkompromissen für die grundlegenden Kontroversen über „Friedliche Koexistenz" versus „Wandel durch Annäherung" bis zu ersten vertrauensbildenden Maßnahmen. Die Schlußakte enthält sowohl Prinzipien, Normen und Regeln als auch Vorgaben für Entscheidungsprozeduren.[5]

---

in: Aus Politik und Zeitgeschichte, B37/85 vom 14.3.1985, S. 3-14; Berthold Meyer/Norbert Ropers/Peter Schlotter, Der KSZE-Prozeß, in: Gert Krell u.a. (Hrsg.), Friedensgutachten 1987, Frankfurt a.M. 1987, S. 140-159; Norbert Ropers/Peter Schlotter, Der KSZE-Prozeß, in: Klaus von Schubert u.a. (Hrsg.): Friedensgutachten 1988, Heidelberg 1988, S. 41-59; Norbert Ropers/Peter Schlotter, Der KSZE-Prozeß, in: Egon Bahr u.a. (Hrsg.), Friedensgutachten 1989, Hamburg 1989, S. 77-97; Norbert Ropers, Der KSZE-Prozeß, in: Gert Krell u.a. (Hrsg.), Friedensgutachten 1990, Münster, Hamburg 1990, S. 137-153; Berthold Meyer/Peter Schlotter, Der KSZE-Prozeß, in: Johannes Schwerdtfeger u.a. (Hrsg.), Friedensgutachten 1991, Münster, Hamburg 1991, S. 108-118; Berthold Meyer/Peter Schlotter, Die KSZE vor neuen Herausforderungen, in: Reinhard Mutz u.a. (Hrsg.), Friedensgutachten 1992, Münster, Hamburg 1992, S. 207-218; Berthold Meyer, Zu viele Köche? KSZE, NATO-Kooperationsrat und WEU auf der Suche nach einer gesamteuropäischen Sicherheitspolitik, in: Gert Krell u.a. (Hrsg.), Friedensgutachten 1993, Münster, Hamburg 1993, S. 150-162.

5   Vgl. Norbert Ropers/Peter Schlotter, Regimeanalyse und KSZE-Pro-

Die 1975 verabschiedete Schlußakte erscheint im nachhinein als ein Höhepunkt der Entspannungspolitik. Die gefaßten Beschlüsse waren völkerrechtlich zwar nicht verbindlich. Das Konferenzprinzip des „blockübergreifenden Multilateralismus", gekennzeichnet durch die gleichberechtigte Teilnahme aller europäischen und nordamerikanischen Staaten (mit Ausnahme Albaniens) und die Beschlußfassung nach dem Konsensprinzip, gab dem Text jedoch erhebliches politisches Gewicht. Verstärkt wurde es dadurch, daß sich die Teilnehmerstaaten im letzten Teil des Dokuments, dem sogenannten „vierten Korb", auf eine Folgekonferenz einigten, auf der die Umsetzung der Vereinbarungen diskutiert werden sollte. Weitergehende Vorschläge der Sowjetunion, ständige Institutionen einzurichten, wurden von den westlichen Staaten abgelehnt.

2.1.2 Die Phase der Entspannungskrise und der Implementierungskontroversen (1975-1985)

Die Verschlechterung der Ost-West-Beziehungen in der zweiten Hälfte der siebziger Jahre wirkte sich unmittelbar auch auf den KSZE-Prozeß aus. Die Folgekonferenzen von Belgrad (1977/78) und Madrid (1980-1983) standen unter dem Eindruck einer scharfen Konfrontation zwischen den beiden Führungsmächten, die sich gegenseitig vorwarfen, die Geschäftsgrundlage der Entspannungspolitik aufgegeben zu haben. Beide Seiten argumentierten dabei mit den Bestimmungen der Schlußakte, wenn auch gelegentlich mit einer höchst selektiven Interpretation. So wurden die Implementierungsdebatten zu einem wichtigen Feld der west-östlichen Auseinandersetzungen. In manchen Phasen schien damit der Prozeß kurz vor dem Abbruch zu stehen. In buchstäblich letzter Minute gelangten die Kontrahenten jedoch immer wieder zu einer Einigung über die Fortsetzung oder die Wiederaufnahme der Verhandlungen.

Die erstaunliche Zählebigkeit des KSZE-Prozesses in diesen Krisenmomenten verlangt nach einer genaueren Analyse seiner Wirkungsweise. Das wichtigste innovative Element der KSZE-Diplomatie war unter diesem Aspekt zweifellos ihr prozeßorientierter Charakter. Er erlaubte es, das Konferenzprofil den sich verschlechternden Rahmenbedingungen anzupassen, ohne auf die

---

zeß, in: Beate Kohler-Koch (Hrsg.), Regime in den internationalen Beziehungen, Baden-Baden 1989, S. 315-342.

Schaubild 1: Der KSZE-Prozeß 1972 - 1993

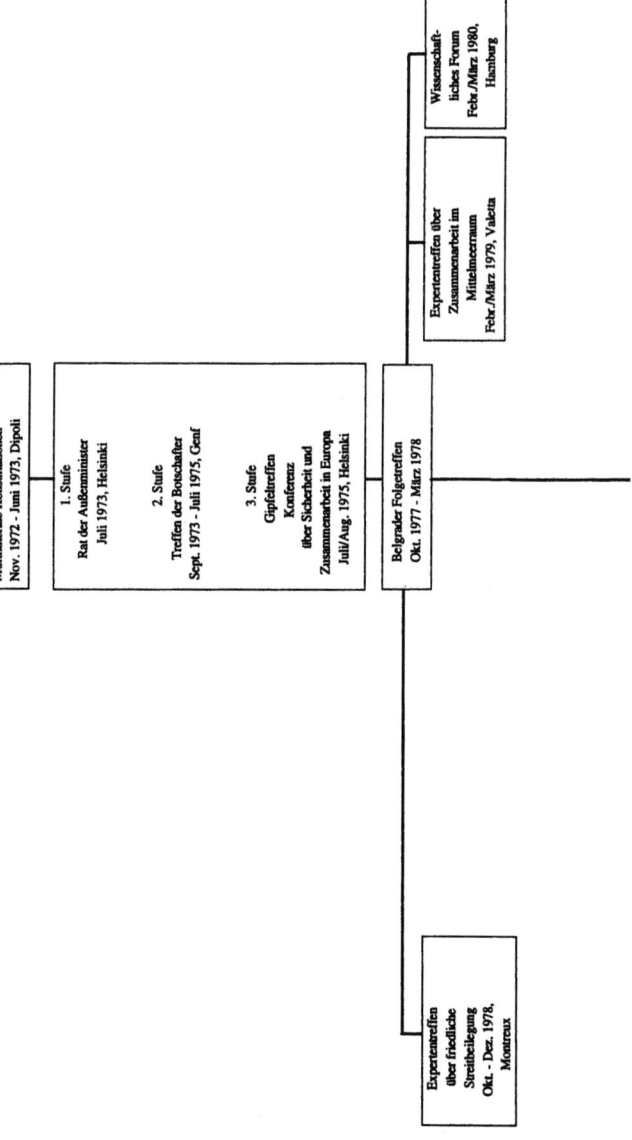

Multilaterale Konsultationen
Nov. 1972 - Juni 1973, Dipoli

1. Stufe
Rat der Außenminister
Juli 1973, Helsinki

2. Stufe
Treffen der Botschafter
Sept. 1973 - Juli 1975, Genf

3. Stufe
Gipfeltreffen
Konferenz
über Sicherheit und
Zusammenarbeit in Europa
Juli/Aug. 1975, Helsinki

Belgrader Folgetreffen
Okt. 1977 - März 1978

Expertentreffen über
Zusammenarbeit im
Mittelmeerraum
Febr./März 1979, Valetta

Wissenschaft-
liches Forum
Febr./März 1980,
Hamburg

Expertentreffen
über friedliche
Streitbeilegung
Okt. - Dez. 1978,
Montreux

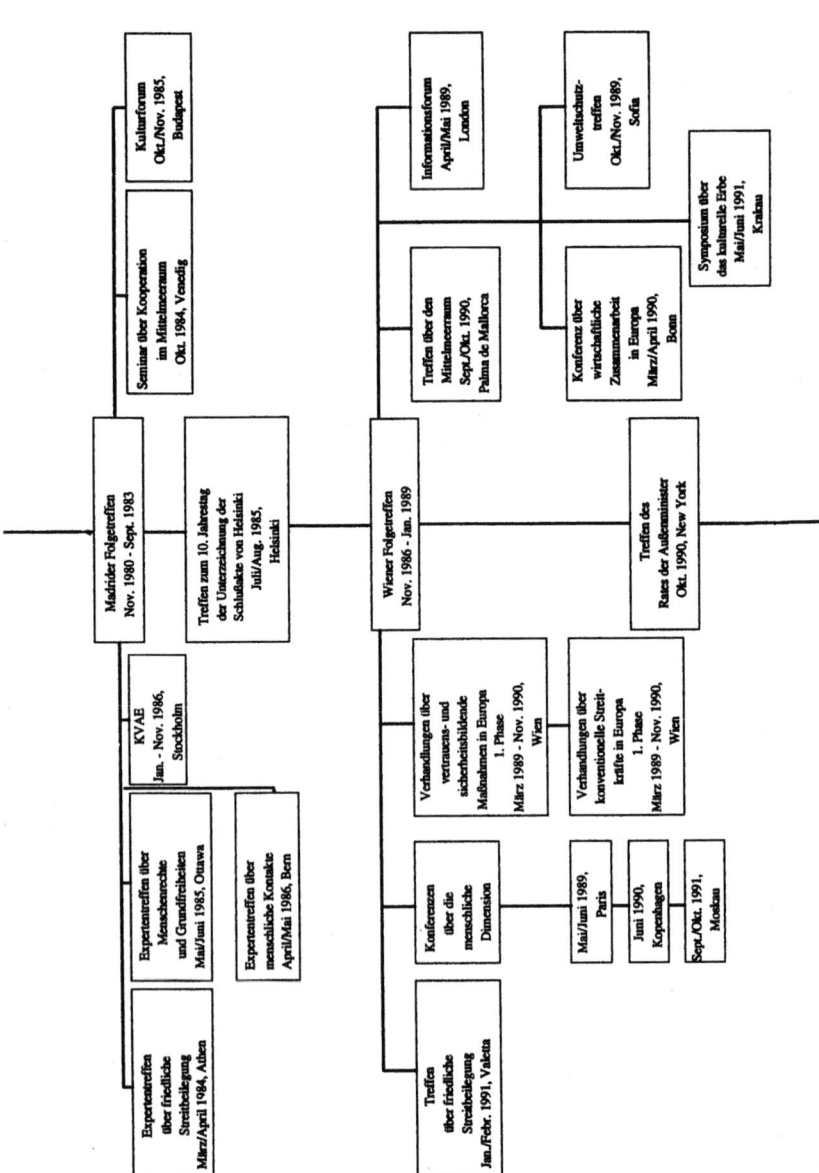

Madrider Folgetreffen
Nov. 1980 - Sept. 1983

Kulturforum
Okt./Nov. 1985,
Budapest

Seminar über Kooperation
im Mittelmeerraum
Okt. 1984, Venedig

Treffen zum 10. Jahrestag
der Unterzeichnung der
Schlußakte von Helsinki
Juli/Aug. 1985,
Helsinki

KVAE
Jan. - Nov. 1986,
Stockholm

Expertentreffen über
Menschenrechte
und Grundfreiheiten
Mai/Juni 1985, Ottawa

Expertentreffen über
menschliche Kontakte
April/Mai 1986, Bern

Expertentreffen
über friedliche
Streitbeilegung
März/April 1984, Athen

Wiener Folgetreffen
Nov. 1986 - Jan. 1989

Informationsforum
April/Mai 1989,
London

Umweltschutz-
treffen
Okt./Nov. 1989,
Sofia

Symposium über
das kulturelle Erbe
Mai/Juni 1991,
Krakau

Treffen über den
Mittelmeerraum
Sept./Okt. 1990,
Palma de Mallorca

Konferenz über
wirtschaftliche
Zusammenarbeit
in Europa
März/April 1990, Bonn

Treffen des
Rates der Außenminister
Okt. 1990, New York

Verhandlungen über
vertrauens- und
sicherheitsbildende
Maßnahmen in Europa
1. Phase
März 1989 - Nov. 1990,
Wien

Verhandlungen über
konventionelle Streit-
kräfte in Europa
1. Phase
März 1989 - Nov. 1990,
Wien

Konferenzen
über
die
menschliche
Dimension

Mai/Juni 1989,
Paris

Juni 1990,
Kopenhagen

Sept./Okt. 1991,
Moskau

Treffen
über die friedliche
Streitbeilegung
Jan./Febr. 1991, Valetta

16

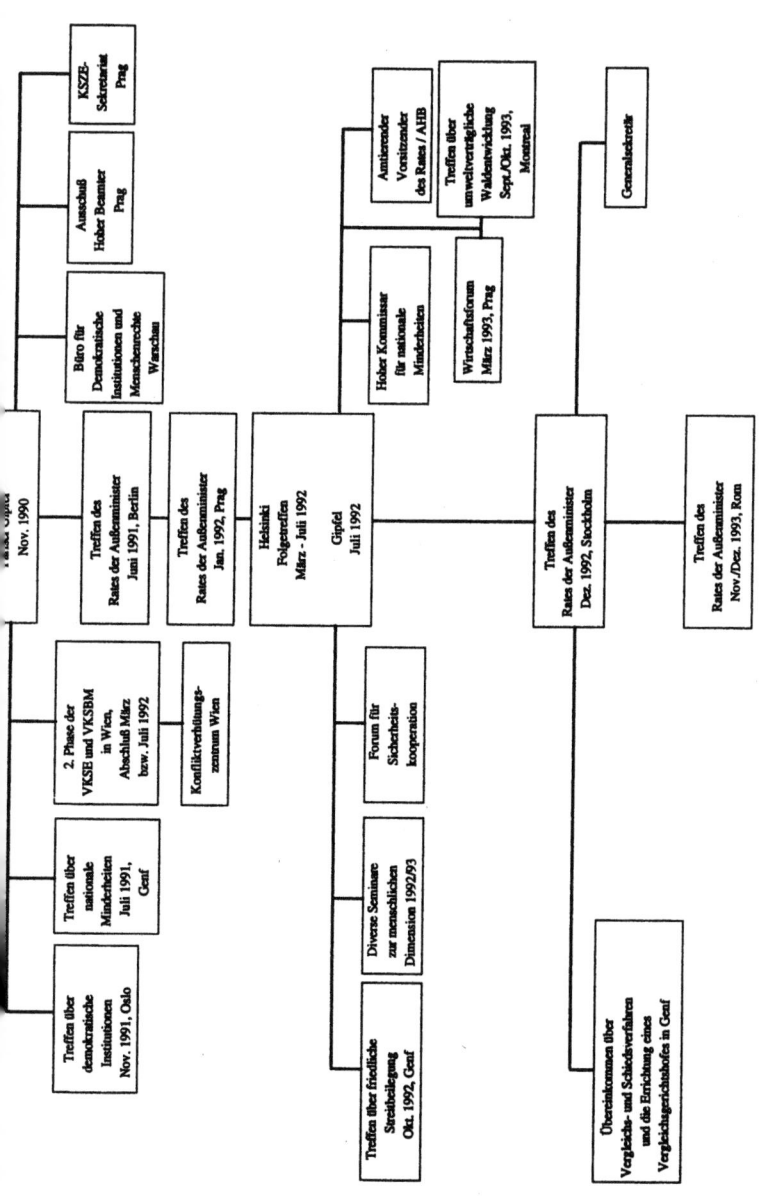

...sia Gipfel
Nov. 1990

KSZE-Sekretariat
Prag

Ausschuß
Hoher Beamter
Prag

Büro für
Demokratische
Institutionen und
Menschenrechte
Warschau

Treffen des
Rates der Außenminister
Juni 1991, Berlin

Treffen des
Rates der Außenminister
Jan. 1992, Prag

Helsinki
Folgetreffen
März - Juli 1992

Gipfel
Juli 1992

Amtierender
Vorsitzender
des Rates / AHB

Treffen über
umweltverträgliche
Waldentwicklung
Sept./Okt. 1993,
Montreal

Hoher Kommissar
für nationale
Minderheiten

Wirtschaftsforum
März 1993, Prag

Generalsekretär

Treffen über
demokratische
Institutionen
Nov. 1991, Oslo

Treffen über
nationale
Minderheiten
Juli 1991,
Genf

2. Phase der
VKSE und VKSBM
in Wien,
Abschluß März
bzw. Juli 1992

Konfliktverhütungs-
zentrum Wien

Forum für
Sicherheits-
kooperation

Treffen des
Rates der Außenminister
Dez. 1992, Stockholm

Treffen des
Rates der Außenminister
Nov./Dez. 1993, Rom

Treffen über friedliche
Streitbeilegung
Okt. 1992, Genf

Diverse Seminare
zur menschlichen
Dimension 1992/93

Übereinkommen über
Vergleichs- und Schlichtverfahren
und die Einrichtung eines
Vergleichsgerichtshofes in Genf

17

bereits erreichten Verständigungen verzichten zu müssen, die im beiderseitigen Interesse lagen. Wenn es nicht gelang, bei den Folgekonferenzen neue Kompromisse zu vereinbaren, wurden die Beschlüsse von 1975 bekräftigt.

Der entspannungspolitische Wert der KSZE-Diplomatie läßt sich vor diesem Hintergrund in einen kurz- und einen langfristigen Wirkungsmechanismus aufschlüsseln. Der kurzfristige beruhte auf der Stabilität und dem Gewicht der interessenausgleichenden Kompromisse und „package deals". Je mehr Gewinn eine Seite aus solchen Vereinbarungen zog, desto größer war ihre Bereitschaft, auch Nachteile zu akzeptieren. Der langfristige Wirkungsmechanismus läßt sich stichwortartig mit der These von der „realitätsstiftenden Kraft des Symbolischen" umschreiben: Der mit dem KSZE-Prozeß entwickelte Fächer an Verhaltensregeln, Absichtserklärungen und praktischen Empfehlungen für alle möglichen Beziehungsfelder schuf allmählich eine gesamteuropäische Kultur der Konfliktregulierung und Kooperationsförderung, der sich die Teilnehmerstaaten um so weniger entziehen konnten, je länger dieses Regelwerk in Kraft war und je häufiger es bei Implementierungsdebatten und realen Problemlösungen im Ost-West-Konflikt herangezogen wurde.

Nicht zuletzt ist ein Strukturelement zu nennen, das für die politische Transformationskraft der KSZE schließlich zentrale Bedeutung gewinnen sollte: die Diskussion innergesellschaftlicher Verhältnisse als legitimes Thema der KSZE-Konferenzen. Während ursprünglich auf westlicher Seite befürchtet worden war, daß die KSZE der Sowjetunion ein einseitiges Mitspracherecht in westeuropäischen Angelegenheiten verschaffen könnte, hatte die reale Entwicklung den genau entgegengesetzten Effekt. Die Ursache lag vor allem darin, daß in der Schlußakte die menschenrechtliche Lage in den Teilnehmerstaaten als legitimer Gegenstand internationaler politischer Kontrolle anerkannt wurde. So entwickelte sich ein neuartiger „Konstitutionalisierungsprozeß"[6] in den sozialistischen Ländern, der zur allmählichen Erosion der autoritären Herrschaftsstrukturen beigetragen hat.

Gegen Ende der schwierigen Phase von 1975 bis 1985 zählte der KSZE-Prozeß zu den krisenstabilsten Elementen der Ost-West-Beziehungen. Dies war auch einer der Gründe dafür, daß

---

6 Vgl. Gerda Zellentin, Zur Rolle der Konferenzdiplomatie in den Ost-West-Beziehungen, in: Jost Delbrück/Norbert Ropers/Gerda Zellentin (Hrsg.), Grünbuch zu den Folgewirkungen der KSZE, Köln 1977, S. 13-26.

auf dem Madrider Folgetreffen die sicherheitspolitische Dimension ausgebaut wurde, indem unter dem Dach der KSZE eine spezielle „Konferenz über Vertrauens- und Sicherheitsbildende Maßnahmen und Abrüstung in Europa" (KVAE) eingerichtet wurde, nachdem die MBFR-Verhandlungen in Wien sich als Sackgasse erwiesen hatten. Die Ausdifferenzierung des KSZE-Prozesses in zusätzliche, thematisch beschränkte Expertentreffen und Foren zwischen den Folgekonferenzen stellte im übrigen einen bedeutenden Schritt zur Verfestigung der multilateralen Diplomatie dar.

2.1.3 Die Phase des entspannungspolitischen Neubeginns und der institutionellen Dynamisierung (1985-1989)

Die Veränderungen der sowjetischen Außenpolitik unter Gorbatschow und die daraus folgenden sicherheitspolitischen Annäherungen zwischen Ost und West wirkten sich unmittelbar auf den KSZE-Prozeß aus. Das entscheidende Signal hierfür war der termingerechte und substantielle Abschluß der KVAE vor Beginn der Wiener Folgekonferenz, die im November 1986 begann. Im Vergleich zu den militärisch vertrauensbildenden Maßnahmen der KSZE-Schlußakte von 1975 waren die Vereinbarungen der Stockholmer KVAE von 1986 präziser, militärisch bedeutsamer und politisch verbindlich. Damit gelang es zum ersten Mal im KSZE-Prozeß, den Normenkatalog weiter aufzufächern und gleichzeitig seine Bindungswirkung zu erhöhen.[7] Die Vereinbarungen stellten einen wichtigen Schritt bei der Transformation der gesamteuropäischen Beziehungen dar.

Der Abschluß des Wiener Folgetreffens im Januar 1989 brachte dann eine weitere Ausdifferenzierung nicht nur der Prinzipien, Normen und Regeln, sondern auch der Prozeduren zur Umsetzung der gefaßten Beschlüsse. Dies betraf vor allem die „menschliche Dimension". Die Bestimmungen zur Religionsausübung sowie zur inner- und zwischenstaatlichen Freizügigkeit wurden präzisiert. Ferner wurde ein Überprüfungsverfahren bei Verdacht auf Verletzung der Menschenrechte eingeführt. Ebenso bedeutsam waren die Beschlüsse zur Verdichtung des KSZE-Prozesses. Insgesamt wurden elf Zwischenkonferenzen bis zum nächsten Folgetreffen 1992 in Helsinki vorgesehen. Damit blieben die Vereinba-

---

7 Vgl. Ropers/Schlotter, Regimeanalyse (Anm. 5), und Manfred Efinger, Vertrauens- und Sicherheitsbildende Maßnahmen in und für Europa. Ein Schritt auf dem Wege zur Verregelung der Ost-West-Beziehungen, in: Kohler-Koch (Anm. 5), S. 343-384.

rungen zwar unterhalb der von manchen Delegationen gewünschten festen Institutionalisierung in der Form einer internationalen Organisation. Die dichte Folge der Konferenzen lief jedoch auf einen fast kontinuierlichen Meinungsaustausch über die Implementierung der alten und die Initiierung neuer KSZE-Beschlüsse hinaus.[8]

Eine qualitativ wichtige Erweiterung bestand schließlich darin, die militärische Sicherheitsproblematik über die vertrauensbildenden Maßnahmen hinaus in den Rahmen des KSZE-Prozesses zu integrieren. Die Ausklammerung dieser Dimension war zwar zu Beginn möglicherweise eine Voraussetzung für den relativen Erfolg der KSZE gewesen. Das Zurückbleiben der militärischen hinter der politischen Entspannung hatte jedoch auch zu erheblichen Spannungen geführt. Neben die Fortsetzung der KVAE (als Verhandlungen über Vertrauens- und Sicherheitsbildende Maßnahmen, VSBM) traten deshalb die „Verhandlungen über konventionelle Streitkräfte in Europa" (VKSE), die allerdings nur die Mitglieder der beiden Militärbündnisse umfaßten. Dabei ging es in der 1. Phase um Höchstgrenzen bei Großwaffensystemen, in der 2. Phase um Obergrenzen bei den Mannschaftsstärken.

2.1.4   Der Übergang zur neuen KSZE (1989-1990)

Nach den Umbrüchen in Mittel- und Osteuropa im Herbst 1989 zeichnete sich ein substantieller Wandel in der Bedeutung und Funktion des KSZE-Prozesses ab. Mit dem Verschwinden des Ost-West-Konfliktes entfielen weitgehend die zu normierenden und regelnden Konfliktgegenstände, auf die sich die KSZE bisher bezogen hatte. Schon das KSZE-Treffen über „Wirtschaftliche Zusammenarbeit ·in Europa" im März/April 1990 erklärte politischen Pluralismus und Marktwirtschaft zu Orientierungspunkten der zukünftigen Zusammenarbeit.[9] Im Schlußdokument des Treffens über die „Menschliche Dimension" in Kopenhagen Ende Juni 1990 wurde von einer ausdrücklichen Verknüpfung zwischen den drei Elementen: Achtung der Menschenrechte und Grundfrei-

---

8   Vgl. Norbert Ropers/Peter Schlotter, Die Institutionalisierung des KSZE-Prozesses, in: Aus Politik und Zeitgeschichte, B 1-2/87 vom 10.1.1987, S. 16-28.

9   Dokument der Konferenz über Wirtschaftliche Zusammenarbeit in Europa in Bonn vom 11.4.1990, in: Auswärtiges Amt (Hrsg.), Sicherheit und Zusammenarbeit in Europa. Dokumentation zum KSZE-Prozeß 1990/91, Bonn Mai 1991, S. 21-33.

heiten, Schaffung pluralistischer Demokratien in allen europäischen Staaten und Aufbau einer gesamteuropäischen Friedensordnung gesprochen.[10] Die „Charta von Paris für ein neues Europa" vom November 1990 schließlich feierte die Einheit von pluralistischer Demokratie, Respektierung der Menschenrechte und Marktwirtschaft auf der Basis des Privateigentums.[11] Zugleich unterzeichneten die Mitgliedstaaten der beiden Militärbündnisse eine „Gemeinsame Erklärung", in der sie bekundeten, daß sie sich nicht mehr als Gegner betrachteten.[12]

Die Funktion der alten KSZE, den Ost-West-Konflikt in Europa durch diplomatische Tauschgeschäfte und Kompromisse, durch Verhaltensregeln und Implementierungsdebatten einzuhegen, war damit überflüssig geworden. Stattdessen stand die KSZE plötzlich vor einer Fülle neuer Herausforderungen: der Erosion der alten staatlichen, gesellschaftlichen und internationalen Strukturen im Osten Europas, dem Aufflammen alter und neuer ethnonationaler Konflikte, der wachsenden wirtschaftlichen und sozialen Kluft in Europa, den macht- und sicherheitspolitischen Verschiebungen infolge der Vereinigung Deutschlands. Innerhalb kurzer Zeit wuchs der Teilnehmerkreis der KSZE auf 53 Mitgliedstaaten (Mitte 1993). Während Albanien und die ersten vom früheren Jugoslawien abgespaltenen Republiken noch „ordnungsgemäß" in die KSZE aufgenommen wurden, handelte es sich bei der Erweiterung um die Mitglieder der GUS im Januar 1992 schon um eine Art „Notaufnahmeverfahren". Dies geschah vor allem aus sicherheitspolitischen Überlegungen, unbeschadet der Defizite und Mängel, die sie bezüglich der Einhaltung der KSZE-Vereinbarungen aufwiesen.

2.2 Die institutionelle Struktur der neuen KSZE

Die institutionelle Entwicklung der neuen KSZE erfolgte zwischen 1990 und 1993 in kleinen Schritten, da die Vorstellungen über die künftige Organisation der gesamteuropäischen Sicherheit und Zusammenarbeit erheblich auseinandergingen.

Ein erster Schritt erfolgte auf dem Pariser Gipfeltreffen der KSZE-Staaten im November 1990. In der „Charta von Paris" ei-

---

10 Dokument des Kopenhagener Treffens vom 29.6.1990, in: ebenda, S. 35-57.
11 Charta von Paris vom 21.11.1990, in: ebenda, S. 147-179.
12 Gemeinsame Erklärung vom 19.11.1990, in: ebenda, S. 115-117.

nigten sich die Teilnehmerstaaten auf eine Kombination aus regelmäßigen Konsultationen und ersten Ansätzen für eine Organisationsbildung. Dazu gehörte vor allem die Einrichtung eines mindestens einmal jährlich tagenden „Rates der Außenminister", der das zentrale Forum für politische Konsultationen im KSZE-Prozeß bilden sollte. Zur Unterstützung des Rates wurden ferner ein kleines Sekretariat sowie ein „Ausschuß Hoher Beamter" in Prag eingerichtet.

Schneller als erwartet standen die ersten beiden Treffen des Außenminister-Rates im Juni 1991 in Berlin und im Januar 1992 in Prag vor dem Zwang, auf die Sezessionskonflikte in Jugoslawien und der (ehemaligen) Sowjetunion reagieren zu müssen. Die Außenminister beschlossen in Berlin, den bereits vorhandenen „Mechanismen" für die „Menschliche Dimension" und für „ungewöhnliche militärische Aktivitäten" zwei weitere Mechanismen hinzuzufügen: einen für „Konsultationen und Zusammenarbeit in dringlichen Situationen" und einen für die „friedliche Regelung von Streitfällen" (siehe Abschnitt 2.3). In Prag verständigten sie sich darüber hinaus auf eine Relativierung des Konsensprinzips: um die Wahrung der Menschenrechte in einem Land zu sichern, sollten vom Rat auch Entscheidungen nach einer „Konsens-minus-eins"-Formel getroffen werden können, wonach der zu erwartende Widerspruch eines betroffenen Landes nicht mehr als Veto wirksam wird.

Trotz dieser prozeduralen Neuerungen erwiesen sich die neuen KSZE-Instrumente als wenig geeignet, substantielle Beiträge zur Krisenbewältigung in Südosteuropa und im Kaukasus zu leisten (siehe Abschnitt 3).

Auf der vierten KSZE-Folgekonferenz, die von März bis Juli 1992 wieder in Helsinki stattfand, und auf dem 3. Außenministertreffen in Stockholm Mitte Dezember 1992 sowie auf dem 4. in Rom am 30. November/1. Dezember 1993 wurden deshalb weitere Beschlüsse zur Stärkung der operativen Handlungsfähigkeit gefaßt (siehe Schaubild 2).[13]

---

13 KSZE. Helsinki-Dokument 1992. Herausforderung des Wandels, in: Bulletin der Bundesregierung Nr. 82 vom 23.7. 1992, S. 777-804; Drittes Treffen des Rats der Außenminister am 14./15. Dezember 1992 in Stockholm, in: Bulletin der Bundesregierung, Nr. 138 vom 18.12.1992, S. 1257-1264; Viertes Treffen des Rates der Außenminister der KSZE-Teilnehmerstaaten am 30. November/1. Dezember 1993 in Rom, in: Bulletin der Bundesregierung, Nr. 112 vom 15.12.1993, S. 1233-1244.

Schaubild 2 : Die Institutionen der KSZE (Stand: Dezember 1993)

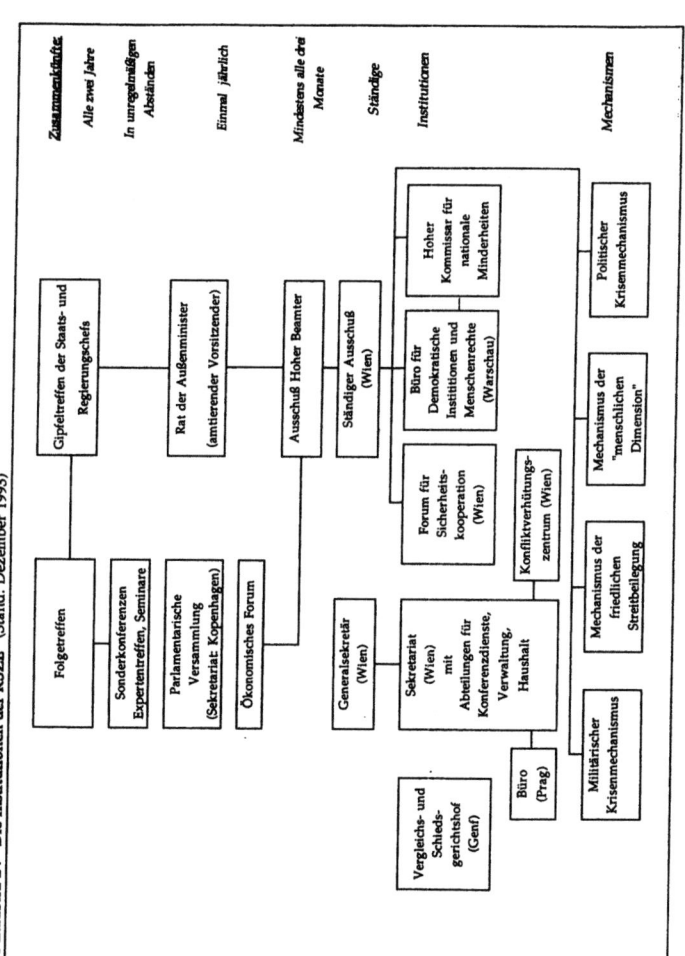

Folgekonferenzen

Der alte KSZE-Prozeß als unregelmäßige Konferenzfolge wurde verdichtet und verstetigt: Alle zwei Jahre werden Folgetreffen der KSZE stattfinden, deren Dauer drei Monate jedoch nicht überschreiten soll. Anläßlich dieser Folgetreffen kommen auch die Staats- und Regierungschefs zu einem Gipfeltreffen zusammen. Zentrale Aufgabe dieser Folgetreffen wird weiterhin sein, die Implementierung sämtlicher Beschlüsse zu überprüfen und neue Vereinbarungen zu treffen, um den KSZE-Prozeß zu stärken. Die Prioritäten und Richtlinien der KSZE-Politik werden vom Treffen der Staats- und Regierungschefs anläßlich der Überprüfungskonferenzen festgelegt. Zusätzlich zu den Überprüfungskonferenzen soll es allerdings auch spezielle Bewertungstreffen geben, die der Ausschuß Hoher Beamter, das Konfliktverhütungszentrum und das Büro für Demokratische Institutionen und Menschenrechte veranstalten. Die operativen Funktionen der großen Überprüfungskonferenzen werden sich also in Zukunft vermutlich auf die Koordination des inzwischen weit aufgefächerten KSZE-Prozesses konzentrieren.

Rat der Außenminister

Das zentrale Forum der neuen KSZE und ihrer politischen Konsultationen ist der Rat der Außenminister, der sich mindestens einmal jährlich versammelt, aber auch außerplanmäßig tagen kann. Er kann Beschlüsse zur institutionellen Weiterentwicklung der KSZE fassen.

Ausschuß Hoher Beamter (AHB)

Das zentrale Lenkungsgremium der neuen KSZE ist der Ausschuß Hoher Beamter. Der Ausschuß tritt in der Regel am Sitz des KSZE-Sekretariats zusammen. Er bereitet nicht nur die Sitzungen des Ministerrates vor und führt dessen Beschlüsse aus, er ist auch zwischen den Ratssitzungen für die Übersicht, Leitung und Koordinierung zuständig und faßt als Beauftragter des Rates entsprechende Beschlüsse. In Helsinki sind dem AHB vor allem auf den Gebieten Frühwarnung, vorbeugende Diplomatie, Krisenbewältigung, friedliche Beilegung von Streitigkeiten und Friedenserhaltung (einschließlich von KSZE-"Blauhelmtruppen", siehe Kapitel 4.4) neue Kompetenzen übertragen worden. Um die Arbeitsfähigkeit des AHB zu erhöhen, wurde die Position des

„amtierenden Vorsitzenden" besonders gestärkt. Er ist verantwortlich für die laufende Koordinierung der KSZE-Aktivitäten. Zu seiner Unterstützung können Ad-hoc-Lenkungsgruppen mit begrenzter Teilnehmerzahl (d.h. nicht aus allen KSZE-Staaten!), eine „Troika", bestehend aus dem amtierenden Vorsitzenden, dessen Vorgänger und Nachfolger, und „persönliche Vertreter" berufen werden.

Dem AHB ist zusätzlich die Funktion übertragen worden, einmal jährlich als „Wirtschaftsforum" zusammenzutreten. Der Zweck des Wirtschaftsforums ist es, den Dialog über die Entwicklung der Marktwirtschaften in Osteuropa und über den Ausbau der wirtschaftlichen Zusammenarbeit zu fördern. Angesichts der vielen internationalen Institutionen, die in diesem Bereich tätig sind (OECD, Europäische Investitionsbank, Europäische Bank für Wiederaufbau und Entwicklung, ECE, EG), wird der Meinungs- und Erfahrungsaustausch im Wirtschaftsforum vor allem dazu dienen, die Arbeit dieser Institutionen zu ergänzen und Anregungen für eine bessere Koordinierung zu geben.

Ständiger Ausschuß

Auf dem 4. Treffen des Rats der Außenminister in Rom am 30. November/1. Dezember 1993 richteten die KSZE-Staaten einen Ständigen Ausschuß der KSZE mit Sitz in Wien ein. Er tagt wöchentlich, ist für die täglichen operativen Aufgaben zuständig und dem AHB gegenüber rechenschaftspflichtig. Der Ständige Ausschuß bereitet inhaltlich die Tagesordnung des AHB vor. Er ist nunmehr außerdem – anstatt des Konsultativausschusses des Konfliktverhütungszentrums (siehe unten) – befaßt mit Aktivitäten im Rahmen des Mechanismus über ungewöhnliche militärische Aktivitäten (siehe Abschnitt 2.3.2).

Generalsekretär

Im Dezember 1992 wurde das Amt eines Generalsekretärs der KSZE beschlossen. Er handelt als Vertreter des amtierenden Vorsitzenden des Rates der Außenminister und unterstützt ihn bei seinen Aufgaben. Seine Tätigkeit umfaßt die Verwaltung der Institutionen und Operationen, die Vorbereitung und Leitung von Treffen sowie die Überwachung der Durchführung der Beschlüsse der KSZE. Als höchster administrativer Beamter der KSZE hat er die Aufsicht über die Arbeit der einzelnen Sekretariate. Er wird vom Rat auf drei Jahre ernannt. Der erste Amtsinhaber ist der deutsche Diplomat Wilhelm Höynck.

Sekretariat

Das ständige Sekretariat der KSZE soll die Treffen des Rates und des Ausschusses Hoher Beamter administrativ unterstützen, ein Dokumentationsarchiv führen und Informationen über die KSZE an Einzelpersonen sowie an nicht-staatliche und an internationale Organisationen weitergeben. Seine personelle Ausstattung ist bisher allerdings noch unzureichend.

Büro für Demokratische Institutionen und Menschenrechte (BDIMR)

Neben dem AHB wurde in Helsinki insbesondere das ursprünglich als „Büro für freie Wahlen" in Warschau eingerichtete Zentrum thematisch erweitert und institutionell ausgebaut. Seine Hauptaufgabe ist es, die Einhaltung der Verpflichtungen im Bereich der „menschlichen Dimension" zu überwachen. Dazu gehört insbesondere die Funktion als Clearingstelle des „Mechanismus der menschlichen Dimension" (siehe 2.3.4). Daneben wurden dem Warschauer Büro noch folgende Aufgaben übertragen:

- Informationszentrale für die Beratung bei Wahlen und Volkszählungen sowie bei der Schaffung demokratischer Strukturen.
- (Mit-)Veranstaltung von Seminaren über Menschenrechtsfragen und Probleme der Demokratieförderung. Diese Seminare können sich sowohl auf die Situation in einzelnen Ländern oder Regionen als auch auf den gesamten KSZE-Raum beziehen. Bis zum nächsten Folgetreffen in Budapest 1994 sind u.a. folgende Themen festgelegt worden: Migration, positive Ergebnisse zu Fragen nationaler Minderheiten, Toleranz und freie Medien.
- Organisator von dreiwöchigen Überprüfungskonferenzen zur menschlichen Dimension, die jeweils in den Jahren zwischen den großen Überprüfungskonferenzen stattfinden sollen.
- Kontaktstelle für nichtstaatliche Organisationen im Bereich der menschlichen Dimension.

Der Ausbau des Büros ist nicht zuletzt darauf zurückzuführen, daß die Teilnehmerstaaten die menschliche Dimension als Kernbereich des KSZE-Prozesses auch unter den neuen Rahmenbedingungen erhalten wollten. Auf die naheliegende Delegation dieses Aufgabenkatalogs an den Europarat wurde deshalb verzichtet. Allerdings gab es vor dieser Entscheidung erhebliche Auseinandersetzungen, bei der auch die Tatsache eine Rolle spielte, daß die

USA und Kanada bei einer Verlagerung auf den Europarat ausgegrenzt worden wären.

Hoher Kommissar der KSZE für nationale Minderheiten

Mit der Einrichtung dieses Amtes reagierten die Teilnehmerstaaten in Helsinki auf das hohe Konfliktpotential von ethnonationalen Mehrheiten-Minderheiten-Beziehungen in der KSZE-Region.[14] Die Aufgabe des Hohen Kommissars ist es, zum frühestmöglichen Zeitpunkt den Ausschuß Hoher Beamter über potentielle Krisen und Konflikte zu informieren und durch direkte Konsultationen mit den betroffenen Parteien Dialog, Vertrauen und Zusammenarbeit unter ihnen zu fördern. Der Hohe Kommissar arbeitet unter der Schirmherrschaft des AHB und stützt sich auf die Ressourcen des BDIMR. Seine Informationsquellen sind Berichte der betroffenen Parteien, aber auch direkte Recherchen vor Ort sowie die Stellungnahmen von neutralen Experten. Das Mandat des Hohen Kommissars ist insofern beschränkt, als sich die Frühwarnung nur auf jene Spannungsfelder bezieht, die Auswirkungen auf die Beziehungen *zwischen* den Teilnehmerstaaten haben könnten. Erster Hoher Kommissar wurde der ehemalige niederländische Außenminister Max van der Stoel.

Konfliktverhütungszentrum (KVZ)

Das Konfliktverhütungszentrum (KVZ) in Wien, das von der Pariser Gipfelkonferenz beschlossen wurde, repräsentiert eine Mischung von Institutionalisierungsvorschlägen aus zwei verschiedenen Bereichen: einerseits zur Vertrauensbildung und Verifikation und andererseits zur Konfliktvorbeugung und friedlichen Konfliktregelung.

In der ersten Phase seines Bestehens soll das KVZ die Durchführung und Einhaltung der Vertrauens- und Sicherheitsbildenden Maßnahmen (VSBM) unterstützen, indem es die organisatorischen Voraussetzungen für Konsultationen bei ungewöhnlichen militärischen Aktivitäten schafft, ein Kommunikationsnetz einrichtet sowie den jährlichen Austausch militärischer Informationen und die jährlichen Treffen zur Beurteilung der durchgeführten VSBM organisiert. Das KVZ bestand zunächst aus einem Kon-

---

14 Vgl. Berthold Meyer, Erst die Spitze eines Eisbergs. KSZE-Konfliktmanagement und nationale Minderheiten, HSFK-Report 8/1992, Frankfurt a. M. Oktober 1992.

sultativausschuß, der bis zum Folgetreffen in Helsinki aus den Delegationsleitern der VSBM-Verhandlungen zusammengesetzt war und danach aus den Leitern der Delegationen zum Forum für Sicherheitskooperation. Er wurde vom KSZE-Rat Ende 1993 aufgelöst. Seine Aufgaben wurden dem Ständigen Ausschuß und dem Forum für Sicherheitskooperation übertragen. Im Juni 1991 wurde dem KVZ noch die Aufgabe übertragen, als „ernennende Institution" für den „Mechanismus der friedlichen Streitbeilegung" tätig zu werden (siehe 2.3.3). In Helsinki wurden dem Zentrum außerdem die Funktionen zugesprochen, Erkundungs- und Berichterstattermissionen zur Krisenbewältigung und zur Konfliktprävention zu entsenden und den AHB bei friedenserhaltenden Operationen zu unterstützen. Im Mai 1993 wurde eine Abteilung „Missionsunterstützung" eingerichtet. Insgesamt ist das Aufgabenprofil dieser Institution auch nach seiner Eingliederung in das Generalsekretariat noch nicht abschließend geklärt.

Forum für Sicherheitskooperation

Vom KSZE-Folgetreffen in Helsinki wurde beschlossen, neue Verhandlungen über Rüstungskontrolle, Abrüstung sowie über Vertrauens- und Sicherheitsbildung aufzunehmen, die regelmäßigen Konsultationen im KVZ zu verstärken und die sicherheitsbezogene Zusammenarbeit zu intensivieren. Für alle diese Aufgaben wurde ein „Forum für Sicherheitskooperation" ins Leben gerufen, das als integraler Bestandteil der KSZE am 22. September 1992 in Wien eröffnet wurde. Es soll sicherstellen, daß die Bemühungen der Teilnehmerstaaten um Rüstungskontrolle, Abrüstung, Vertrauens- und Sicherheitsbildung, Sicherheitskooperation und Konfliktverhütung „kohärent miteinander verknüpft sein werden und einander ergänzen".

Die Tagungen des Forums sind auf zwei Arbeitsgruppen aufgeteilt, von denen die Gruppe A über Harmonisierung und globalen Informationsaustausch arbeitet, während die Gruppe B alle anderen Themen des in Helsinki verabschiedeten „Sofortprogramms" behandeln soll.

In der Gruppe A geht es in der Zeit bis zum Budapester Folgetreffen insbesondere darum, die Vereinbarungen der Konferenz über konventionelle Streitkräfte in Europa (KSE I und IA), die ja nur von den NATO-Staaten und den ehemaligen Mitgliedern des Warschauer Paktes unterzeichnet wurden, und die Bestimmungen des von allen KSZE-Staaten unterzeichneten Wiener Dokuments von 1992 über Vertrauens- und Sicherheitsbildende Maßnahmen zu „harmonisieren". Diese Aufgabe ist insofern diffizil, als die KSE-Bestimmungen einerseits schärfer sind als die des Wiener Dokuments, andererseits aber die Ratifizierung des KSE IA-Vertrages noch nicht abgeschlossen ist, so daß von den Staaten, die bisher nur das Wiener VSBM-Dokument unterzeichnet haben, nicht unbedingt erwartet werden kann, daß sie weitergehende Maßnahmen schneller übernehmen als die Erstunterzeichner von KSE IA. Allerdings wird angenommen, daß es im Bereich des militärischen Informationsaustausches bis Budapest zu einer Einigung kommt, während die Fragen der Begrenzung von Waffen, Ausrüstung und Personal zusammen mit den Verifikationsprozeduren erst später, bis Ende 1995, verhandelt werden.

In der Gruppe B wird über Nichtverbreitung von Nuklearwaffen, das Chemiewaffenverbot und über Waffentransfer verhandelt, weiterhin über einen Informationsaustausch über Verteidigungsplanung, über Kontakte zwischen den Streitkräften und schließlich über einen Verhaltenskodex, der den in der Schlußakte von Helsinki enthaltenen Prinzipiendekalog ergänzen soll. Zu letzterem haben Polen, die Türkei sowie Großbritannien (stellvertretend für die EG) gemeinsam mit Kanada, Island und Norwegen Vorschläge eingebracht, so daß auch hierüber schon substantiell verhandelt werden kann. Dabei läßt sich bereits erkennen, daß von den Prinzipien der Schlußakte für den neuen Kodex die souveräne Gleichheit (Prinzip I), der Gewaltverzicht (II), die Unverletzlichkeit der Grenzen und die territoriale Integrität (III und IV), die friedliche Beilegung von Streitfällen (V) für sehr wichtig gehalten werden, während das Prinzip VIII, das die Gleichberechtigung und das Selbstbestimmungsrecht der Völker betrifft, keine zentrale Rolle zu spielen scheint. Ob dies ein erfolgversprechender Versuch ist, das Spannungsverhältnis zwischen den Prinzipien III und IV einerseits und VIII andererseits, wie es gerade in der bisherigen Behandlung von Minderheitenkonflikten durch die KSZE zum Ausdruck kommt, zu umgehen, bleibt abzuwarten.

Insgesamt ist das Forum von einem hohen Maß an Flexibilität gekennzeichnet, was sicher dem Begriff Forum Rechnung trägt, aber auch für die Schwierigkeiten der neuen KSZE spricht, noch gemeinsam und für alle 53 Teilnehmerstaaten verbindlich sicherheitspolitische Regelungen zu treffen. So ist es den Teilnehmerstaaten freigestellt, an welchen Unterforen sie sich beteiligen wollen und an welchen nicht. Damit könnten quantitative Rüstungs- oder Personalbegrenzungen auf subregionaler Ebene erleichtert werden.

Ein weiterer Aspekt der Flexibilität betrifft die Doppelfunktion des Sicherheitsforums: Einerseits dient es als Gremium für vorbereitende Gespräche und Verhandlungen, um Vereinbarungen über neue Abrüstungsschritte und vertrauensbildende Maßnahmen zu erzielen; andererseits sollen in seinem Rahmen Beratungen über konkrete Konfliktinterventionen stattfinden. Für die erste Aufgabe konstituierten sich die nationalen Vertreter als „Besonderer Ausschuß", im zweiten Fall bildeten sie den „Konsultationsausschuß" des KVZ. Geplant ist ferner, daß im Sicherheitsforum auch ein breiter sicherheitspolitischer Dialog über Bedrohungsperzeptionen, Militärdoktrinen, Streitkräftestrukturen und die Konversion der Rüstungsindustrien geführt wird. Nicht zuletzt stellt sich hier natürlich auch die Frage nach der künftigen Sicherheitsarchitektur Europas insgesamt. Ob und inwieweit all diese Themen tatsächlich im Sicherheitsforum zur Sprache kommen werden, ist derzeit noch eine offene Frage, zumal sie sich teilweise mit der Tagesordnung im Nordatlantischen Kooperationsrat überschneiden.

Parlamentarische Versammlung

In der Charta von Paris hatten sich die Regierungen der KSZE-Staaten für die Einrichtung einer Parlamentarischen Versammlung ausgesprochen. Definitiv beschlossen wurde sie auf einem Treffen von Vertretern der nationalen Parlamente der KSZE-Staaten in Madrid im April 1991. Die Versammlung wird bei ihren jährlichen Sitzungen die Ausführung der KSZE-Vereinbarungen bewerten, die Treffen des Rates der Außenminister diskutieren und den KSZE-Gremien eigene Vorschläge unterbreiten. Entscheidungen sollen mit Mehrheit, in speziellen Fällen mit Zweidrittelmehrheit getroffen werden. Dies war das erste Mal, daß im Rahmen der KSZE von dem bis dahin praktizierten Konsensprinzip abgegangen wurde.

Wie die neuen KSZE-Institutionen in der Praxis funktionieren werden, kann bisher wegen fehlender Erfahrungen noch nicht bewertet werden. Nicht geklärt ist in vielen Fällen auch das Zusammenwirken verschiedener Institutionen bei gemeinsamen Bemühungen zur Konfliktprävention, die den AHB, das BDIMR und das KVZ betreffen. Von entscheidender Bedeutung ist hier die Arbeitsweise der vier KSZE-Krisenmechanismen, die das dynamische Element der neuen KSZE darstellen. Sie sollen deshalb im nächsten Abschnitt skizziert werden, bevor wir uns mit den Argumenten zur künftigen KSZE-Gestalt im einzelnen auseinandersetzen.

2.3 Von der militärischen Vertrauensbildung zu den neuen Krisenmechanismen

Bis zur Pariser Charta vom November 1990 waren die Möglichkeiten der KSZE-Mitgliedstaaten, auf zwischenstaatliche Krisen und Konflikte zu reagieren, bescheiden, während es für die äußere Beeinflussung innerstaatlicher Auseinandersetzungen – über die Debatte auf KSZE-Konferenzen hinaus – praktisch überhaupt keinen Ansatzpunkt gab.

Die sicherheitspolitische Dimension der alten KSZE war auf den Prinzipiendekalog und die Entwicklung und Vereinbarung von *Vertrauens- und Sicherheitsbildenden Maßnahmen* (VSBM) beschränkt. Hierunter wurde anfangs die wechselseitige Ankündigung von Manövern und größeren militärischen Bewegungen (ab 25.000 Mann) sowie der freiwillige und bilaterale Austausch von Manöverbeobachtern verstanden. Auf der Stockholmer Konferenz über Vertrauens- und Sicherheitsbildende Maßnahmen und Abrüstung in Europa (KVAE, 1984-1986) verlängerten die Teilnehmerstaaten dann die Fristen für Ankündigungen bis hin zu Zweijahreskalendern und trafen Vereinbarungen über eine Fülle von Details, die dabei mitgeteilt werden müssen.[15] Gleichzeitig wurden die Größenordnungen, von denen an militärische Aktivitäten angekündigt werden müssen, drastisch gesenkt und Art und der Umfang der Beobachtung verbindlich geregelt. Eine wichtige Neuerung waren kurzfristig angesetzte Vor-Ort-Inspektionen, die dazu dienen sollen, Zweifel, die ein Staat an militärischen Aktivitäten eines anderen hegt, etwa ob eine Zusammenziehung von Truppen wirklich nur einem Manöverzweck dient, auszuräumen. Dies alles soll es den Staaten erschweren, unbemerkt Kriegsvorbereitungen zu treffen, und eventuelle Kriegsvorbereitungen verlangsamen. Vertrauen sollte insbesondere dadurch entstehen, daß zwischen den Ankündigungen eines Staates und seinem tatsächlichen Verhalten Übereinstimmung herrscht, was freilich nur durch Überprüfung des Gesagten herausgefunden werden kann. Das heißt, die Staaten folgten hierbei eigentlich dem Motto „Vertrauen ist gut, Kontrolle ist besser".[16]

---

15 Dokument der Stockholmer KVAE-Konferenz vom 19.9.1986, in: Auswärtiges Amt (Hg.), Sicherheit und Zusammenarbeit in Europa: Dokumentation zum KSZE-Prozeß, 7. erneuerte Auflage, Bonn März 1990, S. 280 ff.
16 Vgl. Michael Zielinski, Vertrauen und Vertrauensbildende Maßnahmen. Ein sicherheitspolitisches Instrument und seine Anwendung in

Wenn in der Endphase des Ost-West-Konfliktes zwischen den KSZE-Staaten so etwas wie ein Vertrauensverhältnis entstand, so trugen hierzu der lange und intensive sicherheitspolitische Diskussionsprozeß über VSBM wie auch deren weitestgehende Einhaltung bei. Doch mehr noch spielte eine Rolle, daß nach dem Durchbruch, den die sowjetische Bereitschaft zu Vor-Ort-Inspektionen 1986 bedeutete, auch kontrollierte Abrüstungsschritte – zunächst im Bereich der nuklearen Mittelstreckenwaffen (INF-Vertrag) – möglich wurden. Damit verlor die Vertrauensbildung ihre Ersatzfunktion für den bis dahin feststellbaren Mangel an Abrüstungsbereitschaft, und VSBM konnten auf abrüstungsbegleitende und Verifikationsmaßnahmen ausgeweitet werden. Von ganz überragender Bedeutung für den Wandel des politischen Klimas war jedoch, daß sich unter Gorbatschow der Wertekonflikt in Bezug auf die vom Westen stets angemahnte Einhaltung der Menschenrechte abschwächte.

Zwar wurden nach dem Ende des Ost-West-Gegensatzes die Vereinbarungen über VSBM noch zweimal weiter verfeinert (Wiener Dokumente von 1990 und 1992) und dabei auch noch um einen jährlichen Austausch von Informationen über die militärische Organisation und Personalstärke der Streitkräfte (bis hin zur wechselseitigen Vorführung neuer Typen von Hauptwaffensystemen) sowie um einen Konsultationsmechanismus für ungewöhnliche militärische Aktivitäten (s. 2.3.2) ergänzt.[17] Aber in der veränderten Konfliktlandschaft haben VSBM an Bedeutung verloren.

Zum einen besteht, nachdem vor allem die ostmitteleuropäischen Staaten inzwischen nahe an die NATO und die WEU herangerückt sind, entlang der alten europäischen Trennungslinie praktisch kein Bedarf mehr für sie. Dafür aber umso mehr in jenem Raum, in dem sich die einzelnen ehemaligen Sowjetrepubliken verselbständigt haben, wo aber die Aufteilung der ehemaligen

---

Europa, Frankfurt a. M. 1985.

17 Wiener Dokument 1990 der Verhandlungen über Vertrauens- und Sicherheitsbildende Maßnahmen vom 17.11.1990, in: Auswärtiges Amt, KSZE-Prozeß 1990/91 (Anm. 9), S. 81-117; zum Verlauf der Verhandlungen vgl. John Borawski, Security for a New Europe. The Vienna Negotiations on Confidence and Security-Building Measures 1989-90, and Beyond, London 1992; Wiener Dokument 1992 der Verhandlungen über Vertrauens- und Sicherheitsbildende Maßnahmen, in: Bulletin der Bundesregierung, Nr. 31 vom 21. März 1992, S. 293-308.

Roten Armee noch nicht abgeschlossen ist und in der Übergangs-
phase kaum an einen geordneten und längerfristig planbaren Ma-
növerbetrieb zu denken ist. Zum anderen konnten die auf reguläre
Streitkräfte zugeschnittenen VSBM bei den neu aufgekommenen
bewaffneten Auseinandersetzungen und Kriegen keine Wirkung
entfalten. Dort gibt es weder das staatliche Gewaltmonopol bezogen auf ein abgegrenztes Territorium noch die Zweck-Mittel-Ra-
tionalität des Handelns, die sich die Parteien des Kalten Krieges
gegenseitig attestieren konnten und die eine Voraussetzung für
die Formulierung wie die Einhaltung der bisherigen VSBM war.
Um ausgehandelte Waffenruhen abzusichern oder auf andere
Weise die Konfliktintensität zu vermindern oder zur Friedenskonsolidierung beizutragen, wäre es gewiß hilfreich, etwas ähnliches
wie eine Vertrauensbasis zwischen den verfeindeten Parteien
(wieder) herzustellen. Doch sind dafür andere Methoden und Inhalte erforderlich. In welchem Maße die neuen Krisenmechanismen der KSZE dies zu leisten imstande sind, kann gegenwärtig
noch nicht abschließend beurteilt werden.

Diese Mechanismen haben sich nicht nur aus den VSBM entwickelt; der zweite Strang, aus dem sie hervorgegangen sind, geht
auf die Suche nach einem Verfahren zurück, mit dem die Einhaltung der Menschenrechte überprüft werden konnte.

Im Schlußdokument des Wiener Folgetreffens vom Januar 1989
wurde dazu vereinbart: eine Auskunftspflicht gegenüber allen An-
fragen anderer Teilnehmerstaaten; die Bereitschaft, bilaterale
Treffen zur Klärung und möglichst auch zur Lösung von Problemen im Bereich der „menschlichen Dimension" abzuhalten,
schließlich das Recht aller Teilnehmerstaaten, derartige Probleme
insgesamt im Kreis der übrigen KSZE-Mitglieder bekanntzuma-
chen und bei den einschlägigen KSZE-Sonderkonferenzen zur
Sprache zu bringen.[18]

Aus diesen beiden Wurzeln sind die gegenwärtigen Krisenmechanismen herausgewachsen – wie es dem Prozeßcharakter der
KSZE entspricht. Dabei hat sich der Wirkungsbereich von der militärischen und menschlichen Dimension auf alle Bereiche der
KSZE erweitert und teilweise auch die innerstaatliche Ebene mit
einbezogen. Während es im Dokument des ersten Treffens des
KSZE-Rates der Außenminister vom Juni 1991 noch hieß, daß bei
der Anwendung des politischen Krisenmechanismus „sämtliche
Prinzipien der Schlußakte, einschließlich des Prinzips der Nicht-

---

18 Abschließendes Dokument des III. Folgetreffens in Wien vom
15.1.1989, in: Auswärtiges Amt, Sicherheit (Anm. 15), S. 229.

einmischung in innere Angelegenheiten sowie der Charta von Paris von vorrangiger Bedeutung (seien) und gleichermaßen und ohne Vorbehalte Anwendung fänden",[19] so wurden im Laufe des Prozesses sowohl das Konsens- als auch das Nicht-Einmischungsprinzip schrittweise relativiert.

Gegenwärtig (Juni 1993) gibt es vier verschiedene Arten von Krisenmechanismen, die sich auf die politische, die militärische und die menschliche Dimension sowie auf die friedliche Streitbeilegung beziehen.

2.3.1 Der politische Krisenmechanismus

Auf dem ersten Treffen des KSZE-Rates der Außenminister im Juni 1991 in Berlin wurde ein „Mechanismus für Konsultation und Zusammenarbeit in dringlichen Situationen", die „auf Grund der Verletzung eines Prinzips der Schlußakte oder größerer, den Frieden, die Sicherheit oder die Stabilität gefährdender Zwischenfälle entstehen können", beschlossen. Er ermöglicht es jedem einzelnen Teilnehmerstaat, von einem hierin verwickelten Staat oder von den beteiligten Staaten Klarheit zu verlangen; dem muß binnen 48 Stunden Rechnung getragen werden. Bleibt die Situation weiterhin ungeklärt, so kann „jeder der betroffenen Staaten" den amtierenden Vorsitzenden des Ausschusses Hoher Beamter ersuchen, eine Dringlichkeitssitzung des Ausschusses einzuberufen. Diese muß stattfinden, sobald mindestens 12 Teilnehmerstaaten das Ersuchen innerhalb von 48 Stunden unterstützen. Sie ist frühestens 48 Stunden und spätestens drei Tage nach dieser Mitteilung abzuhalten, findet am Sitz des KSZE-Sekretariats (also in Prag) statt und sollte höchstens zwei Tage dauern.[20]

2.3.2 Der militärische Krisenmechanismus

Ein weiterer Mechanismus ist derjenige „zur Erörterung ungewöhnlicher Aktivitäten militärischer Art". Das Wiener Dokument

---

19 Erstes Treffen des Rates der Außenminister vom 19./ 20.6.1991, in: Bulletin der Bundesregierung Nr. 72 vom 22.6.1991, S. 577-584, hier S. 582.

20 Ebenda, S. 582/583.

Schaubild 3: Der KSZE-Krisenmechanismus des Ausschusses Hoher Beamter

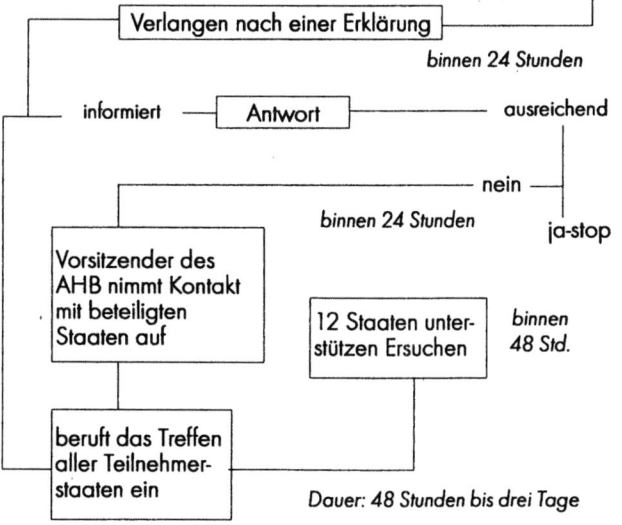

Schwerwiegende dringliche Situation aufgrund der Verletzung eines Prinzips der Schlußakte oder größerer, den Frieden, die Sicherheit oder die Stabilität gefährdender Zwischenfälle

Ein Teilnehmer ist der Ansicht, daß eine solche Situation entstanden ist

Verlangen nach einer Erklärung

binnen 24 Stunden

informiert — Antwort — ausreichend

nein —

binnen 24 Stunden

ja-stop

Vorsitzender des AHB nimmt Kontakt mit beteiligten Staaten auf

12 Staaten unterstützen Ersuchen

binnen 48 Std.

beruft das Treffen aller Teilnehmerstaaten ein

Dauer: 48 Stunden bis drei Tage

aus: Heinz Vetschera, Die KSZE-Krisenmechanismen und ihr Einsatz in der Jugoslawien-Krise, in: Österreichische Militärische Zeitschrift, Heft 5/1991, S. 405.

Schaubild 4: Der militärische Krisenmechanismus

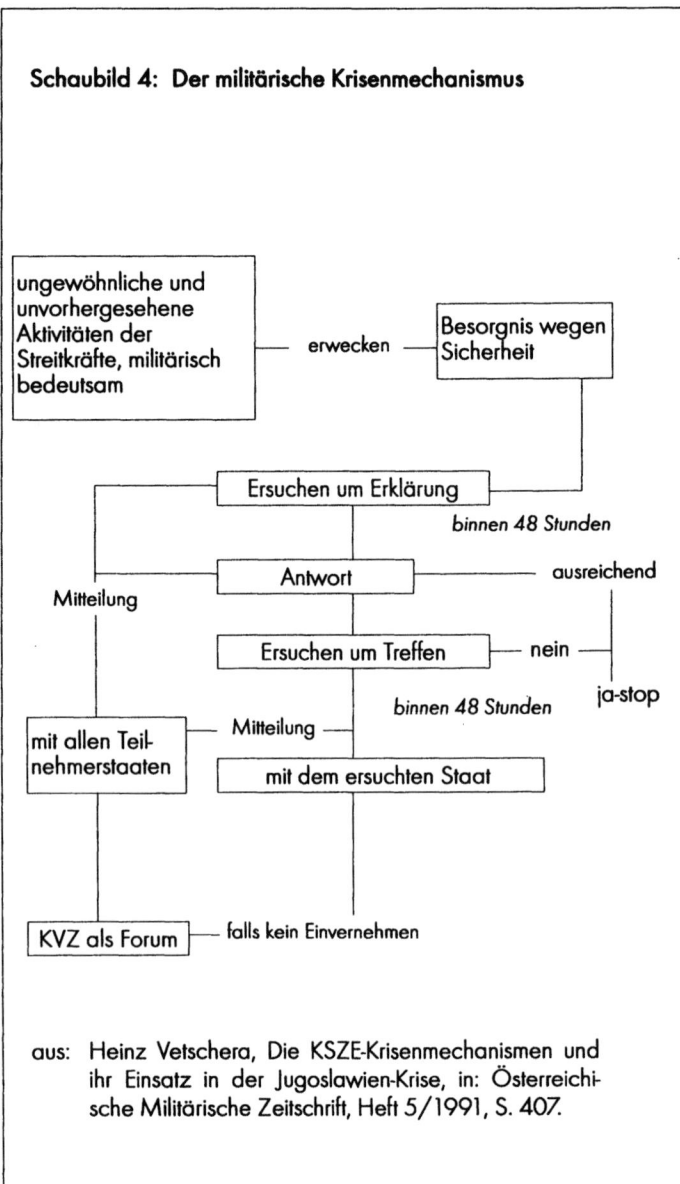

aus: Heinz Vetschera, Die KSZE-Krisenmechanismen und ihr Einsatz in der Jugoslawien-Krise, in: Österreichische Militärische Zeitschrift, Heft 5/1991, S. 407.

über Vertrauens- und Sicherheitsbildende Maßnahmen vom November 1990, sieht bei „ungewöhnlichen militärischen Aktivitäten" einen „Mechanismus für Konsultation und Zusammenarbeit" vor, der ein kurzfristiges Nachfragerecht und Konsultationen auf Verlangen beinhaltet und beim Konfliktverhütungszentrum angesiedelt wurde.

2.3.3 Der Mechanismus der friedlichen Regelung von Streitfällen

Der Gedanke, Streitigkeiten zwischen Staaten auf friedliche Weise unter Zuhilfenahme von Methoden und Verfahren wie Verhandlung, Untersuchung, gute Dienste, Vermittlung, Schlichtung, Vergleich, Schiedsspruch oder gerichtliche Entscheidung zu regeln, ist schon sehr viel älter als die KSZE selbst. Im KSZE-Prozeß spielte dieser Gedanke von Anfang an eine wichtige Rolle, dessen Umsetzung allerdings nur langsam voran kam. Bereits 1973 legte die Schweiz einen Entwurf für einen Vertrag über ein europäisches System der friedlichen Beilegung von Streitigkeiten vor.[21] Bei zwei Expertentreffen, 1978 und 1984, wurden dieser und andere Vorschläge ohne Einigung diskutiert. Erst mit dem Schlußdokument des Wiener Folgetreffens vom Januar 1989 akzeptierten die Teilnehmerstaaten wenigstens grundsätzlich „die obligatorische Hinzuziehung einer Drittpartei", wenn die Beilegung eines Streitfalles auf anderem Wege nicht möglich ist.[22]

Ein Expertentreffen in La Valletta im Januar/Februar 1991 brachte zwei Neuerungen.[23] Zum ersten Mal konnten sich die KSZE-Staaten überhaupt über ein Dokument zur friedlichen Streitbeilegung einigen – und sie machten einen ersten Schritt, sich vom Konsensprinzip zu lösen: Der Mechanismus kann auch einseitig angerufen werden. Es wird ein Verzeichnis mit Kandida-

---

21 Abgedruckt in Europa-Archiv, Folge 2/1976, S. D 38-52; siehe hierzu auch Rudolf L. Bindschedler, Der schweizerische Entwurf eines Vertrages über ein europäisches System der friedlichen Streiterledigung und seine politischen Aspekte, in: ebenda, S. 57-66.

22 Vgl. zur Geschichte der Diskussion über friedliche Streitbeilegung im KSZE-Rahmen Oliver Mietzsch, Die KSZE als regionale Institution zur Konfliktverhütung und Streitbeilegung, in: Michael Staack (Hrsg.), Aufbruch nach Gesamteuropa. Die KSZE nach der Wende im Osten, Münster-Hamburg 1992, S. 91-117.

23 Bericht über das KSZE-Expertentreffen über die Friedliche Regelung von Streitfällen in La Valletta vom 8.2.1991, in: Auswärtiges Amt, KSZE-Prozeß 1990/91 (Anm. 9), S. 181-191.

Schaubild 5: Das KSZE-Vergleichsverfahren*

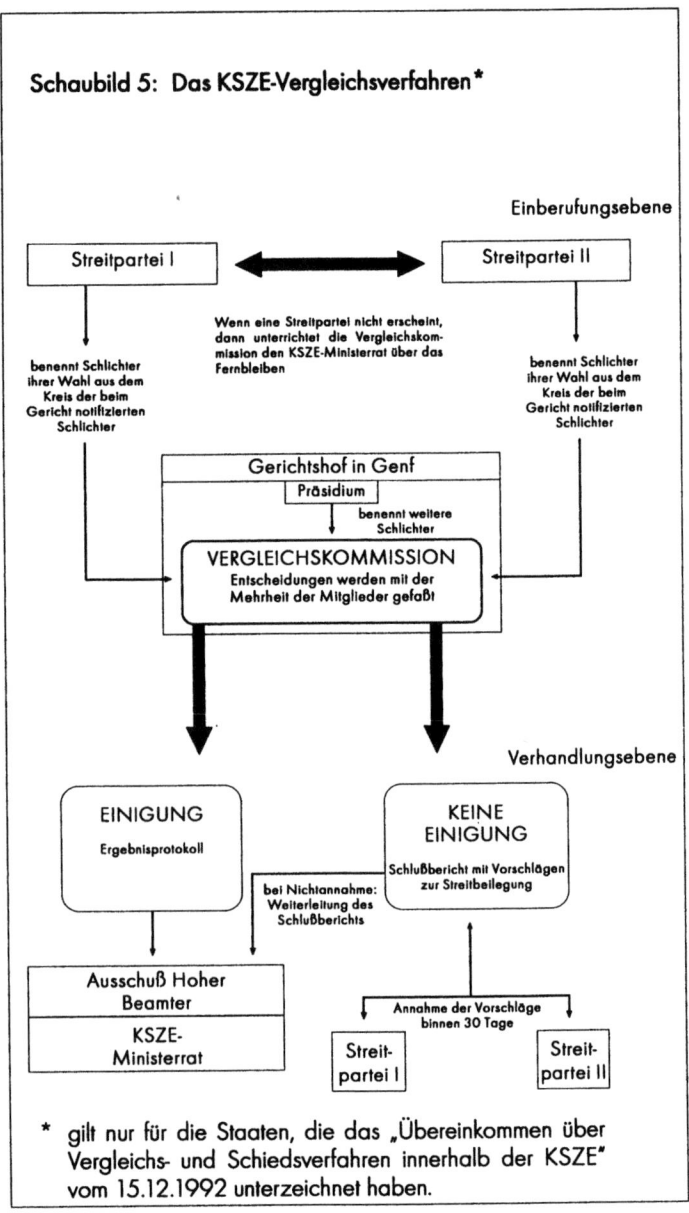

Einberufungsebene

Streitpartei I ⬌ **Streitpartei II**

Wenn eine Streitpartei nicht erscheint, dann unterrichtet die Vergleichskommission den KSZE-Ministerrat über das Fernbleiben

benennt Schlichter ihrer Wahl aus dem Kreis der beim Gericht notifizierten Schlichter

benennt Schlichter ihrer Wahl aus dem Kreis der beim Gericht notifizierten Schlichter

Gerichtshof in Genf

Präsidium

benennt weitere Schlichter

VERGLEICHSKOMMISSION
Entscheidungen werden mit der Mehrheit der Mitglieder gefaßt

Verhandlungsebene

EINIGUNG
Ergebnisprotokoll

KEINE EINIGUNG
Schlußbericht mit Vorschlägen zur Streitbeilegung

bei Nichtannahme: Weiterleitung des Schlußberichts

Ausschuß Hoher Beamter

KSZE-Ministerrat

Annahme der Vorschläge binnen 30 Tage

Streit-partei I

Streit-partei II

* gilt nur für die Staaten, die das „Übereinkommen über Vergleichs- und Schiedsverfahren innerhalb der KSZE" vom 15.12.1992 unterzeichnet haben.

ten angelegt, die bei Streitfällen als Drittpartei eingesetzt werden können; jeder KSZE-Staat darf bis zu vier Personen benennen. Aus dieser Liste können sich die Streitparteien eine Gruppe aussuchen, deren Mitglieder nicht Angehörige eines der am Streitfall beteiligten Staaten sein dürfen.

Die Personengruppe der Schlichter – genannt „Mechanismus" – nimmt die Verbindung mit den Parteien auf, spricht mit ihnen ihr Vorgehen ab, erhält von ihnen Auskünfte und erteilt schließlich vertrauliche Hinweise und Ratschläge, ob Verhandlungen eingeleitet oder weitergeführt werden sollten oder ob ein anderes Verfahren besser geeignet wäre, den Streit beizulegen. Wenn diese Beratung innerhalb einer „vernünftigen Frist" nichts fruchtet, kann jede Streitpartei das Verfahren abbrechen, und jede Partei kann es ein zweites Mal aufnehmen. Es geht dabei nur um eine Beratung zum Verfahren, nicht zur Sache selbst, auch wenn sich das in der Praxis nicht immer trennen läßt. Falls ein Scheitern des Mechanismus deutlich wird, kann der Fall von jeder der Streitparteien dem Ausschuß Hoher Beamter zur Kenntnis gebracht werden. Dies kann auch vor Inanspruchnahme des Mechanismus geschehen, wenn Frieden, Sicherheit und Stabilität in Europa bedroht sind.

Die Kompetenzen der Schlichter sind also mehr als dürftig, noch dazu, wenn berücksichtigt wird, daß jede Streitpartei die Einsetzung verhindern kann, sofern in ihren Augen „Fragen ihrer territorialen Integrität oder ihrer Landesverteidigung, ihrer Hoheitsansprüche auf Landgebiete oder konkurrierende Ansprüche hinsichtlich der Hoheitsgewalt über andere Gebiete" berührt sind. Diese Einschränkung kam auf Druck der Türkei und Griechenlands zustande, die sich Hoheitsrechte in der Ägäis streitig machen, aber auch Großbritanniens, das wegen der Ansprüche Spaniens auf die Kronkolonie Gibraltar im Falle einer Streitbeilegung eine Schwächung seiner Position befürchtet.

Um den komplizierten Mechanismus zu vereinfachen, wurden auf dem Außenministertreffen in Stockholm im Dezember 1992 deshalb Bestimmungen für eine *KSZE-Vergleichskommission* beschlossen.[24] Ihre Bestellung erfolgt in einem verkürzten Verfahren. Unter der Bedingung der Gegenseitigkeit können die Vorschläge der Kommission von den betroffenen Parteien als bindend anerkannt werden. Wichtig ist bei diesem Verfahren, daß

---

24 Beschluß über die friedliche Beilegung von Streitigkeiten des 3. Treffens des KSZE-Rates in Stockholm am 14./15.12.1992, in: Bulletin der Bundesregierung Nr. 2 vom 8.1.1993, S. 5-14.

Schaubild 6: Das Vergleichsverfahren vor dem Gerichtshof in Genf*

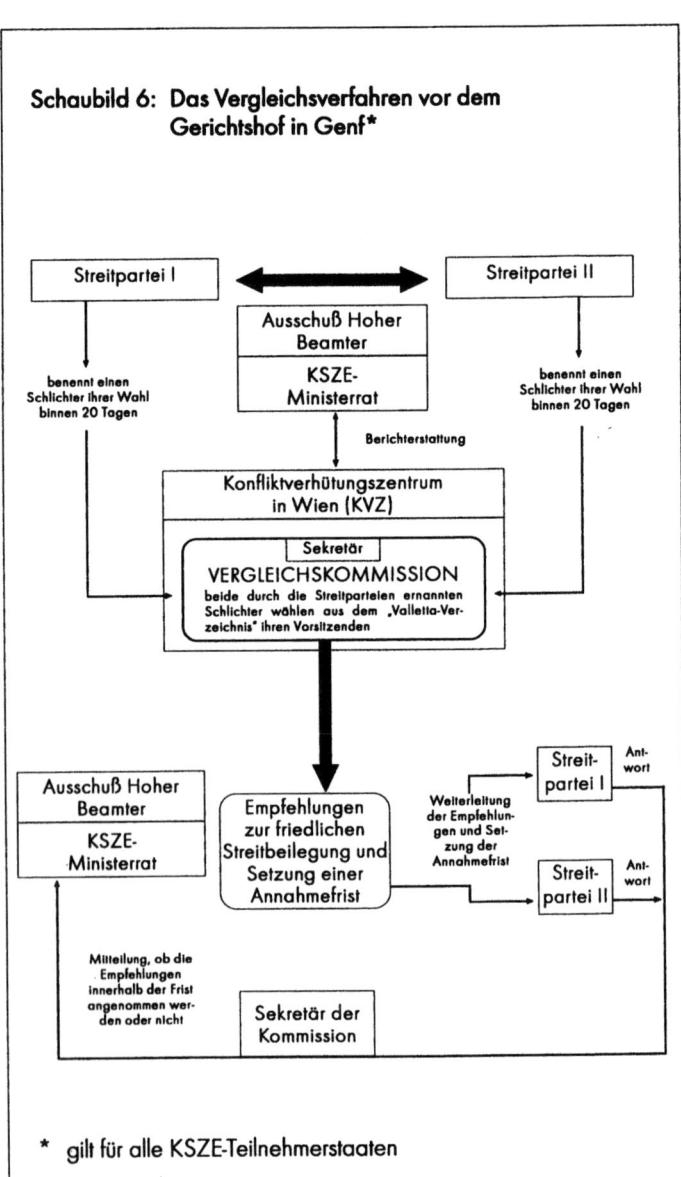

Streitpartei I		Streitpartei II

Ausschuß Hoher Beamter

KSZE-Ministerrat

benennt einen Schlichter ihrer Wahl binnen 20 Tagen

benennt einen Schlichter ihrer Wahl binnen 20 Tagen

Berichterstattung

Konfliktverhütungszentrum in Wien (KVZ)

Sekretär

VERGLEICHSKOMMISSION
beide durch die Streitparteien ernannten Schlichter wählen aus dem „Valletta-Verzeichnis" ihren Vorsitzenden

Ausschuß Hoher Beamter

KSZE-Ministerrat

Empfehlungen zur friedlichen Streitbeilegung und Setzung einer Annahmefrist

Weiterleitung der Empfehlungen und Setzung der Annahmefrist

Streitpartei I — Antwort

Streitpartei II — Antwort

Mitteilung, ob die Empfehlungen innerhalb der Frist angenommen werden oder nicht

Sekretär der Kommission

* gilt für alle KSZE-Teilnehmerstaaten

40

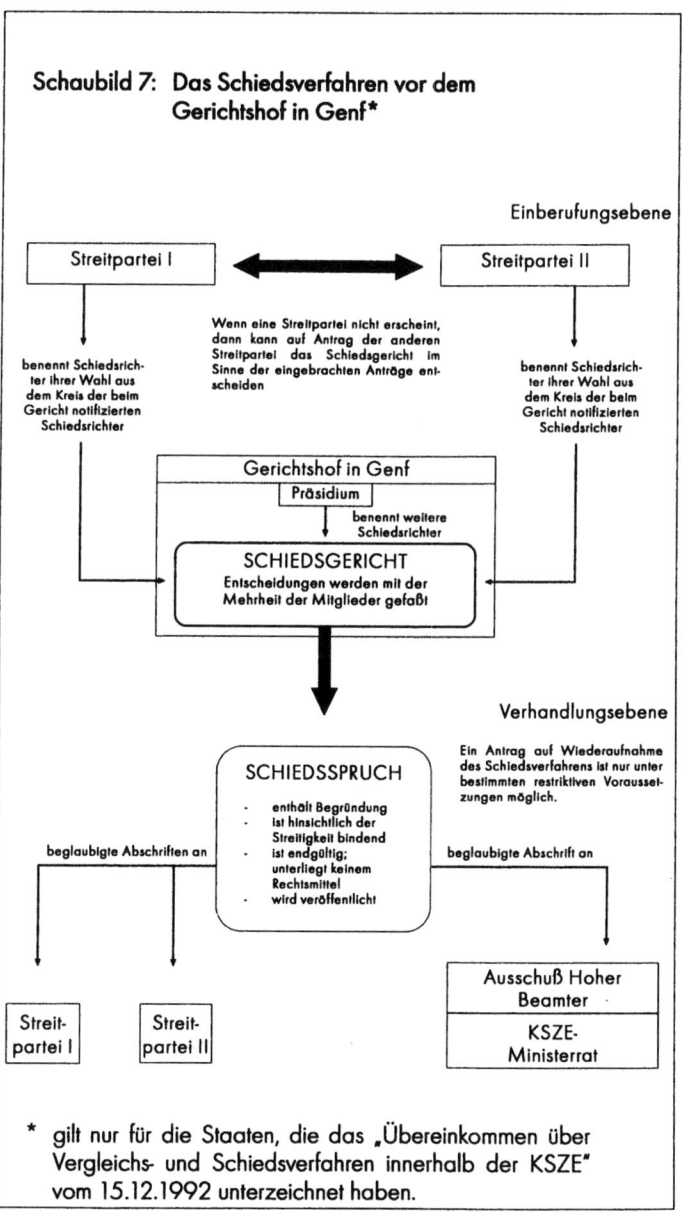

Schaubild 7: Das Schiedsverfahren vor dem Gerichtshof in Genf*

Einberufungsebene

Streitpartei I ◄──────► Streitpartei II

benennt Schiedsrichter ihrer Wahl aus dem Kreis der beim Gericht notifizierten Schiedsrichter

Wenn eine Streitpartei nicht erscheint, dann kann auf Antrag der anderen Streitpartei das Schiedsgericht im Sinne der eingebrachten Anträge entscheiden

benennt Schiedsrichter ihrer Wahl aus dem Kreis der beim Gericht notifizierten Schiedsrichter

Gerichtshof in Genf

Präsidium

benennt weitere Schiedsrichter

SCHIEDSGERICHT
Entscheidungen werden mit der Mehrheit der Mitglieder gefaßt

Verhandlungsebene

SCHIEDSSPRUCH

- enthält Begründung
- ist hinsichtlich der Streitigkeit bindend
- ist endgültig; unterliegt keinem Rechtsmittel
- wird veröffentlicht

Ein Antrag auf Wiederaufnahme des Schiedsverfahrens ist nur unter bestimmten restriktiven Voraussetzungen möglich.

beglaubigte Abschriften an

beglaubigte Abschrift an

Streitpartei I

Streitpartei II

Ausschuß Hoher Beamter

KSZE-Ministerrat

* gilt nur für die Staaten, die das „Übereinkommen über Vergleichs- und Schiedsverfahren innerhalb der KSZE" vom 15.12.1992 unterzeichnet haben.

41

der Ausschuß Hoher Beamter eine „Schlichtung auf Anordnung"
verfügen kann, ohne daß die beiden betroffenen Staaten dem zustimmen müssen. Damit ist das Konsensprinzip zugunsten der
Formel „Konsens minus zwei" weiter aufgeweicht worden. Territoriale und Verteidigungsfragen dürfen allerdings weiterhin nur
mit Zustimmung der betroffenen Staaten behandelt werden
(Schaubild 5).

Darüber hinaus hat in Stockholm ein Teil der KSZE-Mitgliedstaaten (29 von den mittlerweile 53, darunter Deutschland, Bosni-
en-Herzegowina, Frankreich, Griechenland, Italien, die Russische
Föderation und die Ukraine – nicht aber Großbritannien und die
Vereinigten Staaten), einen völkerrechtlichen Vertrag über die
Einrichtung eines *KSZE-Vergleichs- und Schiedsgerichtshofs* un-
terzeichnet, der gegenüber dem ursprünglichen Mechanismus den
Vorteil hat, daß ihm ständig bestimmte Personen angehören. Es
gibt Vergleichsverfahren (Schaubild 6), deren Ergebnis von den
Streitparteien anerkannt werden kann oder nicht, und Schiedsverfahren (Schaubild 7), bei denen die Vertragsstaaten unter dem
Vorbehalt der Gegenseitigkeit die Zuständigkeit des Gerichtshofs
als obligatorisch anerkennen. Diese Anerkennung kann für alle
Streitigkeiten gelten oder Fragen der territorialen Integrität oder
der Landesverteidigung ausschließen. Beim Schiedsverfahren ist
der Spruch des Gerichtes endgültig, und es gibt keine Möglichkeit, Rechtsmittel gegen ihn einzulegen.

2.3.4 Der KSZE-Mechanismus der „Menschlichen Dimension"

Dieser Mechanismus wurde in seinen Grundelementen auf dem
Wiener KSZE-Folgetreffen beschlossen und auf dem Moskauer
Treffen über die Menschliche Dimension vom September/Okto-
ber 1991 erweitert.[25] Er erlaubt jedem KSZE-Staat, bei einem anderen Informationen über Menschenrechtsverletzungen einzuholen. Die Antwort muß binnen zehn Tagen erfolgen. Es können
auch bilaterale Treffen zur Klärung von Menschenrechtsverletzungen beantragt werden, die innerhalb einer Woche stattfinden
müssen. Die Ergebnisse solcher Treffen können anderen KSZE-
Staaten mitgeteilt werden und der Sachverhalt kann auf KSZE-

---

25 Konferenz über die Menschliche Dimension der KSZE. Dokument
des Moskauer Treffens vom 3.10.1991, in: Bulletin der Bundesregierung Nr. 115 vom 18.10.1991, S. 909-920.

Folgekonferenzen und Außenministertreffen sowie auf dem Treffen Hoher Beamter zur Sprache gebracht werden.

Eine Liste von Experten bzw. Berichterstattern wird bei dem Büro für Demokratische Institutionen und Menschenrechte in Warschau geführt. Jeder Staat kann von sich aus eine Expertenmission auf sein Territorium einladen, um durch Tatsachenfeststellungen, gute Dienste oder Vermittlung Dialog und Kooperation zwischen den Konfliktparteien zu ermöglichen.

Wenn ein Staat ein Informationsersuchen gestellt hat und bilaterale Treffen nach dem oben genannten Verfahren stattgefunden haben, die nach seiner Ansicht unbefriedigend verlaufen sind, kann er das Warschauer Büro ersuchen, den betroffenen Staat zur Einladung einer Expertenmission aufzufordern. Sollte dieser nicht binnen zehn Tagen zustimmen oder die Expertenmission nach Ansicht des ersuchenden Staates kein Ergebnis gezeitigt haben, kann dieser, unterstützt durch fünf andere Staaten, eine Mission von KSZE-Berichterstattern zur Tatsachenfeststellung auf das Territorium des Staates in die Wege leiten, der im Verdacht steht, die Menschenrechte verletzt zu haben. Das kann gegen das Votum des betroffenen Staates geschehen. Im Fall einer besonders ernsthaften Gefahr für die Verwirklichung der Vereinbarungen über die „Menschliche Dimension" kann jeder Staat, unterstützt von neun anderen, eine Berichterstattermission fordern, ohne daß die üblichen Verfahren vorangegangen sein müssen. Zur Verkürzung des Verfahrens gibt es auch die Möglichkeit, daß der Ausschuß Hoher Beamter bzw. ab Ende 1993 auch der neu eingerichtete Ständige Ausschuß auf Ersuchen eines Staates eine Experten- oder Berichterstattermission beschließt; in diesem Fall gilt allerdings wieder das Konsensprinzip (siehe Schaubild 8).

Eine grundlegende Verfahrensänderung wurde auf dem zweiten Treffen des Rates der Außenminister im Januar 1992 in Prag in die Wege geleitet: Um Menschenrechte, Demokratie und Rechtsstaatlichkeit in einem Land zu sichern, soll künftig „in Fällen von eindeutigen, groben und nicht behobenen Verletzungen einschlägiger KSZE-Verpflichtungen" der Rat der Außenminister bzw. der Ausschuß Hoher Beamter Maßnahmen nach der „Konsensminus-eins"-Formel treffen können, d.h. der zu erwartende Widerspruch des betroffenen Landes kann sich nicht als Veto auswirken. Dem traditionellen Souveränitätsdenken wird jedoch noch insofern Rechnung getragen, als sich Beschlüsse nach dieser Formel nur auf „politische Erklärungen" oder andere „politische

Schaubild 8: Der Mechanismus der „Menschlichen Dimension"

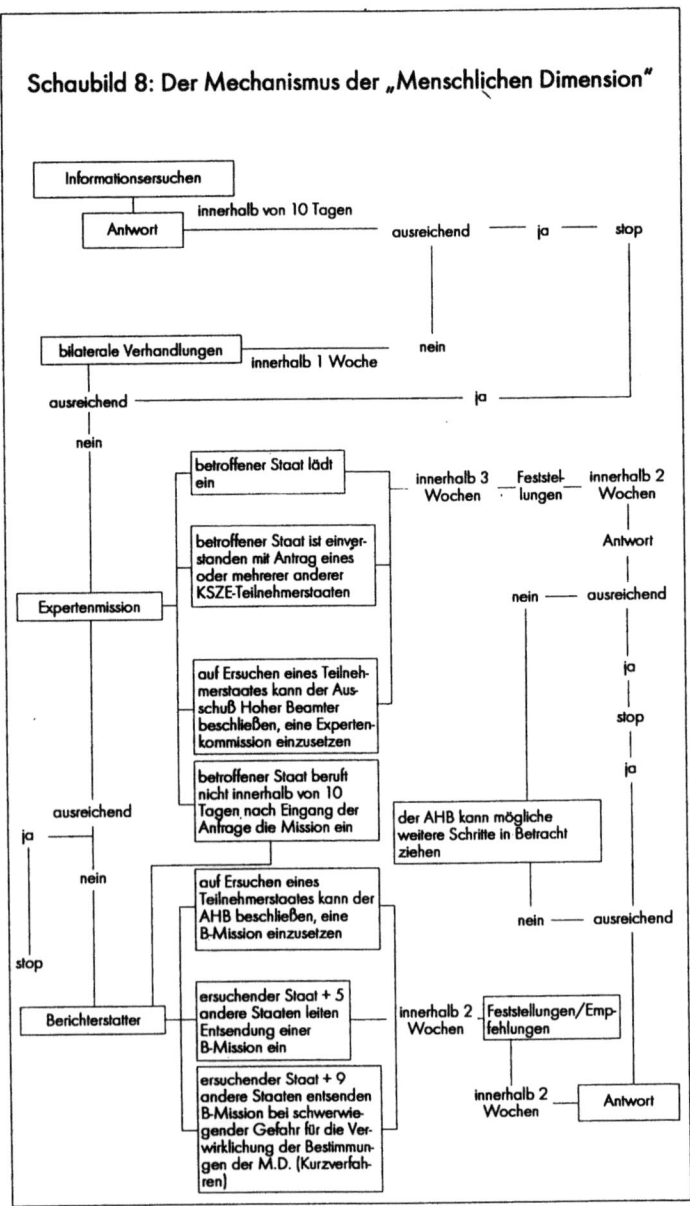

Schritte" beschränken, „die außerhalb des Territoriums des betreffenden Staates anwendbar sind".[26]

Eine Art von „Mechanismus" stellen auch die geplanten Aktivitäten des bereits erwähnten „Hohen Kommissars der KSZE für nationale Minderheiten" dar. Er soll den Rat bzw. den Ausschuß Hoher Beamter auf „Spannungen bezüglich nationaler Minderheiten" aufmerksam machen, „die sich noch nicht über ein Frühwarnstadium hinaus entwickelt haben" und deren Ausweitung „zu einem den Frieden, die Stabilität und die Beziehungen zwischen den Teilnehmerstaaten beeinträchtigenden Konflikt" zu befürchten ist.[27]

Die Rolle des Hohen Kommissars geht über die eines „Frühwarnsystems" hinaus, er kann im Verlauf seiner Informationsreisen auch Minderheitenfragen mit den Konfliktparteien erörtern und „Dialog, Vertrauen und Zusammenarbeit unter ihnen fördern." Außerdem kann ein Mitgliedstaat auf Grund einer „Frühwarnungs"-Erklärung des Hohen Kommissars den politischen „Mechanismus in dringlichen Situationen" in Gang setzen.

---

26 Zweites Treffen des Rates der Außenminister vom 30./31. Januar 1992 in Prag, in: Bulletin der Bundesregierung Nr. 12 vom 4.2.1992, S. 81-88, hier S. 84.
27 Helsinki-Dokument 1992 (Anm. 13), S. 783.

3. Erste Bewährungsproben für die neue KSZE: Ihre Rolle bei den Kriegen im zerfallenden Jugoslawien und in der früheren Sowjetunion

Schneller als vom Rat der Außenminister in Berlin erwartet, mußte der Ausschuß Hoher Beamter schon Anfang Juli 1991 zu einer ersten Dringlichkeitssitzung zusammentreten. In der Woche nach der Ratstagung hatten Kroatien und Slowenien ihre Unabhängigkeit erklärt und sich einseitig aus dem jugoslawischen Staatsverband gelöst. Das provozierte den Aufmarsch der jugoslawischen Bundesarmee, und in Slowenien kam es zu bewaffneten Auseinandersetzungen mit der dortigen Bürgermiliz.

Zuerst wurde der militärische Krisenmechanismus eingeleitet. Österreich hatte ihn Ende Juni 1991 (sicher nicht zuletzt, weil die Kämpfe um die an Österreich grenzenden Zollstationen seine Sicherheit gefährdeten) mit Unterstützung der zwölf EG-Staaten in Gang gesetzt. Bei einer ersten Sitzung der KVZ-Delegationen in Wien am 1. Juli einigte man sich unter Zustimmung des Vertreters Belgrads zwar darauf, die „sofortige Einstellung aller Kämpfe" und die „Rückkehr aller bewaffneten Kräfte, sowohl der Bundesarmee als auch der slowenischen Territorialverteidigungsmilizen in ihre Unterkünfte" zu fordern. Der österreichische Vorschlag, KSZE-Beobachter in die umkämpften Gebiete zu entsenden, wurde jedoch nicht angenommen.[28] Damit hatte dieser militärische Mechanismus ausgedient. Er ist ja auch konzipiert worden für Fälle zwischenstaatlicher Konflikte – insofern mag er zur Beruhigung Österreichs beigetragen haben – er kann nicht für innerstaatliche Konflikte, bei Sezessionskriegen und bei Staatsauflösung greifen. Seitdem wurde der militärische Krisenmechanismus nicht mehr eingeleitet.

Die Frage der Entsendung einer KSZE-Kommission nach Belgrad, um den südslawischen Völkern „gute Dienste" anzubieten, stand dann im Mittelpunkt der ersten Dringlichkeitssitzung des Ausschusses Hoher Beamter. Auf ihr wurden mit Zustimmung der jugoslawischen Bundesregierung zwei Missionen beschlossen: die eine sollte auf Vorschlag der EG den Rückzug der Armee

---

28 Heinz Vetschera, Die KSZE-Krisenmechanismen und ihr Einsatz in der Jugoslawien-Krise, in: Österreichische Militärische Zeitschrift, Heft 5/1991, S. 405-411.

in ihre Standorte und Kasernen sowie die Feuereinstellung überwachen, die andere als „Mission des guten Willens" einen Dialog mit den Konfliktparteien aufnehmen. Beiden Delegationen (zusammen etwa 50 unbewaffnete Personen) gehörten keine Bürger aus den unmittelbaren Nachbarstaaten an. Bezeichnend für die Schwierigkeiten des Zustandekommens dieser Beschlüsse und damit auch für die beschränkte Kompetenz der Delegationen waren zwei Punkte: zum einen bestand Jugoslawien darauf, diese nicht als „Beobachter" zu bezeichnen, zum anderen durfte kein Vertreter Sloweniens an der Krisensitzung teilnehmen.

Der Ausschuß Hoher Beamter traf sich auch 1992 und 1993 zu weiteren Sitzungen, um in den zum Krieg eskalierenden Verfallsprozeß Jugoslawiens zu intervenieren und um das Gewaltverbot in Erinnerung zu rufen. Außerdem diente er als übergeordnete „Absegnungsinstanz" für die EG-Vermittlungsversuche,[29] forderte ein Waffenembargo gegen alle Konfliktparteien und bekräftigte immer wieder, daß die KSZE-Staaten keine gewaltsamen Grenzveränderungen akzeptierten. Mehrfach beschloß er, Berichterstatter in die Nachfolgestaaten Jugoslawiens zu entsenden, um die Respektierung der Menschenrechte und der Rechte der Minderheiten zu überprüfen. Er entsandte Langzeitmissionen ins Kosovo, in den Sandjak und die Vojvodina sowie eine „Spillover"-Überwachungsmission nach Skopje und beschloß schließlich die Suspendierung Jugoslawiens von allen KSZE-Aktivitäten bis auf weiteres, ein Beschluß, der im „Konsens-minus-eins-Verfahren" getroffen wurde. Die Langzeitmissionen mußten Ende Juli 1993 abgezogen werden, weil Belgrad für die Weiterführung ihrer Arbeit die „Rückkehr" der Föderativen Republik Jugoslawiens in die KSZE zur Bedingung machte.

Bei all diesen Entschließungen und Erkundungsmissionen hinkte die KSZE hinter der EG her. Dies gilt auch für die Erklärungen zur Lage im ehemaligen Jugoslawien auf den beiden letzten Außenministertreffen in Stockholm und in Rom. Ein eigenständiges Profil der KSZE gibt es im Zerfallsprozeß Jugoslawiens nicht.

Ein zweites Konfliktfeld, in dem der politische Krisenmechanismus in Gang gesetzt wurde, war der Krieg zwischen Armenien

---

29 Siehe die Erklärungen des Ausschusses Hoher Beamter vom 3.7.1991, 9.8.1991, 4.9.1991, 10.10.1991 und 22.10. 1991. Die Analyse der Rolle der KSZE in den jugoslawischen Kriegen bzw. im Konflikt um Nagornij-Karabach beruht auf Erklärungen des Ausschusses Hoher Beamter und auf der Auswertung von Pressemeldungen.

und Aserbaidschan um die Enklave Nagornij-Karabach. Auch hier bekräftigte der Ausschuß Hoher Beamter das Prinzip, daß Grenzen nur im Einvernehmen geändert werden dürften, und rief immer wieder zum Waffenstillstand auf. Er entsandte mehrere Erkundungsmissionen, um die Chancen für einen Waffenstillstand auszuloten, und der damalige amtierende Ratsvorsitzende, der tschechoslowakische Außenminister Dienstbier, war in offiziellem KSZE-Auftrag dort. Schließlich versuchten der KSZE-Rat und der AHB, eine Friedenskonferenz in Minsk einzuberufen, an der neben Armenien und Aserbaidschan, Belarus, die CSFR, Frankreich, Deutschland, Italien, Rußland, Schweden, die Türkei und die USA teilnehmen sollten. Sie ist jedoch nicht recht in Gang gekommen, u.a. weil sich die beiden Hauptkontrahenten nicht über die Teilnahme von Vertretern aus Nagornij-Karabach einigen konnten. Trotzdem ist nicht auszuschließen, daß die KSZE weiter eine Vermittlungsrolle zu spielen versucht und auch spielen kann, zumal sie hier – im Gegensatz zum Krieg im zerfallenden Jugoslawien – nicht in Konkurrenz zur EG und zur UNO steht. So ist es auch möglich, daß die KSZE im Kaukasus zum ersten Mal eine friedenserhaltende Operation durchführt.

Die KSZE entsandte außerdem Missionen nach Georgien, nach Moldova, nach Estland und Lettland sowie einen Vertreter nach Tadschikistan. Sie haben generell die Aufgabe, Gespräche mit den Konfliktparteien zu führen, Informationen über die politische und militärische Lage einzuholen, gewaltsame Zwischenfälle zu untersuchen und an einer dauerhaften politischen Konfliktregelung mitzuwirken. Die Missionen in die beiden baltischen Staaten arbeiten eng mit dem Hohen Kommissar für nationale Minderheiten zusammen, da es in beiden Ländern um Konflikte in der Behandlung der russischen Minderheit geht. Besonders in Estland konnte Max van der Stoel erfolgreich auf eine Änderung des Staatsangehörigkeitsgesetzes hinwirken und somit zu einer Entspannung der Beziehungen zwischen Esten und Russen beitragen.

Trotz gelegentlicher Erfolge ist ganz offensichtlich, daß die neuen Institutionen und Mechanismen der KSZE geringen Einfluß auf den Verlauf von kriegerischen Konflikten ausübten und allenfalls im lokalen Bereich (Langzeitmissionen) von einer gewissen Bedeutung sind. Es zeigten sich die Grenzen internationaler Organisationen, die nur beschränkt auf die Konfliktformen und -verläufe einwirken können, solange die Staaten auf den Souveränitätsanspruch nicht verzichtet haben. Zwar ist, gemessen an der üblichen Langsamkeit, mit der sich internationale Organisationen entwickeln, der Ausbau der KSZE vom Konferenzprozeß zu einer regionalen Abmachung der UNO mit Krisenmechanismen und dem Mandat zu friedenserhaltenden Missionen in geradezu rasendem Tempo vorangegangen, doch kann eine internationale Organisation nur so handlungsfähig sein, wie es ihre Mitgliedstaaten wollen. Daß die KSZE nicht über mehr Instrumente verfügt, mit denen in Konflikte interveniert werden kann, die gemeinhin als „innere Angelegenheiten" bezeichnet werden, liegt an den Regierungen, die an der nationalen Souveränität uneingeschränkt festhalten wollen bzw. die die Interventionen internationaler Organisationen abwehren wollen, weil sie selbst betroffen sind oder betroffen sein könnten.

All die Instrumente und Mechanismen, die Prinzipien, Normen, Regeln und Entscheidungsprozeduren („Regime"), die die KSZE entwickelt hat, sind an der Regelung zwischenstaatlichen Verhaltens orientiert. Die Grundprämisse ist daher, daß es sich bei den Konfliktparteien um nach innen und außen handlungs- und organisationsfähige Staaten handelt. Das ganze Instrumentarium ist darauf gerichtet, Interessenkonflikte zwischen rational kalkulierenden Akteuren zu regeln, was die Möglichkeit von Kompromissen beinhaltet.[30] Bei den jetzigen ost- und südosteuropäischen Kriegen handelt es sich jedoch um Identitätskonflikte zwischen verschiedenen ethnonationalen Gruppen und damit um Themen, die nur schwer verhandelbar sind. Darüber hinaus geht es um ungeordnete Zerfallsprozesse von Völkerrechtssubjekten, aus denen erst im Laufe einer längeren Übergangszeit neue souveräne Staaten entstehen werden.

Solche Auflösungsprozesse staatlicher Ordnung sind von außen nur schwer zu beeinflussen, und internationale Organisationen, die ja letztlich von Staaten getragen werden, sind so überfordert wie alle anderen, seien es Einzelstaaten oder gesellschaftliche Organisationen.[31] Die Erfolgsbilanz militärischer Interventionen von Großmächten in Bürgerkriege und/oder nationale Befreiungskrie-

---

30 Vgl. Kalevi J. Holsti, „A Zone of Civility" in European Diplomatic Relations? The CSCE and Conflict Resolution, in: The CSCE and Future Security in Europe. A Report of a Two-Day-Conference held in Prague, 4.-5.12.1991, Canadian Institute for International Peace and Security, Ottawa, März 1992, S. 15-89.
31 Zur Rolle von EG und UNO vgl. Peter Schlotter (Red.), Der Krieg in Bosnien und das hilflose Europa. Plädoyer für eine militärische UN-Intervention, HSFK-Report 5-6/1993, Frankfurt a. M. Juni 1993.

ge ist nicht gerade überzeugend.[32] Und selbst die EG und die UNO, die über sehr viel stärkere Druckmittel (ökonomische Anreize oder auch Versagungen) verfügen, sind keineswegs erfolgreicher als die KSZE gewesen.[33]

Internationale Organisationen stehen in solchen Fällen auch vor dem schwer lösbaren Problem des Spannungsverhältnisses zwischen dem Prinzip der territorialen Integrität souveräner Staaten einerseits und dem Selbstbestimmungsrecht der Völker andererseits. Ähnlich wie die EG hat auch die KSZE bis zum Sommer 1991, dem ersten Treffen des Rates der Außenminister in Berlin, am Konzept des jugoslawischen Bundesstaates festgehalten, als dieser schon keine Basis mehr in den früheren jugoslawischen Staatsvölkern hatte. Vielleicht hätte Ende der 80er Jahre die Unterstützung von konstruktiven Vorschlägen zur Umgestaltung Jugoslawiens (Konföderalismus-Debatte) ein mögliches Konsensmodell für einen „peaceful change" abgeben können.

Der Schwenk in der zweiten Hälfte 1991, die sezessionswilligen Republiken in den bisherigen innerstaatlichen Grenzen eines jugoslawischen Bundesstaates anzuerkennen, war dann jedoch in sich widersprüchlich. Damit wurde die Sezession akzeptiert, aber gleichzeitig wieder das Territorialprinzip angewendet, indem die Grenzen der bisherigen jugoslawischen Teilrepubliken für sakrosankt erklärt wurden. Wenn aber Außengrenzen zerfallen, zerfallen oft auch die Binnengrenzen. Einerseits wurde das Streben der Kroaten nach Selbstbestimmung in einem souveränen Staat völkerrechtlich anerkannt, andererseits aber den Serben in Kroatien, die in relativ geschlossenen Siedlungsgebieten wohnen, ihr Selbstbestimmungsrecht, eben nicht als Minderheit in einem kroatischen Staat leben zu wollen, verweigert und ihnen nicht gestat-

---

32 Siehe Frank R. Pfetsch, Internationale und nationale Konflikte nach dem Zweiten Weltkrieg, in: Politische Vierteljahresschrift, Bd. 32, 1991, Heft 2, S. 258-285, hier S. 275, wonach militärische Interventionen externer Parteien die Tendenz haben, Konflikte zu intensivieren.

33 Vgl. u.a. Geoffrey Edwards, European Responses to the Yugoslav Crisis – An Interim Assessment, in: Reinhardt Rummel (ed.), Toward Political Union. Planning a Common Foreign and Security Policy in the European Community, Baden-Baden 1992, S. 165-189; Trevor C. Salmon, Testing Times for European Political Cooperation: The Gulf and Yugoslavia, 1990-1992, in: International Affairs, Vol. 68, No. 2, 1992, S. 233-253; Peter Schlotter, Die hilflosen Helfer: EG und UNO im Krieg auf dem Balkan, in: Gert Krell u.a. (Hrsg.), Friedensgutachten 1993, Münster, Hamburg 1993, S. 94-106.

tet, entweder einen eigenen Staat zu bilden oder sich Serbien anzuschließen.[34]

Die KSZE ist hier einer widersprüchlichen Politik gefolgt und hat nicht dazu beigetragen, das Prinzip des souveränen Territorialstaates in seinen existierenden Grenzen und das Recht auf Selbstbestimmung gründlich zu durchdenken und hier zu neuen Normen und Regeln zu kommen (siehe hierzu Abschnitt 4.2).

Schließlich stand die KSZE in dem Dilemma, einerseits eine Vermittlungsrolle spielen zu wollen, was die genuine Aufgabe einer internationalen Organisation ist, aber gleichzeitig mit der Anerkennung der Sezession auch Partei geworden zu sein. Diese parteiische Rolle verstärkte sich immer mehr, als die serbische Seite zunehmend die Rolle des Aggressors einnahm und in weitaus größerem Umfange massive Menschenrechtsverletzungen beging als die anderen Konfliktparteien. Die Reaktion der KSZE darauf kulminierte darin, Rest-Jugoslawien von den KSZE-Sitzungen zu suspendieren. Damit hat die KSZE ihre Rolle als neutrale Vermittlerin aufgegeben, eine Konsequenz, die unvermeidlich war, wenn sie nicht den eigenen Prinzipien und Normen untreu werden wollte. Um so deutlicher wird jetzt aber, daß die KSZE nicht über die Machtinstrumente verfügt, den Konfliktparteien eigene Vorstellungen für die Lösung der Konflikte aufzudrängen, sei es durch Druck, sei es durch Anreize, sei es durch eine Mischung aus beidem.[35]

Das Scheitern der KSZE im ehemaligen Jugoslawien machte die Grenzen internationaler Organisationen deutlich, die Hoffnungen auf Beeinflussung solcher Konflikte von außen dürfen nicht zu hoch angesetzt werden. Dennoch sind internationale Organisationen nicht überflüssig. Durch sie wird zumindest mittelfristig mehr Transparenz und Erwartungsstabilität zwischen den Staaten geschaffen.[36] Das „Sicherheitsdilemma" kann auf diese Weise verringert werden. Internationale Verhandlungssysteme und Organisationen können zudem „Regime" schaffen, in denen Prinzipien, Normen, Regeln und Entscheidungsprozeduren vereinbart

---

34 Das betont vor allem John Zametica, The Yugoslav Conflict, Adelphi Paper No. 270, Sommer 1992, S. 59 ff.

35 Vgl. James Gow/James D. Smith, Peace-making, Peace-keeping: European Security and the Yugoslav Wars, London Defence Studies No. 11, Mai 1992, S. 52 ff

36 Vgl. zusammenfassend Volker Rittberger, Theorie der internationalen Organisationen, in: Rüdiger Wolfrum (Hrsg.), Handbuch Vereinte Nationen, 2. Aufl. München 1991, S. 363-372.

werden, die nationale Interessenpolitik zwar nicht aufheben, sie jedoch in vielen Fällen effektiv einschränken. Diese Regime beziehen sich zwar in erster Linie auf die zwischenstaatlichen Beziehungen, wirken aber auch in den innerstaatlichen Bereich hinein und können so zu einer „Zivilisierung" der internationalen Beziehungen beitragen.

Neben der Verbesserung der institutionellen Struktur der KSZE, die aber nichts Grundsätzliches an der prinzipiellen Schwäche internationaler Organisationen ändern wird, kommt vor allem der traditionellen Funktion der KSZE, der Normbildung, auch zukünftig besondere Bedeutung zu. Im einzelnen sehen wir drei Dimensionen, in denen eine Weiterentwicklung der KSZE als regionale Friedensstrategie vordringlich ist:

(a) Die Regeln und Mechanismen der KSZE zur Krisenintervention und zur friedlichen Konfliktbewältigung müssen möglichst verbindlich festgelegt und institutionell verstärkt werden. Insbesondere kommt es darauf an, der KSZE positive Anreize wie negative Sanktionsmöglichkeiten zu verschaffen, um ihrer Rolle als Dritte Partei Nachdruck zu geben. Mit dem Ausbau der KSZE als internationaler Organisation, insbesondere als Regionalorganisation der Vereinten Nationen, könnten diese Anforderungen vermutlich leichter erfüllt werden, als wenn sich die künftige KSZE lediglich auf nur schwach institutionalisierte Mechanismen stützen würde. Es müssen in diesem Rahmen allerdings auch die Einwände gegen ein regionales System kollektiver Sicherheit berücksichtigt werden, das von vielen als das Idealkonzept einer UN-Regionalorganisation betrachtet wird (siehe Abschnitt 4.1.1).

(b) Angesichts der neuen ethnonationalen Herausforderungen verdient die Regimebildung beim Minderheitenschutz und bei der Neubildung von Staaten die besondere Aufmerksamkeit der KSZE. Während es zum Minderheitenschutz bereits Ansätze für ein gesamteuropäisches Regime gibt, steckt die Entwicklung von Verhaltensregeln und Prozeduren für staatliche Zerfalls- und Neubildungsprozesse noch ganz in den Anfängen.

(c) Die neuen ethnonationalen und soziokulturellen Spannungsfelder in Europa können nicht allein auf zwischenstaatlicher Ebene geregelt werden. Eine auf die Dauer erfolgreiche Regelung muß weit vor dem Ausbruch von Gewalt ansetzen. Die KSZE als zwischenstaatliche Einrichtung bedarf deshalb der Ergänzung um neue Formen und Mechanismen der zwischengesellschaftlichen Konfliktprävention.

Schließlich kann die Weiterentwicklung der KSZE als regionale Friedensstrategie auch nicht der Frage ausweichen, ob und inwieweit militärische Mittel zur Friedenssicherung gerechtfertigt sind. Diese Frage ist in jüngster Zeit vor allem unter dem Aspekt der „humanitären Intervention" diskutiert worden.

4. Die Zukunft der KSZE im Rahmen einer neuen europäischen Sicherheitsarchitektur

4.1. Die Weiterentwicklung der KSZE zu einer Internationalen Organisation

Bisher erwies sich das KSZE-Instrumentarium als weitgehend wirkungslos, die Konflikte auf dem Balkan sowie in und zwischen den GUS-Staaten friedlich zu regulieren. Es mangelt an Interventionsmechanismen sowohl zur Konfliktprävention als auch zur Friedenssicherung nach dem Ausbruch von Feindseligkeiten. Zwar hängt jede Vermittlung zuallererst von der Bereitschaft der Konfliktparteien ab, sich ihrer zu bedienen. Der Bereitschaft zu friedlicher Konfliktlösung kann aber Nachdruck verschafft werden, wenn die Vermittlungsinstanz über positive wie negative Sanktionsmöglichkeiten verfügt und auch bereit ist, diese einzusetzen.

Für den Erfolg von Vermittlungsbemühungen kommt es nicht immer und primär darauf an, daß die Vermittler unparteiisch und unabhängig sind. Vielmehr sollten sie über Ressourcen verfügen, mit denen die Rahmenbedingungen eines Konflikts so weit verändert werden können, daß die Konfliktparteien erkennen, eine gewaltsame Interessendurchsetzung würde sich zu ihrem Schaden auswirken.[37] Über solche Ressourcen verfügen in der Regel nur Großmächte oder Zusammenschlüsse mehrerer Staaten. Im Sinne völkerrechtlicher Legitimität sollte eine Intervention, die auch bewaffnete Kräfte umfaßt, allerdings nur im Rahmen einer Institution kollektiver Sicherheit durchgeführt werden, d.h. einer Institution, der auch die Konfliktparteien angehören, und nicht von einer Institution, die sich kraft eigener Interessendefinition in Konflikte einmischt, die an sich nicht ihrem Aufgaben- und Wirkungskreis entsprechen. In Europa könnte nur die KSZE diese Anforderungen erfüllen, auch wenn sie gegenwärtig noch nicht als ein kollektives Sicherheitssystem anzusehen ist. Doch bei ihr sind sowohl von ihrer umfassenden Mitgliedschaft als auch von ihrem gemeinsam beschlossenen Aufgabenkatalog her wichtige Voraussetzungen hierfür erfüllt.

---

37 Vgl. Die Zusammenfassung der Literatur bei Peter Billing, Der Bürgerkrieg in Jugoslawien. Ursachen-Hintergründe-Perspektiven, HSFK-Report 1/1992, Frankfurt a. M. Februar 1992, S. 27/28.

Die Renaissance dieses Sicherheitskonzeptes, das während des Ost-West-Konfliktes eine Zielvorstellung in den außenpolitischen Deklarationen der Sowjetunion und der Warschauer Vertragsorganisation war, aber auch im Westen bei denen Anhänger fand, die der offiziellen (nuklearen) Sicherheitspolitik skeptisch gegenüberstanden,[38] ist darauf zurückzuführen, daß der Zusammenbruch des Warschauer Vertrages und der Zerfall der Sowjetunion eine Situation geschaffen haben, in der die bisherige Sicherheitspolitik ihre Grundprämissen verloren hat.

Es liegt nahe, daß die KSZE, die als einziges europäisches Verhandlungsforum beide Blöcke sowie die neutralen und blockfreien Staaten umfaßte, als Organisationsrahmen eines gesamteuropäischen kollektiven Sicherheitssystems vorgeschlagen wird.[39] Ein „reines" System kollektiver Sicherheit trifft jedoch auf berechtigte Zweifel. Im folgenden entwickeln wir deshalb den Vorschlag, die KSZE zu einer internationalen Organisation auszubauen, die lediglich Elemente eines Systems kollektiver Sicherheit enthält.

4.1.1 Die Strukturprobleme kollektiver Sicherheitssysteme

Ein System kollektiver Sicherheit unterscheidet sich grundlegend von einer Sicherheitsorganisation durch Militärallianzen. Während diese sich gegen einen potentiellen Angreifer außerhalb der Allianz richten, verpflichten sich die Mitglieder eines Systems kollektiver Sicherheit, keine Gewalt gegeneinander anzuwenden und gemeinsam gegen jeden vorzugehen, der seine Ziele gewaltsam gegen die anderen Partner des Systems durchsetzen will. Zu einem solchen System gehört auch eine Instanz, die über Streitig-

---

38 Vgl. Charles A. Kupchan/Clifford A. Kupchan, Concerts, Collective Security and the Future of Europe, in: International Security, Vol. 16, No 1, Sommer 1991, S. 114-161; Gregory Flynn/David J. Scheffer, Limited Collective Security, in: Foreign Policy, No 80, Herbst 1990, S. 77-101; Richard Ullmann, Securing Europe, Princeton 1991; Malcolm Chalmers, Beyond the Alliance System, in: World Policy Journal, Vol. 7, No 2, Frühjahr 1990, S. 215-250; Dieter Senghaas, Europa 2000. Ein Friedensplan, Frankfurt a. M. 1990; ders., Friedensprojekt Europa, Frankfurt a. M. 1992, insbes. S. 103 ff.

39 Hierum hat sich vor allem Dieter S. Lutz verdient gemacht; vgl. ders. (Hrsg.), Kollektive Sicherheit in und für Europa – Eine Alternative?, Baden-Baden 1985.

keiten unter den Mitgliedern entscheiden und diese Entscheidung durchsetzen kann.[40]

Der Völkerbund war als kollektives Sicherheitssystem angelegt, ebenso die Vereinten Nationen und die Organisation amerikanischer Staaten (OAS). Das Scheitern des Völkerbundes hatte allerdings die Idee der kollektiven Sicherheit in Mißkredit gebracht. Es habe sich gezeigt, daß solche Systeme nicht funktionierten, wenn man sie brauchte, und man brauchte sie nicht, wenn sie funktionierten, so die vorherrschende Meinung.[41]

Dennoch hat das Konzept der kollektiven Sicherheit etwas Bestechendes: nicht mehr Politik des (militärischen) Gleichgewichts soll den Frieden sichern, sondern das Völkerrecht, das von der Mehrheit der Mitglieder gegen den Friedensstörer notfalls mit militärischen Mitteln durchgesetzt wird. Die praktischen Probleme sind allerdings vielfältig.

So muß sich erstens die Staatengemeinschaft mehrheitlich einig sein, daß eine Aggression vorliegt und wer der Aggressor ist. Das ist häufig objektiv schwierig. Darüber hinaus werden solche Entscheidungen nicht nur nach der völkerrechtlichen Kasuistik gefällt: Da Staaten Interessen verfolgen, kann die Nichtbenennung eines Aggressors auch dazu dienen, eigene nationale Interessen nicht zu verletzen.

Zweitens darf es theoretisch in einem kollektiven Sicherheitssystem keinen Staat geben, der so stark ist wie alle übrigen zusammen oder gar noch stärker, wenn es möglich sein soll, auch Aggressionen des stärksten Mitglieds zu verhindern. Dies zu realisieren ist im Atomzeitalter besonders schwierig, da Nuklearstaaten bestenfalls von anderen Nuklearstaaten abgeschreckt werden können.

Drittens müssen die Staaten eines kollektiven Sicherheitssystems, die gegen einen Aggressor vorgehen, bereit sein, die Ko-

---

40 Vgl. Karl Doehring, Kollektive Sicherheit, in: Wolfrum (Anm. 36) S. 405-410; Dieter S. Lutz, Kollektive Sicherheit, in: Andreas Boeckh (Hrsg.), Internationale Beziehungen. Theorien-Organisationen-Konflikte (Pipers Wörterbuch zur Politik, Bd. 5), München-Zürich 1984, S. 280-282.

41 Von der neueren Literatur vgl. Richard K. Betts, Systems for Peace or Causes of War? Collective Security, Arms Control, and the New Europe, in: International Security, Vol. 17, No. 1, Sommer 1992, S. 5-43; Reinhard Wolf, Kollektive Sicherheit und das neue Europa, in: Europa-Archiv, Folge 13/1992, S. 365-374; Josef Joffe, Collective Security and the Future of Europe: Failed Dreams and Dead Ends, in: Survival, Vol. 34, No. 1, Frühjahr 1992, S. 36-50.

sten nicht-militärischer Sanktionen und evtl. auch eines Krieges auf sich zu nehmen. Das ist vor allem in Demokratien schwierig.

Aus dem Gesagten ergibt sich, daß ein kollektives Sicherheitssystem allenfalls dann funktionieren könnte, wenn ein relativ schwacher Staat in Überschätzung seiner eigenen Ressourcen die Regeln verletzt und dann von den übrigen unter Führung eines (militärisch) mächtigen Staates gezwungen wird, von seiner Aggression Abstand zu nehmen. Es wirkt aber unmittelbar nicht gegen mächtige Staaten, besonders dann nicht, wenn diese über Nuklearwaffen verfügen. Um deren Aggression vorzubeugen, erscheint deshalb das Konzept der Abschreckung und Allianzbildung erfolgversprechender.[42]

Betrachtet man die Staatenwelt illusionslos, so sind die Erfolgschancen eines kollektiven Sicherheitssystems, einen Aggressor in seine Schranken zu weisen, gering. Wenn nicht unmittelbare Interessen der betroffenen Staaten tangiert sind, so sind sie kaum bereit, für abstrakte Güter wie das Völkerrecht oder die Unverletzlichkeit von Grenzen, ja selbst bei massiven Menschenrechtsverletzungen größere Opfer an Menschen und Gütern zu bringen.

Deshalb sind kollektive Sicherheitssysteme jedoch nicht überflüssig. In ihnen institutionalisieren sich gewissermaßen die völkerrechtlichen Normen des Gewaltverzichtes. Kollektive Sicherheitssysteme stellen umfassende Gewaltverzichtsregime dar, die im Prozeß ihrer ständigen Überprüfung, Weiterentwicklung und Anpassung an neue Situationen einen Beitrag zur Zivilisierung der internationalen Politik leisten können.

Die KSZE sollte deshalb künftig Elemente eines kollektiven Sicherheitssystems verknüpfen mit anderen Kooperationsformen, die das Sicherheitsdilemma durch Erwartungsstabilität, Transparenz und Vertrauensbildung abschwächen. Unter diesem Gesichtspunkt braucht eine partielle Kompetenzüberlagerung zwischen verschiedenen multilateralen Institutionen, wie z.B. der KSZE und der NATO bzw. dem Nordatlantischen Kooperationsrat, nicht von Nachteil zu sein, sofern beide je spezifische Beiträge zur „Einbindung" einzelstaatlichen Verhaltens in multilaterale Gewaltverzichts- bzw. Gewaltsanktionsregime leisten.[43]

---

42 Siehe vor allem Wolf (Anm. 41), S. 373/74.
43 Vgl. als Überblick zu den „sozialisierenden" Funktionen internationaler Organisationen Rittberger (Anm. 36).

4.1.2 Die KSZE im europäischen Institutionengeflecht

Am 4. Juni 1992 brachte der NATO-Ministerrat in Oslo die Überzeugung zum Ausdruck, Stabilität und Sicherheit im europäisch-atlantischen Raum ließen sich durch ein Geflecht ineinandergreifender, sich gegenseitig verstärkender Institutionen (NATO, KSZE, EG, WEU, VN und Europarat) vergrößern. Konkret wurde beschlossen, die Fähigkeiten des Bündnisses „zu wirksamen Aktionen der KSZE entsprechend ihrer neuen und größeren Verantwortung für Krisenmanagement und die friedliche Beilegung von Streitigkeiten" zu nutzen, und „von Fall zu Fall, in Übereinstimmung mit (den) eigenen Verfahren (der NATO), friedenserhaltende Aktivitäten unter Verantwortung der KSZE einschließlich der Bereitstellung von Ressourcen und Fachwissen des Bündnisses zu unterstützen."[44] Diese Entschließung hatte nicht nur den Zweck, den notwendigen Unterbau für die anstehende Entscheidung der KSZE bereitzustellen, sich zur regionalen Abmachung im Sinne des Kapitels VIII der VN-Charta zu erklären, sondern sie sollte den in Helsinki versammelten Partnern gegenüber auch die diesbezügliche Kompetenz der NATO hervorheben.

Ebenfalls die Außen- und Verteidigungsminister der WEU-Staaten beschlossen am 19. Juni 1992 in ihrer „Petersberg-Erklärung", „je nach den Umständen des betreffenden Falles und nach Maßgabe unserer eigenen Verfahren die wirksame Durchführung von Konfliktverhütungs- und Krisenbewältigungsmaßnahmen einschließlich friedenserhaltender Aktivitäten der KSZE oder des Sicherheitsrates der Vereinten Nationen zu unterstützen."[45]

Beide Beschlüsse zeigen, wie sehr die KSZE – sollte sie sich auch nur zu friedenserhaltenden Aktivitäten mithilfe bewaffneter Einheiten entschließen – bis auf weiteres davon abhängig sein wird, daß ihr NATO und WEU die hierfür notwendigen Mittel bereitstellen. Mehr noch, indem beide Male betont wird, dies solle „in Übereinstimmung" bzw. „nach Maßgabe" der eigenen Verfahren geschehen, lassen die NATO- und WEU-Mitglieder keinen Zweifel daran aufkommen, daß sie letztlich in Ausübung ihrer ei-

---

44 Tagung des Ministerrats des Nordatlantikrats am 4. 6. 1992 in Oslo, Kommuniqué der Ministertagung, Ziffer 11, in: Bulletin der Bundesregierung Nr. 64 vom 12.6.1992, S. 615.

45 Tagung des Ministerrates der Westeuropäischen Union (WEU) am 19. Juni 1992 auf dem Petersberg bei Bonn, Petersberg-Erklärung, Ziffer 2, in: Bulletin der Bundesregierung, Nr. 68 vom 23.6.1992, S. 649.

genen Souveränität darüber entscheiden wollen, ob sie der KSZE Truppen, Waffen, Logistik etc. überstellen.

Damit nicht genug, der exklusiven gesamteuropäischen Zuständigkeit der KSZE ist inzwischen von seiten der NATO und – mit gewissen Einschränkungen – der WEU auch eine Konkurrenz erwachsen:

Seit Dezember 1991 finden im Anschluß an Sitzungen des NATO-Rates Treffen der dort versammelten Minister mit ihren Kollegen aus den Staaten des ehemaligen Warschauer Paktes und den Nachfolgestaaten der Sowjetunion in dem von der NATO eingerichteten Nordatlantischen Kooperationsrat (NACC) statt. Verfolgte die NATO hiermit ursprünglich die Absicht, auch nach der Auflösung des Warschauer Vertrages ein Gremium zu haben, in dem auf die Einhaltung der Vereinbarungen über konventionelle Abrüstung (KSE I) Einfluß genommen werden konnte, so kam diesem Vorhaben auf seiten der ehemaligen Verbündeten der Sowjetunion das Interesse entgegen, mit der NATO eine neue Sicherheitspartnerschaft einzugehen, wenn diese schon nicht bereit war, die jungen Demokratien als neue Mitglieder aufzunehmen. Nach dem Zerfall der Sowjetunion wollte die NATO mit der Aufnahme ihrer Nachfolgerepubliken in den NACC darüber hinaus dazu beitragen, daß der einsetzende Desintegrationsprozeß der Sowjetstreitkräfte nicht in einem allgemeinen Chaos endet.

So plausibel diese Ziele der NATO auch sind, so dürfen die Gründung des NACC und dessen Arbeitsprogramm nicht darüber hinwegtäuschen, daß mit ihm in Brüssel ein Konkurrenzunternehmen zur KSZE entstanden ist, auch wenn in seinen Kommuniqués stets die Bereitschaft zu Kooperation betont wird. Dies zeigt sich nicht zuletzt an der Aufnahme Albaniens in den NACC wie an der Gewährung eines Beobachterstatus für Finnland (und demnächst wahrscheinlich Österreich). Beides kann als Anzeichen dafür gewertet werden, den NACC tendenziell für alle KSZE-Staaten offen zu halten.

Bei all dem spielt auch eine Rolle, daß die NATO nach der Überwindung des Ost-West-Gegensatzes auf der Suche nach neuen Funktionen ist, die ihren Fortbestand rechtfertigen, und daß sie über eine ausgefächerte Organisationsstruktur verfügt, die den noch nicht ausgereiften und personell unterbesetzten Institutionen der KSZE eindeutig überlegen ist.

Seit dem Ende der Ost-West-Konfrontation besteht freilich auch ein lebhaftes Interesse mittel- und osteuropäischer Staaten, insbesondere Polens, der Slowakei, Tschechiens und Ungarns, sich nicht nur der NATO, sondern auch der Europäischen Gemeinschaft so schnell wie nur irgend möglich anzuschließen. Demgegenüber legen die EG-Staaten, die gegenwärtig mit der Realisierung des Maastrichter Vertragswerks beschäftigt sind, mehr Gewicht auf die Vertiefung der Gemeinschaft zur Europäischen Union und zeigen sich hinsichtlich einer Ost-Erweiterung eher zurückhaltend. Sie sind sich allerdings bewußt, daß sie den wirtschaftlichen wie auch den außen- und sicherheitspolitischen Bedürfnissen ihrer östlichen Nachbarn Rechnung tragen müssen und suchen daher nach Möglichkeiten, den Demokratisierungsprozeß und die wirtschaftlichen Reformen in Mittel- und Osteuropa zu unterstützen, ohne den eigenen Besitzstand zu gefährden. In diesem Zusammenhang kommt der WEU, die in Maastricht als ein integraler Bestandteil der künftigen Europäischen Union bezeichnet wurde, eine Schlüsselfunktion zu.

Bereits 1990 hatte der WEU-Ministerrat beschlossen, Kontakte zum Informationsaustausch mit den demokratisch gewählten Regierungen in Mittel- und Osteuropa herzustellen. Zu einem ersten Konsultationstreffen mit den Außen- und Verteidigungsministern von acht Staaten Zentraleuropas (nämlich Bulgarien, Estland, Lettland, Litauen, Polen, Rumänien, Ungarn und die damalige Tschechoslowakei) kam es am 19. 6. 1992 im Anschluß an die schon erwähnte Ministerratstagung auf dem Petersberg. Das dort ins Leben gerufene WEU-Konsultationsforum soll künftig jährlich auf Ministerebene einmal und auf Botschafterebene mindestens zweimal zusammentreten, um den zentraleuropäischen Partnern der WEU die Möglichkeit zu geben, sich mit der künftigen Sicherheits- und Verteidigungspolitik der Europäischen Union vertraut zu machen und neue Möglichkeiten der Zusammenarbeit zu finden. Wenn auch hier gewisse Parallelen zum NACC zu sehen sind, so wäre das WEU-Forum aufgrund seiner regionalen Beschränkung als Konkurrenz zur KSZE derzeit sicher überbewertet.

Will man über den Ausgang des Wettbewerbes dieser Institutionen spekulieren, so darf man ihn nicht nur aus der westeuropäischen Perspektive betrachten: Die zugespitzte Lage zwischen Adria und Kaukasus hat dazu geführt, daß die Länder Mittel- und Osteuropas nicht mehr in dem Maße auf die KSZE setzen wie noch zur Zeit des Pariser Gipfels. Hierzu hat insbesondere ihre Hilflosigkeit gegenüber dem Kriegsgeschehen im ehemaligen Jugoslawien beigetragen. Deshalb sehen die neuen Demokratien in der NATO und in den westeuropäischen Zusammenschlüssen EG und WEU ihre eigentlichen Sicherheitsanker und betrachten deren neugeschaffene Foren NACC und WEU-Konsultationsforum als Übergangseinrichtungen auf dem Wege dorthin. Damit hängt die Zukunft der KSZE und ihr weiterer Ausbau zum einen davon ab, wie weit und wie lange NATO und EG/WEU von Osterweiterungen Abstand nehmen, zum anderen aber auch davon, ob es gelingt, zwischen den jetzt vorhandenen Institutionen zu einer Kompetenzverteilung zu gelangen, die dazu führt, daß all jene Aufgaben, die in einem weiten Sinne mit den Stichworten „Sicherheit und Zusammenarbeit in Europa" verbunden sind, auch wahrgenommen werden.

4.1.3 Plädoyer für eine institutionelle Weiterentwicklung der KSZE

Die seit dem Pariser Gipfel geschaffenen neuen Mechanismen und Institutionen der KSZE, die Erweiterung ihrer Mitgliederzahl sowie die Gründungen von NACC und WEU-Konsultationsforum lassen sich als Versuche beschreiben, Strukturen zu entwickeln, mit denen die internationalen Beziehungen verstetigt und die neuen Staaten, auch wenn sie weit außerhalb Europas liegen, in den Kreis liberaler Demokratien dauerhaft eingebunden werden können.[46]

Die KSZE wäre das zentrale Forum, das alle Staaten Europas sowie die Vereinigten Staaten und Kanada auf dem Boden eines gemeinsamen Menschenrechtskodex, demokratischer und rechts-

---

46 Vgl. hierzu ausführlicher Peter Schlotter, Die Einhegung einer neuen Großmacht? Deutschland und die zukünftige Architektur Europas, in: Bruno Schoch (Red.), Deutschlands Einheit und Europas Zukunft (Friedensanalysen, Bd. 26), Frankfurt a. M. 1992, S. 280-300; ders. Frieden durch Integration? Europäische Institutionen und die zukünftige Friedensordnung in Europa, in: Ulrike C. Wasmuht (Hrsg.), Ist Wissen Macht? Zur aktuellen Funktion von Friedensforschung (Schriftenreihe der Arbeitsgemeinschaft für Friedens- und Konfliktforschung, Bd. 19), Baden-Baden 1992, S. 255-270; Heinrich Schneider, Gesamteuropäische Herausforderungen an eine Europäische Union, in: Rudolf Wildenmann (Hrsg.), Staatswerdung Europas? Optionen für eine Europäische Union, Baden-Baden 1991, S. 41-143; Reimund Seidelmann, NATO, WEU oder KSZE? Zur Neuordnung der europäischen Sicherheitsarchitektur in den 90er Jahren, in: Christian Deubner (Hrsg.), Die Europäische Gemeinschaft in einem neuen Europa. Herausforderungen und Strategien, Baden-Baden 1991, S. 209-223.

staatlicher Normen sowie verbindlicher Regeln für die Förderung von Sicherheit und Kooperation vereint. Sie sollte die zentrale Steuerungsinstanz für die Einmischung in inner- und zwischenstaatliche Konflikte in Europa sein, falls Staaten den Rahmen des von der KSZE gesetzten Prinzipien- und Normenkatalogs verlassen.

Vor allem Auseinandersetzungen, die mit dem Schutz von Minderheiten, mit Sezessionen, Staatsauflösungen und Staatsneubildungen zusammenhängen und – nach historischer Erfahrung – besonders gewaltträchtig sein können, bedürfen der Regelung durch die KSZE. Einmischung oder Intervention mit militärischen Mitteln können bei diesen Konflikten geboten sein, wenn andere Mechanismen der Konfliktprävention und der friedlichen Streitbeilegung versagt haben. Sie sollten aber prinzipiell nur von einer Organisation vorgenommen werden, der die betroffenen Konfliktparteien angehören und deren Bestimmungen sie sich unterworfen haben.

Schaubild 9: Organisationen in Europa

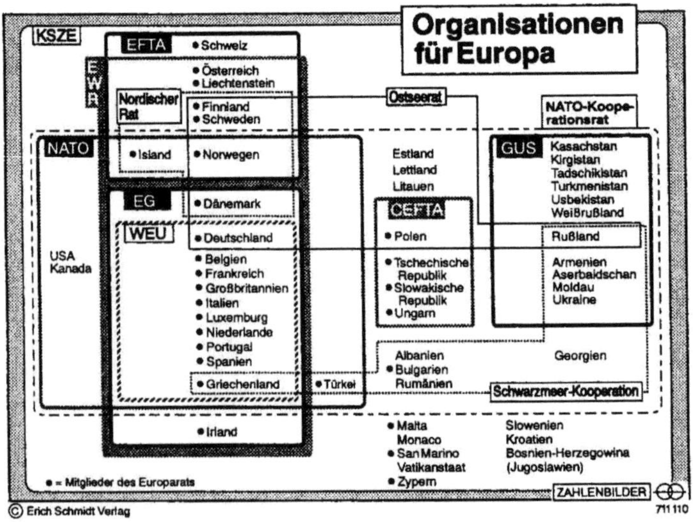

Die anderen Institutionen partikularer, wenn auch zukünftig sich erweiternder Mitgliedschaft werden dadurch nicht entwertet. Im Gegenteil: Sie könnten neue, zusätzliche Funktionen erhalten, die sie in einem „reinen" kollektiven Sicherheitssystem nicht haben. Das gilt insbesondere für die NATO, die nicht nur die multinationale Organisation der militärischen Sicherheit für ihre Mitglieder, sondern auch eine Koordinierungsfunktion für Rüstungssteuerung, Rüstungskontrolle und Abrüstung übernehmen könnte.[47] Die EG hätte hauptsächlich wirtschaftliche Probleme in Europa zu lösen und wäre darüber hinaus – weiterentwickelt zur Politischen Union – das entscheidende politische Machtzentrum Europas. Ihr werden jedoch auf absehbare Zeit nicht alle europäischen Staaten angehören können.[48] Der Europarat als die vierte Säule der europäischen Architektur wäre vor allem für die Aushandlung und den Abschluß von völkerrechtlich gültigen Konventionen zuständig.[49]

Ob und inwieweit diese Komposition regionaler Institutionen ausreicht, um die ökonomischen und sozialen Aufgaben für eine umfassende Integration Gesamteuropas zu bewältigen, ist allerdings zweifelhaft. Abgesehen vom Umfang der Transferleistungen, die hierfür notwendig sind, stellt sich auch die Frage nach angemessenen Organisationsformen. Die bestehenden Institutionen scheinen mit dieser Aufgabe völlig überfordert zu sein. Deshalb spricht viel für den Vorschlag, die Maßnahmen zur wirtschaftlichen und sozialen Entwicklung Mittel- und Osteuropas in einer Organisation nach dem Vorbild der OECD zu bündeln: einer „Gesamteuropäischen Aufbauorganisation".[50]

---

47 Vgl. Philipp Borinski, Die neue NATO-Strategie. Perspektiven militärischer Sicherheitspolitik in Europa, HSFK-Report 1/1993, Frankfurt a. M. Februar 1993.
48 Vgl. Hans Arnold, Die Europäische Gemeinschaft zwischen Vertiefung und Erweiterung, in: Europa-Archiv, Folge 10/1991, S. 318-326; John Pinder, 1992 and Beyond: European Community and Eastern Europe, in: The International Spectator, Vol. 25, No. 3, 1990, S. 172-183; Heinrich Vogel, Integration und Desintegration: das europäische Dilemma, in: Europa-Archiv, Folge 15-16/1992, S. 433-438.
49 Otto Schmuck (Hrsg.), Vierzig Jahre Europarat, Renaissance in gesamteuropäischer Perspektive? Bonn 1990; Per Fischer, Vierzig Jahre Europarat – Vom gescheiterten Föderator zum „kreativen Trainingscenter", in: Integration, Bd. 12, Nr. 3, 1989, S. 119-126; Michael R. Lucas/Birgit Kreikemeyer, Der Europarat und der gesamteuropäische Integrationsprozeß, in: Wissenschaft und Frieden, Nr. 4, 1990, S. 1-9; Denys Simon, Der Europarat: Bezugsrahmen für die gesamteuropäische Zusammenarbeit?, in: Deubner, Europäische Gemeinschaft (Anm. 46), S. 87-98.
50 Vgl. Werner Weidenfeld/Manfred Huterer u.a., Osteuropa: Herausforderungen – Probleme – Strategien, Gütersloh: Bertelsmann Stif-

Unser Vorschlag zum Ausbau der KSZE als Internationaler Organisation stützt sich auf den Beschluß des Helsinki-Dokuments von 1992, die KSZE künftig als „regionale Abmachung" im Sinne des Kapitels VIII der Charta der Vereinten Nationen zu betrachten.[51]

Dieser Beschluß war nicht unumstritten, da manche Staaten die Sorge hatten, die Weiterentwicklung der KSZE als Regionalorganisation der Vereinten Nationen könnte die UNO als globale Organisation relativieren. Insbesondere befürchteten Frankreich und Großbritannien als ständige Mitglieder des UN-Sicherheitsrates eine Abwertung, nicht zuletzt im Vergleich zur Bundesrepublik Deutschland, wenn es zu einer äquivalenten Institution für Gesamteuropa kommen sollte.

Gegenwärtig ist unklar, welche Konsequenzen die Erklärung nach Kapitel VIII der UN-Charta für die KSZE-Zukunft haben wird. Nicht auszuschließen ist in der Tat die Gefahr einer Zweiteilung der Welt: Für die nördliche Hemisphäre wäre die KSZE zuständig, für die südliche die UNO. Diese Prognose bedarf sicherlich der Prüfung. Nicht auszuschließen ist, daß die UNO und ihre Unter- und Sonderorganisationen von den KSZE-Staaten – auch finanziell – noch stärker vernachlässigt würden, als das bisher schon der Fall ist, so daß sie nur noch ein Forum der Länder der armen Welt wären, deren Zustand sich dann noch weiter verschlechterte.

Zu einer derartigen Relativierung der UNO muß es aber nicht notwendigerweise kommen. Zum einen ist der Problemdruck aus und in der Dritten Welt so groß, daß sich die reichen Staaten ihrer Verantwortung nicht entziehen können. Zum anderen hat sich die UNO keineswegs in allen Fällen als besonders geeignet erwiesen, militärische Auseinandersetzungen zu verhindern. Unter dem Kriterium der „Subsidiarität" spricht hingegen viel dafür, die Konfliktregelung primär regionalen Organisationen anzuvertrauen, sofern es sich bei dem jeweiligen Konflikt vor allem um eine regionale Spannungssituation handelt. Der Gesichtspunkt der Subsidiarität wird im Artikel 52 der UN-Charta außerdem ausdrücklich genannt. In der Vergangenheit bezog sich dieser Hinweis faktisch

---

tung 1992, S. 90-94.

51 Zur Bedeutung regionaler Zusammenschlüsse im Rahmen der Vereinten Nationen vgl. Waldemar Hummer/Michael Schweitzer, Kapitel VIII. Regionale Abmachungen, in: Bruno Simma (Hrsg.), Charta der Vereinten Nationen – Kommentar, München 1991, S. 636-701.

vor allem auf die „Organisation Amerikanischer Staaten" (OAS), die „Organisation Afrikanischer Einheit" (OAU) und die „Liga der Arabischen Staaten", nicht zuletzt, da diese drei Regionalorganisationen sich alle auch als Foren der regionalen friedlichen Streitbeilegung verstanden.

Darüber hinaus stellt sich die Frage, ob der Ausbau der KSZE als UN-Regionalorganisation nicht auch positive Impulse zur Reform und Stärkung der Vereinten Nationen selbst auslösen kann. Dies betrifft vor allem die Bereiche der vorbeugenden Diplomatie, der Friedensschaffung und Friedenssicherung, für die der UN-Generalsekretär Boutros-Ghali im Juli 1992 einen Vorschlagskatalog präsentiert hat, der sich ausdrücklich auch auf regionale Abmachungen bezieht.[52] Schließlich ist denkbar, daß unter dem Gesichtspunkt der generellen Regionalisierung sicherheitspolitischer Herausforderungen der Ausbau der KSZE als Regionalorganisation der Vereinten Nationen auch Impulse für analoge Entwicklungen in anderen Weltregionen begünstigt.

Wenn der Ausbau der KSZE als Internationale Organisation die bisherigen Vorzüge dieser Form multilateraler Diplomatie nicht gefährden soll, ist allerdings eine Gratwanderung notwendig: Einerseits erfordert die Handlungsfähigkeit einer Internationalen Organisation die Institutionalisierung und organisatorische Bündelung von Entscheidungsmechanismen, andererseits sollte möglichst viel von der alten Prozeßorientierung und der Verknüpfung mit gesellschaftlichen Kräften und Bewegungen erhalten bleiben. Bisher vollzieht sich diese Gratwanderung vor allem durch die parallele Etablierung von Institutionen und Mechanismen – mit sich überlagernden Zuordnungen und Zuständigkeiten. Diese Konstruktion hat den Vorteil, daß zur Bewältigung konkreter Krisen und Konflikte jeweils sehr flexible Verfahren entwickelt werden können, ohne Rücksicht auf verfestigte institutionelle Strukturen nehmen zu müssen. Die Nachteile sind eine starke Belastung der koordinierenden Instanzen und eine erhebliche Schwerfälligkeit bei der Reaktion auf neue Krisensituationen. Hinzu kommt, daß durch die mittlerweile hohe Zahl der KSZE-Staaten alle Entscheidungen im gesamten Kreis der Mitglieder ein beachtliches Ausmaß an Abstimmung erfordern.

Aufgrund dieser Mängel halten wir vier institutionelle Neuerungen für wünschenswert:

---

52 Boutros Boutros-Ghali, Agenda für den Frieden, Bonn: DGVN 1992 (DGVN-Schriftenreihe Nr. 43, Juli 1992), hier S. 21-23.

- die Stärkung der Position des KSZE-Generalsekretärs,
- die Weiterentwicklung des Konfliktverhütungszentrums zur zentralen Institution für vertrauens- und sicherheitsbildende Maßnahmen,
- die Bündelung aller Maßnahmen zur friedlichen Streitbeilegung, die vom Ausschuß Hoher Beamter verantwortet werden, in einem gesonderten „Netzwerk für Streitbeilegung" und
- mittel- bis langfristig Ergänzung des Streitbeilegungs-Netzwerks um einen KSZE-Sicherheitsrat.

Zwar wurde auf dem Stockholmer KSZE-Außenministertreffen im Dezember 1992 beschlossen, die Position eines Generalsekretärs einzurichten. Sein Aufgabenbereich ist jedoch sehr beschränkt, er hat in erster Linie eine Dienstleistungsfunktion für den Rat der Außenminister und für den Ausschuß Hoher Beamter. Uns käme es darauf an, den Generalsekretär noch stärker zu einer Position eigenen Gewichts aufzuwerten, mit der sich die KSZE auch personell auf höchster Ebene repräsentiert. Dies ist auch erforderlich, um in dem rapide wachsenden Gefüge von KSZE-Mechanismen und -Institutionen eine Fragmentierung zu verhindern und um die steigenden Anforderungen an Koordination und Administration zu bewältigen. Eine besondere Verantwortung des Generalsekretärs sollte zudem darin liegen, durch eigene Empfehlungen an den Rat der Außenminister und den Ausschuß Hoher Beamter die Effizienz und Kohärenz des KSZE-Prozesses zu stärken. Die organisatorische Koppelung zwischen dem Generalsekretariat und den einzelnen Zentren könnte ähnlich geregelt werden wie bei den Vereinten Nationen und ihren Sonderorganisationen.

Es war Ende 1993 möglicherweise sinnvoll, das Konfliktverhütungszentrum dem Generalsekretariat zuzuordnen. Langfristig sollte es aber zu einer internationalen Behörde mit operativen Funktionen ausgebaut werden, die selbständig Maßnahmen zur Überwachung der vertrauens- und sicherheitsbildenden Maßnahmen durchführt und die Ergebnisse den Mitgliedstaaten zur Verfügung stellt. Ihre Doppelbelastung mit Aufgaben im Bereich der friedlichen Streitbeilegung erscheint auf die Dauer wenig sinnvoll. Hierfür sollte ein eigenes Zentrum oder genauer ein „Streitbeilegungs-Netzwerk" geschaffen werden. Dazu könnten neben den bisher beim KVZ angesiedelten Aufgaben die neu zu schaffende „Schlichtungskommission" sowie der KSZE-Schlichtungs- und Schiedsgerichtshof gehören. Zu ergänzen wäre das Netzwerk um Institutionen, die das gesellschaftliche Potential für Konfliktprävention und Konfliktnachsorge stärker für den KSZE-Prozeß mobilisieren (siehe Abschnitt 4.3)

Nicht zuletzt ist es wünschenswert, auch die zentrale Steuerungskompetenz des Rates der Außenminister bzw. des Ausschusses Hoher Beamter zu stärken. Nach dem Vorbild der Vereinten Nationen bietet sich dafür ein neu zu schaffender KSZE-Sicherheitsrat an. Er sollte mittel- bis langfristig für alle Konflikte zuständig sein, die sich zwischen den Mitgliedern entwickeln und die den zwischenstaatlichen Frieden bedrohen oder in denen massive Menschenrechtsverletzungen zu erwarten oder bereits geschehen sind.

Angesichts der Zahl der KSZE-Staaten muß ähnlich wie beim UN-Sicherheitsrat ein Verfahren gefunden werden, wie der Rat auf eine arbeitsfähige Größenordnung reduziert werden kann. Dabei sollte die hegemoniale Struktur des UN-Sicherheitsrates mit dem Veto-Recht der ständigen Mitglieder nicht unbesehen auf die KSZE übertragen werden. Vielmehr schlagen wir ein Quoten-Modell mit Rotation vor.

Der gegenwärtige Finanzierungsschlüssel für die KSZE-Ausgaben sieht 13 Kategorien von Beitragszahlern vor. Zur ersten Kategorie gehören die Bundesrepublik Deutschland, Frankreich, Italien, Rußland, Großbritannien und die USA; zur zweiten zählt nur Kanada, die vierte Kategorie umfaßt u.a. die Niederlande und Belgien, die zehnte u.a. Griechenland und Rumänien (Schaubild 10). In Anlehnung an diese 13 Kategorien werden sechs Gruppen mit einer annähernd gleich großen Zahl von Staaten gebildet. Aus jeder Gruppe könnten dann für zwei Jahre zwei Mitgliedstaaten in den Sicherheitsrat gewählt werden, um so auf eine praktikable Größenordnung von 12 Mitgliedern zu kommen.

Man könnte auch stärkere hegemoniale Elemente für die Struktur des Sicherheitsrates vorsehen, indem z.B. nur vier unterschiedlich große Untergruppen gebildet werden: Die 6 Staaten in der obersten Kategorie bilden eine Gruppe, die zweite Gruppe umfaßt dann die nächsten 12 Staaten in der Beitragszahler-Tabelle, die dritte eine noch größere Zahl und die vierte die restlichen, kleineren Staaten. Aus diesen Gruppen können dann jeweils drei Staaten in den Sicherheitsrat gewählt werden. Im Sicherheitsrat sollte mit Mehrheit und ohne Veto-Rechte abgestimmt werden. Denkbar ist allerdings eine Qualifizierung, wonach eine bestimmte Zahl von Staaten aus jeder Kategorie einem Beschluß zustimmen muß.

Schaubild 10: Teilnehmerstaaten, Beitrittsdatum und
Verteilerschlüssel für die Kostenbeteiligung
an der KSZE (Stand: 31. Dezember 1992)

Mitgliedsstaat	Beitritts-datum	Kostenbeteilig. an der KSZE in %	Gruppen-anteil in %
Deutschland*	Nov. 1972	9,00	
Frankreich	Nov. 1972	9,00	
Italien	Nov. 1972	9,00	
Rußland**	Nov. 1972	9,00	
Großbritannien	Nov. 1972	9,00	
USA	Nov. 1972	9,00	54,00
Kanada	Nov. 1972	5,45	5,45
Spanien	Nov. 1972	3,65	3,65
Belgien	Nov. 1972	3,55	
Niederlande	Nov. 1972	3,55	
Schweden	Nov. 1972	3,55	10,65
Schweiz	Nov. 1972	2,30	2,30
Dänemark	Nov. 1972	2,05	
Finnland	Nov. 1972	2,05	
Norwegen	Nov. 1972	2,05	
Österreich	Nov. 1972	2,05	8,20
Ukraine	Jan. 1992	1,75	1,75
Polen	Nov. 1972	1,40	1,40
CSFR***	Nov. 1972	1,00	
Türkei	Nov. 1972	1,00	2,00
Belarus	Jan. 1992	0,70	
Griechenland	Nov. 1972	0,70	
Rumänien	Nov. 1972	0,70	
Ungarn	Nov. 1972	0,70	2,80
Bulgarien	Nov. 1972	0,55	
Irland	Nov. 1972	0,55	
(Rest-) Jugoslawien	Nov. 1972	0,55	
Kasachstan	Jan. 1992	0,55	
Luxemburg	Nov. 1972	0,55	
Portugal	Nov. 1972	0,55	
Usbekistan	Jan. 1992	0,55	3,85
Albanien	Jun. 1991	0,20	
Armenien	Jan. 1992	0,20	
Aserbaidschan	Jan. 1992	0,20	
Bosnien-Herzeg.	April 1992	0,20	
Estland	Sept.1991	0,20	
Georgien	März 1992	0,20	
Island	Nov. 1992	0,20	
Kirgisien	Jan. 1992	0,20	

Kroatien	März 1992	0,20	
Lettland	Sept.1991	0,20	
Litauen	Sept.1991	0,20	
Moldawien	Jan. 1992	0,20	
Slowenien	März 1992	0,20	
Tadschikistan	Jan. 1992	0,20	
Turkmenien	Jan. 1992	0,20	
Zypern	Nov. 1972	0,20	3,20
Liechtenstein	Nov. 1972	0,15	
Malta	Nov. 1972	0,15	
Monaco	Nov. 1972	0,15	
San Marino	Nov. 1972	0,15	
Vatikan	Nov. 1972	0,15	0,75
		100 %	100 %

* Mit der staatlichen Einigung Deutschlands am 3. Oktober 1990 ist die DDR aus der KSZE ausgeschieden.

** Rußland übernimmt als Rechtsnachfolger der UdSSR deren Platz in der KSZE.

*** Im Januar 1993 werden die aus der Auflösung der CSFR hervorgegangenen Staaten, Tschechische Republik und Slowakische Republik, Mitglieder der KSZE.

Quellen: KSZE. Helsinki-Dokument 1992. Herausforderung des Wandels, in: Bulletin der Bundesregierung Nr. 82 vom 23.7.1992, S. 803; Jürgen Ebert, Brauchen wir die KSZE?, hg. vom Deutschen Komitee für Europäische Sicherheit und Zusammenarbeit e.V., Berlin 1992.

4.2 Minderheitenschutz und Staatszerfall

Eine der zentralen Fragen für die friedliche Gestaltung des neuen Europas ist der Umgang mit dem mittlerweile weltweiten Trend des Ethnonationalismus. Diese Frage stellt sich prinzipiell für alle multilateralen europäischen Zusammenschlüsse. Sie ist besonders aktuell für die KSZE, da nur sie sämtliche europäischen Staaten umfaßt und in ihrer Programmatik ausdrücklich auf die Prinzipien des Selbstbestimmungsrechts der Völker sowie des Minderheitenschutzes einerseits und der territorialen Integrität der Staaten sowie der Unverletzlichkeit der Grenzen andererseits verweist. Den Bemühungen der KSZE, ethnonationale Konflikte friedlich zu regeln, war bisher allerdings wenig Erfolg beschieden. So gibt es in den KSZE-Dokumenten zwar differenzierte Bestimmungen zum Minderheitenschutz, ihre Umsetzung ist aber noch sehr mangelhaft. Den bescheidenen Ansätzen zur friedlichen Streitbeilegung fehlt es weitgehend an Durchsetzungsfähigkeit. Völlig unterentwickelt ist das multilaterale Instrumentarium für die Neuorganisation von Staaten, sei es intern bei der Föderalisierung oder extern bei der Sezession von Staaten.

4.2.1. Die neuen ethnonationalen Herausforderungen

Mit dem Zerfall der Sowjetunion und des Kommunismus in Osteuropa ist nicht nur die dortige Staatsstruktur der Nachkriegszeit, sondern auch die der Friedensverträge von 1919/20 auseinandergebrochen. Die Vielvölker- und Vielreligionengebilde, das Osmanische Reich und die Österreichisch-Ungarische Monarchie, waren unter dem Ansturm der Nationalstaatsidee zerfallen. Die damals nicht gelösten Probleme einer Neuordnung dieser Regionen brechen nun wieder auf.

Konflikte, die mit Staatszerfall und Staatsneubildung untrennbar verbunden sind, sind meistens sehr blutiger Art. Sie bergen darüber hinaus ein „horizontales Eskalationsrisiko". Wenn Nationalitäten über mehrere Staaten verteilt sind und Minderheiten in einem Staat die Titularnation in einem Nachbarstaat bilden, liegt die Ausweitung des Konfliktes nahe. Dies umso mehr, als in der Regel Sezessionen nur dann gelingen, wenn sie von zumindest einer auswärtigen Macht unterstützt werden.[53] Ebensowenig ist die Gefahr von der Hand zu weisen, daß benachbarte Staaten sich aus der Erbmasse eines zerfallenden Staates bestimmte Gebiete aneignen wollen.

Staatsauflösungen und -neubildungen, Sezessionen und Anschlüsse an „Titularstaaten" hängen in der Regel damit zusammen, daß sich Nationalitäten in Vielvölkerstaaten oder ethnonationale und religiöse Minderheiten in einem von einer Staatsnation geprägten Staatswesen benachteiligt oder unterdrückt fühlen[54]. Die Dimensionen dieses Konfliktpotentials werden aus folgenden Zahlen deutlich: Die 262 Mill. früheren Sowjetbürger setzen sich aus 104 Nationalitäten zusammen: 64 Mill. (24 %) von ihnen leben außerhalb ihrer Heimatrepubliken und weitere 25 Mill. (9 %) sind Angehörige kleinerer Nationalitäten ohne eigene

---

53 Donald L. Horowitz, Ethnic and Nationalist Conflicts, in: Michael T. Klare/Daniel C. Thomas, World Security. Trends and Challenges at Century's End, New York: St. Martin's Press 1991, S. 225-236.

54 Vgl. zu den unterschiedlichen Definitionen von Nationen, Ethnien und Minderheiten Rainer Arnold, Minderheiten, in: Staatslexikon, 7. Aufl., 3. Bd., Freiburg 1987, S. 1160-1175; und Francesco Capotorti, Minderheiten, in: Wolfrum (Anm. 36) S. 598-607.

Republiken[55]. In einer Studie der Bertelsmann-Stiftung wird die Zahl der „wichtigsten" nationalen und ethnischen Konflikte in Osteuropa mit 21 angegeben.[56] Nicht in all diesen Fällen geht es um Sezession und Neuformierung von Staaten, manchmal streben Minderheiten lediglich nach einem besseren rechtlichen, politischen und kulturellen Status. Oft sind die Grenzen zwischen diesen beiden Bestrebungen allerdings nicht genau definiert. Die Ziele der politischen Akteure in einem Mehrheiten-Minderheiten-Konflikt ändern sich nicht zuletzt infolge von Eskalations- und Deeskalationsprozessen.

Im einzelnen lassen sich nach Senghaas drei verschiedene ethnonationale Konfliktkonstellationen unterscheiden:[57] (siehe auch die Beispiele im Kasten „Ethnonationale Konfliktkonstellationen"):

- Konflikte um die Besitzstandswahrung. Sie sind davon geprägt, daß eine Nationalität zu der Auffassung gelangt, ihre eigenen Aufwendungen für die Aufrechterhaltung des Gesamtstaates seien höher als der Nutzen, den sie aus der Gemeinschaft mit anderen Nationalitäten ziehen könne. Dies trifft am ehesten auf jene Völker zu, die ökonomisch vergleichsweise besser dastehen als die anderen Nationalitäten in dem gemeinsamen Staat. Wenn sie nach Sezession streben, kann allerdings auch bei diesen anderen Nationalitäten die Besitzstandswahrung zum Handlungsmotiv werden.
- Konflikte um die Überfremdungsabwehr. Bei der Überfremdungsabwehr handelt es sich um das Streben einer ethnischen Gruppe, die in einem Ort, einer Region oder einem Staat eine Bevölkerungsmehrheit stellt, die tatsächliche oder vermeintliche Vorherrschaft einer anderen Gruppe in einer Minderheitenposition abzuwehren.
- Konflikte um die Assimilationsabwehr. Die meisten ethnonationalen Konflikte resultieren aus der Assimilationsabwehr, d.h. dem Streben von Minderheiten, ihre Identität gegen den Anpassungsdruck der Mehrheit zu behaupten.

---

55 Vgl. Bundesinstitut für ostwissenschaftliche und internationale Studien (Hrsg.), Daten zur Geographie, Bevölkerung, Politik und Wirtschaft der nichtrussischen Republiken der ehemaligen UdSSR, Köln 1991.

56 Werner Weidenfeld/Manfred Huterer u.a., Osteuropa: Herausforderungen – Probleme – Strategien, Gütersloh: Bertelsmann Stiftung 1992, S. 24-26.

57 Dieter Senghaas, Friedensprojekt Europa (Anm. 38), S. 117-121.

Schaubild 11: Beispiele für ethnonationale Konfliktkonstellationen[58]

Besitzstandswahrung

Slowenien z.B. sah sich bei überproportionalen Aufwendungen für den jugoslawischen Staatshaushalt nicht mit dem entsprechenden politischen Einfluß honoriert. Außerdem war die Privatisierung dort weiter vorangeschritten, und man fürchtete, vom Bundesstaat in der wirtschaftlichen Entwicklung behindert zu werden. Um Besitzstandswahrung im rechtlichen Sinne geht es vor allem bei den Kosovo-Albanern und bei den Bewohnern der Vojvodina, deren Autonome Gebiete von Serbien 1989/90 gleichgeschaltet wurden. Aber auch auf serbischer Seite ging es um die Wahrung von Macht und Einfluß, als durch die Unabhängigkeitserklärungen Sloweniens und Kroatiens die Existenz des alten Jugoslawien bedroht wurde. Die Serben fühlten sich als das jugoslawische Staatsvolk und besetzten vor allem im Militär- und Staatsapparat die einflußreichsten Positionen. Konflikte um die Besitzstandswahrung vermischten sich in diesem Fall mit einem Herrschaftskonflikt.

Überfremdungsabwehr

Besonders extrem ist die Lage der Albaner in der Provinz Kosovo, die als regionale Mehrheit einer gezielten serbischen Überfremdungspolitik ausgesetzt sind. Die Konflikte machen sich vor allem an politischen und kulturellen Dominanzen fest, durch die sich die Angehörigen einer ethnischen Gruppe auf ihrem „eigenen Territorium" benachteiligt fühlen. In den GUS-Republiken außerhalb der Russischen Föderation war es z.B. vor allem die „Russifizierung", die zur Überfremdungsabwehr führte.

Assimilationsabwehr

Die größte Minderheitengruppe dieser Art ist die der Roma, die über viele Staaten Ost- und Südosteuropas verteilt leben und einem erheblichen Assimilationsdruck ausgesetzt sind (in Rumänien ca. 2 Millionen, in der CSFR ca. 450.000, in Ungarn 600.000, in Bulgarien 500.000). Betroffen sind als größere Gruppen ferner die Ungarn in Rumänien (ca. 2 Millionen) und der Slowakei (ca. 600.000) sowie die Türken in Bulgarien (ca. 1 Million).

---

58 Vgl. die in den Anm. 34, 35 und 37 zitierte Literatur.

Eine zentrale Ursache dafür, daß ethnonationale Konflikte in der Regel zählebig sind und leicht in Feindschaft und Gewalt umschlagen können, liegt darin, daß ethnische Gruppenzugehörigkeiten offenkundig eine Schlüsselrolle bei der Identitätsstiftung in Krisensituationen spielen.[59]

Inwieweit es ein grundlegendes menschliches Bedürfnis nach Herausbildung und Sicherung einer kollektiven Identität gibt, die auf der gemeinsamen Sprache, Geschichte und Kultur beruht, ist umstritten. Unbestreitbar ist jedoch, daß es in Zeiten sozialer und politischer Umbrüche eine starke Tendenz gibt, die tatsächlich oder vermeintlich „ursprünglichen" ethnischen Bindungen zu betonen. Dies ist exemplarisch zu beobachten in den ehemals sozialistischen Ländern Europas, wo die Einführung von Marktwirtschaft und politischem Pluralismus zur Erosion traditioneller Sozialstrukturen und Lebensperspektiven sowie zu extremen ökonomischen Zerklüftungen geführt hat. Unter derartigen Umständen erscheinen die politische und ökonomische Liberalisierung nicht nur als Chance, sondern auch als Bedrohung, auf die viele Menschen mit dem Wunsch nach Vergewisserung einer verläßlichen, stabilen und „authentischen" Identität reagieren.

Die Schaffung einer auf „tiefe Wurzeln" angelegten Identität bedeutet allerdings zwangsläufig auch die Herstellung von „Alterität", d.h. von Grenzen, die gegenüber den Angehörigen fremder Identitäten gezogen werden. Dabei entsteht die für Identitätskonflikte charakteristische Neigung zur Überhöhung und Verzerrung der Unterschiede, die von konkurrierenden politischen Eliten bewußt geschürt werden. Sie können sich zu Feindbildern steigern und gewalttätig aufladen, wenn sie mit ökonomischen, sozialen und politischen Enttäuschungen einhergehen, die tatsächlich oder vermeintlich der jeweils anderen Gruppe anzulasten sind. Eine naheliegende Folge ist dann der fatale Eskalationsprozeß von Abgrenzung und Gegenabgrenzung, von Emotionalisierung und Radikalisierung, der schließlich in Krieg und Bürgerkrieg enden kann.

Im Hinblick auf diese Erklärung erweisen sich die Konfliktkonstellationen der Überfremdungs- und der Assimilationsabwehr als besonders gewaltträchtig; denn bei ihnen geht es unmittelbar um die Sicherung der ethnischen Identität. Die Konfliktkonstellation der Besitzstandswahrung besteht demgegenüber häufig aus einer Mischung von Interessen- und Identitätskonflikten, so daß die

---

59 Vgl. generell zum Konfliktpotential von Ethnizität Donald L. Horowitz, Ethnic Groups in Conflict, Berkeley 1985.

Akteure zur rationalen Kalkulation der Kosten einer gewalttätigen Konfliktaustragung eher in der Lage sind. Alle drei Konfliktkonstellationen zeichnen sich allerdings dadurch aus, daß die Bestrebungen zur Identitätssicherung nach außen nicht selten mit der Unterdrückung anderer Minderheiten im eigenen Herrschaftsbereich einhergehen.

Der Versuch, die ethnonationalen Konflikte durch die Anwendung völkerrechtlicher Prinzipien und Normen zu regulieren, war bisher offenkundig nicht sehr erfolgreich. Das liegt vor allem am Spannungsverhältnis zwischen den völkerrechtlichen Prinzipien der nationalstaatlichen Souveränität und territorialen Integrität, dem Selbstbestimmungsrecht der Völker und den Geboten des Menschenrechts- und Minderheitenschutzes. Hinzu kommt, daß sich die ethnonationalen Konflikte in der Regel mit anderen, insbesondere Herrschaftskonflikten vermischen bzw. aufladen.

Für die Verbesserung des multilateralen Konfliktmanagements sind deshalb zwei Strategien erforderlich. Auf der einen Seite müssen die Mechanismen und Potentiale für das Engagement dritter Parteien ausgebaut werden. Auf der anderen Seite geht es darum, einvernehmliche Kriterien für die Konfliktregulierung zu finden und sie weiter zu präzisieren. Mit dieser letztgenannten Regimebildung wollen wir uns näher beschäftigen. Auf der völkerrechtlichen Ebene müssen die Begriffe der nationalen Souveränität, des Selbstbestimmungsrechts sowie der Nichteinmischung neu definiert werden. Praktisch bedeutet dies, sowohl den Schutz von Minderheiten innerhalb multiethnischer Staaten zu verbessern als auch Regelungsmechanismen für die Auflösung und Neuformierung von Staaten zu entwickeln.

Wir gehen davon aus, daß es ein vorrangiges Ziel der internationalen Staatengemeinschaft bleiben wird, multiethnische Staaten bzw. Staaten mit Minderheiten in den bestehenden Grenzen zu erhalten, ohne daß Minderheiten in ihnen eine Sezession anstreben. Eine erste Voraussetzung für die Erreichung dieses Ziels ist die interne Demokratisierung multiethnischer Staaten, eine zweite die Stärkung des Minderheitenschutzes, da das traditionelle Konzept der Mehrheitsdemokratie für die Klärung zentraler ethnonationaler Streitfragen nicht ausreicht. Die Aufgabe der KSZE in diesem Bereich sehen wir vor allem in der Präzisierung der Prinzipien und Normen für den Minderheitenschutz sowie in der Vereinbarung geeigneter Schutzregeln und -prozeduren.

Es gibt allerdings auch Fälle, in denen offensichtlich das Zusammenleben mehrerer Ethnien in einem Staat nicht erfolgreich

zu organisieren ist. Hier ist zu fragen, ob die bisherige völker-
rechtliche Prioritätensetzung und das Verhalten der Staatenwelt
aufrechterhalten werden sollte, im Widerstreit der Prinzipien der
territorialen Integrität und des Selbstbestimmungsrechts eindeutig
das erstere zu unterstützen.[60] Angesichts der Kosten multiethnischer Zwangsgemeinschaften muß sich auch die KSZE der Frage
nach der Legitimität von Sezessionen stellen und diese gegebenenfalls verregeln.

4.2.2   Der Minderheitenschutz im KSZE-Prozeß

Im Kontext der KSZE wurde bis zum Kopenhagener Treffen über
die „Menschliche Dimension" im Juni 1990 der Schutz von Minderheiten nur im Zusammenhang mit der Nicht-Diskriminierung
und mit den individuellen Menschenrechten gesehen.[61] Damit
folgte man dem traditionellen Verständnis, das die Rechte einer
Person, die einer Minderheit angehört, am besten dadurch gewährleistet sieht, daß die Menschenrechte generell respektiert
werden.

So heißt es in der Schlußakte von Helsinki:[62]

„Die Teilnehmerstaaten, auf deren Territorium nationale Minderheiten
bestehen, werden das Recht von Personen, die zu solchen Minderheiten
gehören, auf Gleichheit vor dem Gesetz achten; sie werden ihnen jede
Möglichkeit für den tatsächlichen Genuß der Menschenrechte und Grundfreiheiten gewähren und auf diese Weise ihre berechtigten Interessen in
diesem Bereich schützen."

Erst mit dem Kopenhagener Treffen wurde die besondere Schutz-
bedürftigkeit ethnischer, kultureller, sprachlicher oder religiöser
Minderheiten ausdrücklich hervorgehoben und die Forderung aufgestellt, die Staaten sollten deren Identität schützen und fördern.
Wörtlich heißt es im Kopenhagener Dokument:[63]

„(32) – Angehörige nationaler Minderheiten haben das Recht, ihre ethnische, kulturelle, sprachliche und religiöse Identität frei zum Ausdruck zu

---

60 Vgl. Karl Josef Partsch, Selbstbestimmung, in: Wolfrum, (Anm. 36),
    S. 745-752; Rainer Arnold, Selbstbestimmungsrecht, in: Staatslexi-
    kon, 7. Aufl., 4. Band, Freiburg 1988, S. 1150-1154.
61 Meyer (Anm. 14), insbes. S. 12ff.
62 Schlußakte von Helsinki, in: Auswärtiges Amt, Sicherheit (Anm. 15),
    S. 56.
63 Dokument des Treffens der Konferenz über die Menschliche Dimen-
    sion der KSZE in Kopenhagen am 29.6.1990, in: Auswärtiges Amt,
    KSZE-Prozeß 1990/91 (Anm. 9), S. 51-53.

bringen, zu bewahren und weiterzuentwickeln und ihre Kultur in all ihren Aspekten zu erhalten und zu entwickeln, frei von jeglichen Versuchen, gegen ihren Willen assimiliert zu werden. Insbesondere haben sie das Recht:

(32.1) – sich ihrer Muttersprache sowohl privat als auch in der Öffentlichkeit frei zu bedienen;

(32.2) – ihre eigenen Bildungs-, Kultur- und Religionseinrichtungen, -organisationen oder -vereinigungen zu gründen und zu unterhalten, die um freiwillige Beiträge finanzieller oder anderer Art sowie öffentliche Unterstützung in Einklang mit den nationalen Rechtsvorschriften ersuchen können;

(32.3) – sich zu ihrer Religion zu bekennen und diese auszuüben, einschließlich des Erwerbs und Besitzes sowie der Verwendung religiösen Materials, und den Religionsunterricht in ihrer Muttersprache abzuhalten;

(32.4) – untereinander ungehinderte Kontakte innerhalb ihres Landes sowie Kontakte über die Grenzen hinweg mit Bürgern anderer Staaten herzustellen und zu pflegen, mit denen sie eine gemeinsame ethnische oder nationale Herkunft, ein gemeinsames kulturelles Erbe oder ein religiöses Bekenntnis teilen;

(32.5) – in ihrer Muttersprache Informationen zu verbreiten und auszutauschen und zu solchen Informationen Zugang zu haben;

(32.6) – Organisationen oder Vereinigungen in ihrem Land einzurichten und zu unterhalten und in internationalen nichtstaatlichen Organisationen mitzuarbeiten.

(...)

(33) Die Teilnehmerstaaten werden die ethnische, kulturelle, sprachliche und religiöse Identität nationaler Minderheiten auf ihrem Territorium schützen und Bedingungen für die Förderung dieser Identität schaffen.

(...)"

Das umstrittenste Thema war die politische Partizipation von Minderheiten. Das Konzept „autonomer Verwaltung" war zwar nicht konsensfähig, wird aber offiziell als ein Element von Minderheitenpolitik „zur Kenntnis genommen":

„(35) Die Teilnehmerstaaten werden das Recht von Angehörigen nationaler Minderheiten achten, wirksam an öffentlichen Angelegenheiten teilzunehmen, einschließlich der Mitwirkung in Angelegenheiten betreffend den Schutz und die Förderung der Identität solcher Minderheiten.

Die Teilnehmerstaaten nehmen die Bemühungen zur Kenntnis, die ethnische, kulturelle, sprachliche und religiöse Identität bestimmter nationaler Minderheiten zu schützen und Bedingungen für ihre Förderung zu schaffen, indem sie als eine der Möglichkeiten zur Erreichung dieser Ziele geeignete lokale oder autonome Verwaltungen einrichten, die den spezifischen historischen und territorialen Gegebenheiten dieser Minderheiten Rechnung tragen und in Einklang mit der Politik des betreffenden Staates stehen."

Allerdings wird im Kopenhagener Dokument gleichzeitig bekräftigt, daß sich die Minderheitenrechte lediglich auf staatsloyale Aktivitäten beziehen:

„(37) Keine Verpflichtung darf so ausgelegt werden, daß sie das Recht begründet, eine Tätigkeit auszuüben oder eine Handlung zu begehen, die im Widerspruch zu den Zielen und Prinzipien der Charta der Vereinten Nationen, anderen völkerrechtlichen Verpflichtungen oder den Bestimmungen der Schlußakte *einschließlich des Prinzips der territorialen Integrität der Staaten* steht." (Hervorhebung durch die Verf.)

Im Juni 1991 fand in Genf ein Expertentreffen über nationale Minderheiten statt, das allerdings nur wenig Fortschritte gegenüber den Kopenhagener Beschlüssen brachte.[64] Auf dem Treffen gab es eine Debatte darüber, ob die „klassischen" Minderheitenrechte durch sog. „kollektive Rechte" ergänzt werden müßten, die u.a. eine Vorzugsbehandlung von Minoritäten (positive Diskriminierung) beinhalten könnten, wie z.B. durch eine überproportionale Repräsentation in Parlamenten oder durch Proporzregelungen für exekutive Gremien – womit das Gleichheitsprinzip verletzt würde. Diese Position wurde besonders von Deutschland, Österreich, der Schweiz und den meisten mittelosteuropäischen Staaten unterstützt.

In dem Genfer Bericht wird jedoch nur von „Personen, die einer nationalen Minderheit angehören" gesprochen und der traditionelle Katalog von Schutzrechten noch einmal wiederholt. Wichtig und wegweisend war jedoch, daß Probleme, die nationale Minderheiten betreffen, zu Angelegenheiten legitimen internationalen Interesses und infolgedessen nicht ausschließlich zu einer inneren Angelegenheit des betreffenden Staates erklärt wurden. Man konnte sich allerdings noch nicht über Prozeduren für die Tatsachenermittlung, Berichterstattung oder Vermittlung durch Dritte einigen. Dies geschah erst mit der Einsetzung des Hohen Kommissars für nationale Minderheiten auf dem Folgetreffen in Helsinki.

Die Prinzipien, Normen, Regeln und Prozeduren des Schutzes von Minderheiten, wie sie im KSZE-Prozeß seit 1990 entwickelt wurden, stellen eine Regimebildung dar, die gegenwärtig weiter

---

64 Bericht des KSZE-Expertentreffens über nationale Minderheiten in Genf vom 19. Juli 1991, in: Bulletin der Bundesregierung Nr. 109 vom 10. Oktober 1991, S. 864-868.

entwickelt ist als die parallelen Bestrebungen im UN-Rahmen sowie auf der Ebene des Europarates.[65]

Die Prinzipienformulierung und die Normenbildung im Bereich des Minderheitenschutzes sind noch nicht abgeschlossen, da vor allem die „kollektiven Minderheitenrechte" weiterhin höchst kontrovers eingeschätzt werden. Unabhängig davon dürfte es jedoch in den nächsten Jahren vor allem darauf ankommen, durch die Verbesserung von Regeln und Prozeduren diese Prinzipien und Normen auch innerstaatlich umzusetzen. Darüber hinaus sollten die Instrumente der Konfliktprävention und -vermittlung gestärkt und Möglichkeiten und Modelle diskutiert werden, mit denen in Vergangenheit und Gegenwart das Zusammenleben in multiethnischen Staaten bzw. in Staaten mit Minderheiten erfolgreich organisiert wurde.[66]

Unabhängig davon, welche praktischen Lösungen für die Regelung des Zusammenlebens von Mehr- und Minderheiten gefunden werden, ist es wichtig, diese Regelungen einer internationalen Implementierungskontrolle zu unterwerfen. Auch hier weisen die KSZE-Vereinbarungen in die richtige Richtung: Implementierungsdebatten, um Lernprozesse zu ermöglichen; Tatsachenermittlung und Frühwarnung durch den Hohen Kommissar für nationale Minderheiten und eventuell Interventionen zur friedlichen Streitbeilegung. Allerdings sollte das KSZE-Minderheiten-Regime insofern weiterentwickelt werden, daß auch die ausschließlich „internen" Minderheitenkonflikte in die Kompetenz der KSZE fallen, was beim Hohen Kommissar für Minderheiten bisher noch nicht der Fall ist.

Darüber hinaus sollte überlegt werden, ob nicht die KSZE als eine Art „Garantiemacht" die Minderheitenschutzregelungen innerhalb der Staaten bekräftigen sollte. Ein Vorbild dafür könnten vergleichbare Regelungen im Rahmen des Völkerbundes sein. So

---

65 Zum Minderheitenrecht allgemein vgl. Patrick Thornberry, International Law and the Rights of Minorities, Oxford 1991; zur Lage in Europa siehe Rainer Hofmann, Minderheitenschutz in Europa. Überblick über die völker- und staatsrechtliche Lage, in: Zeitschrift für ausländisches öffentliches Recht und Völkerrecht, Jg. 52, H. 1/1992, S. 1-69; zur UN-Deklaration vom Dezember 1992 vgl. Klaus Dicke, Die UN-Deklaration zum Minderheitenschutz, in: Europa-Archiv, Folge 4/1993, S. 107-116.

66 Vgl. die diversen Konzepte und Modelle in dem Sammelband Joseph V. Montville (ed.), Conflict and Peacemaking in Multiethnic Societies, Lexington 1991.

gab es nach 1919 „Minderheitenschutzverträge" mit Polen, Jugoslawien, der Tschechoslowakei, Rumänien und Griechenland. Danach konnten die betreffenden Vorschriften dieser Verträge – nach dem Vorbild des „Garantieartikels" 12 im Vertrag mit Polen vom 28.6.1919 – nicht ohne Zustimmung der Mehrheit des Völkerbundrates geändert werden. Außerdem konnte jedes Ratsmitglied die Aufmerksamkeit des Völkerbundes auf eine drohende oder tatsächlich eingetretene Vertragsverletzung lenken und einen diesbezüglichen Streitfall dem ständigen Internationalen Gerichtshof unterbreiten.[67]

4.2.3 *Sezession im Völkerrecht*

Die schwierigen Fragen der Sezession und Staatenneubildung, die an den Kern des staatlichen Souveränitätsanspruchs rühren, werden sicherlich nie vollständig zu normieren sein. Allerdings kann die KSZE mit ihrem Verfahren des kontiniuierlichen Dialogs hierbei prinzipien- und normbildend wirken und so dazu beitragen, den Gewaltcharakter von Staatsauflösungsprozessen zu verringern.

Ein zentrales Kriterium für die Beurteilung von Sezessionen, Staatszerfall und Staatenneubildung ist, welche Konfliktregelungen letztlich für die betroffenen Menschen mit der größten Akzeptanz und den geringsten „Kosten" verbunden sind. Priorität sollte dabei sein, den bestehenden Staat in seinen bisherigen Grenzen zu erhalten und durch die Beteiligung multilateraler Instanzen darauf hinzuwirken, daß die Konflikte friedlich geregelt werden.

Erst wenn es nicht gelingt, durch Demokratisierung, Verbesserung des Minderheitenschutzes und Stärkung dezentraler Strukturen eine grundlegende Akzeptanz für einen multinationalen Staat bei allen ethnonationalen Gruppen zu erreichen, muß über staatsrechtliche Alternativen nachgedacht werden. Dies gilt besonders dann, wenn die Erhaltung der bestehenden staatlichen Strukturen nur mit erheblichem Aufwand an Gewalt gesichert werden kann und die geographische Verteilung der Siedlungsgebiete eine bessere Grenzziehung entlang ethnonationaler Zugehörigkeiten zuläßt.

Im Spannungsverhältnis zwischen der Souveränität von Staaten in den bestehenden Grenzen und dem Selbstbestimmungsrecht

---

67 Vgl. Christoph Gütermann, Das Minderheitenschutzverfahren des Völkerbundes, Berlin 1979.

haben die Vereinten Nationen und das Völkerrecht eindeutig der Sicherung der Souveränität den Vorrang zugewiesen.[68] Das Selbstbestimmungsrecht bezieht sich – nach mehrheitlicher Auffassung – auf das Recht von Völkern in bestehenden Staaten, unbeeinflußt von außen über ihre staatliche und gesellschaftliche Ordnung zu entscheiden, ein Grundsatz, der auch im Falle der „antikolonialen Selbstbestimmung" gilt, die sich auf die Grenzen, wie sie von den Kolonialmächten gezogen worden waren, bezog. Konsequenterweise gibt es daher auch kein Recht auf Sezession, und bis zum Präzedenzfall Sloweniens und Kroatiens war die Anerkennung der Sezession Ostpakistans, des heutigen Bangladeshs, der einzige Fall in der Nachkriegszeit, bei dem die Staatenwelt eine Abtrennung akzeptiert hat.

Wie die gegenwärtige Situation weltweit, aber vor allem in Jugoslawien und im Kaukasus zeigt, ist die Ächtung der Sezession allein keine effektive Abschreckung. Unter bestimmten Umständen,

- wenn es in einem Staat keine demokratischen Strukturen gibt, die der Selbstbestimmung von Nationalitäten oder Minderheiten genügend Entfaltungsraum bieten, oder
- wenn es um Fremdherrschaft, also darum geht, die Annexion eines Staates durch einen anderen rückgängig zu machen, oder
- wenn die Neubildung eines oder mehrerer Staaten im beider- oder allseitigen Einvernehmen erfolgt,

dann sollte es möglich sein, die Völkerrechtsregel, die der Erhaltung bestehender Staaten in den – wie immer zustandegekommenen – Grenzen Vorrang vor dem Selbstbestimmungsrecht gibt, zu relativieren. Viel spricht dafür, daß die Erhaltung bestehender Staaten mehr Blut und Tränen gekostet hat – und immer noch kostet – als deren geregelte Auflösung oder Verkleinerung. Auf diese Weise würde der „Gewalt", die von bestehenden Grenzen ausgehen kann, der Boden der Quasi-Legitimität entzogen. Die Legitimität eines Nationalstaates kann letztlich nur auf der Akzeptanz seiner Bürger beruhen, und diese hängt auch davon ab, ob und inwieweit das Grundbedürfnis nach Anerkennung der ethnischen Identität befriedigt wird.

Es sei betont, daß aus dem Recht auf Selbstbestimmung und notfalls auf Sezession keinerlei Anspruch auf gewaltsame Durch-

---

68 Vgl. den Überblick bei Hurst Hannum, Autonomy, Sovereignty, and Self-Determination. The Accommodation of Conflicting Rights, Philadelphia 1990.

setzung abzuleiten ist. Im Gegensatz zu ihrer bisherigen Praxis, bestehenden Staaten das Recht auf Gewalt gegen Minderheiten stillschweigend zuzugestehen, müßte die internationale Gemeinschaft gegen jeden Versuch vorgehen, gewaltsam Fakten zu schaffen. Das gilt für beide Seiten eines Sezessionskonflikts. Regierungen, die Minderheiten terrorisieren, und Staaten, die Minderheiten in anderen Staaten militärisch „befreien" wollen, wären ebenso konsequent zu ächten wie die, die durch Zwangsdeportationen ihre Gebietsansprüche konsolidieren und „abstimmungssicher" machen wollen.

4.2.4 Kriterien für Sezession

Die Sezession ist ein weitgehend vernachlässigtes Thema der politischen Philosophie. Die wenigen Arbeiten, die es gibt, stehen in der Tradition des Liberalismus. Sie gehen davon aus, daß bei Anerkennung der liberalen Werte Volkssouveränität und Freiheit die Sezession quasi unausweichlich ist, wenn eine auf einem Territorium konzentrierte Gruppe sie definitiv wünscht und wenn sie moralisch und praktisch möglich ist.[69]

Wir gehen davon aus, daß in demokratischen Staaten Sezession entweder nicht notwendig ist oder gewaltfrei – wenn auch sicher nicht konfliktfrei – verläuft. Insofern ist die Förderung der Demokratie am ehesten geeignet, gewaltsamen Sezessionskonflikten und -kriegen vorzubeugen. In den Fällen, in denen diese demokratische Struktur nicht gegeben ist, halten wir unter bestimmten Umständen Sezession für gerechtfertigt, wobei sich bei der konkreten Umsetzung der hier entwickelten Kriterien noch genügend Probleme stellen.

Sezession ist dann gerechtfertigt, wenn die Menschenrechte einer Nationalität oder Minderheit massiv und dauerhaft verletzt werden und wenn keine realistische Aussicht besteht, daß die Regierung oder die Bevölkerungsmehrheit in einem Staat dies ändern wird. Im Falle der Bedrohung der kulturellen Identität einer

---

69 Vgl. die Arbeiten von Harry Beran, A Liberal Theory of Secession, in: Political Studies, Vol. 23, No. 1, March 1984, pp. 21-31; Anthony H. Birch, Another Liberal Theory of the Secession, in: Political Studies, Vol. 32, No. 4, December 1984, pp. 596-602; Allen Buchanan, Secession. The Morality of Political Divorce from Ford Sumter to Lithuania and Quebec, Boulder 1991, und Alexis Heraclides, The Self-Determination of Minorities in International Politics, London 1991.

Nationalität oder Minderheit müssen sich spezielle Minderheitenrechte oder föderalistische Staatsstrukturen als nicht erreichbar erwiesen haben. Sezession scheint zweitens auch dann legitim zu sein, wenn tiefgreifende, strukturelle und dauerhafte, nicht behobene Asymmetrien im Lebensstandard zu beobachten sind und diese auf ethnischer Diskriminierung beruhen. Sezession ist schließlich drittens vertretbar, wenn ein Staat von einem anderen annektiert wurde und dies wieder rückgängig gemacht werden soll.

Wir halten demgegenüber ein Recht auf Sezession für nicht gegeben, wenn die Gruppe, die die Sezession anstrebt, nicht bereit ist, ihrerseits umfassende Schutzregelungen für „ihre" Minderheiten zu gewährleisten. Abzulehnen ist die Sezession auch, wenn der neue Staat zu erkennen gibt, eine Minderheit auszubeuten oder zu unterdrücken, die wegen ihrer territorialen Verteilung oder aus anderen Gründen nicht aus dem Verband ausscheren kann.

Insgesamt sollte die Staatenwelt nur solche neuen, aus einer Sezession hervorgegangenen Staaten anerkennen, in denen die grundlegenden Menschenrechte akzeptiert und gewährleistet werden und deren neue Eliten keine illiberale und undemokratische Gesellschaft anstreben, in denen Minderheiten – häufig die früheren, den größeren Staat tragenden „Staatsnationen" – unterdrückt werden.

Eine Streitfrage ist, ob – unter den genannten Bedingungen – eine Sezession international akzeptiert werden kann, wenn die aus dem bestehenden Staatsverband ausscheidende Nationalität oder Minderheit ein Gebiet bewohnt, das kulturell, ökonomisch und militärisch von essentieller Bedeutung für den bestehenden Staat ist oder das nicht an die Grenzen des existierenden Staates angrenzt, so daß die Sezession eine Enklave hervorbringen würde.

Die Aufzählung dieser Kriterien für Sezession macht deutlich, daß es noch einen erheblichen Klärungsbedarf gibt, um die Regimebildung in diesem Bereich voranzutreiben. Dies gilt auch im Hinblick auf das verbreitete Argument, daß eine Gewichtsverlagerung vom Prinzip der nationalen Souveränität zum Selbstbestimmungsrecht der Völker zu einer Vielzahl von nicht lebensfähigen Kleinstaaten führen und die Strukturen der internationalen Zusammenarbeit erheblich beeinträchtigen würde. Ohne dem Ergebnis einer solchen Klärung vorzugreifen, läßt sich diesem skeptischen Einwand entgegenhalten, daß die Antwort auf die Frage nach der Lebensfähigkeit der Geschichte überlassen werden sollte und – wenn die Sezession einigermaßen gewaltfrei abläuft – Kooperation der nunmehr staatlich getrennten Nationalitäten auf neuer Basis vielleicht eher möglich ist. Das Verhältnis zwischen Norwegen und Schweden ist hierfür ein Beispiel. Auch bei der Aufspaltung der CSFR in eine tschechische und eine slowakische Republik hoffen viele, daß dies eine Voraussetzung für eine konstruktive Kooperation der beiden Länder in der Zukunft ist.

Ein Problem bleibt allerdings. Es betrifft die nicht geschlossenen Siedlungsgebiete, die sich nicht für eine Sezession eignen. Hier wird es darauf ankommen, die genannten Minderheitenregime zu stärken.

4.2.5 Die Aufgaben der KSZE

Das Thema Zerfall und Neubildung von Staaten stellt sich der KSZE nicht nur unter der Fragestellung, ob neu gegründete Staaten in ihren Mitgliederkreis aufgenommen werden sollen. Vielmehr hat die KSZE die Aufgabe, in diesem Kontext Normen und Prinzipien zu debattieren und so zu Leitlinien zu kommen, nach denen die europäische Staatenwelt mit dem Recht auf Selbstbestimmung umgehen kann. Es kann dabei nur um einen allgemeinen Rahmen gehen, weil jeder Fall anders gelagert ist und die Frage, ob die Kriterien auch konkret zutreffen, oft schwer zu beantworten sein dürfte. Hierzu gehört es auch, Regeln zu vereinbaren, nach welchem Verfahren eine Sezession ablaufen sollte.

Die Regimebildung bei der Staatenneugründung erfordert zunächst eine Volksabstimmung in dem Gebiet, das eine Sezession beabsichtigt. Ein neuer Staat sollte nur dann anerkannt werden, wenn vorher eine international kontrollierte Volksabstimmung stattgefunden hat.[70] Bevölkerungsteilen, die sich an dieser Volksabstimmung nicht beteiligen wollen, weil sie in der Minderheit sind und sich nicht abspalten wollen, muß – nach dem „rekursiven Prinzip" – wiederum das Sezessionsrecht zugebilligt werden.[71]

Im Rahmen dieser Verfahrensregeln muß auch geklärt werden, wer abstimmen darf. Im Prinzip sollten das alle gegenwärtigen Bewohner in einem Gebiet sein, das sich selbständig machen will. Damit sind „historische" Ansprüche einer Nationalität auf ein Gebiet, das von ihr kaum oder gar nicht mehr besiedelt wird, nicht

---

70 Zu den Problemen siehe Lawrence T. Farley, Plebiscites and Sovereignty. The Crisis of Political Illegitimacy, Boulder 1986.
71 Harry Beran, A Liberal Theory of Secession (Anm. 69).

realisierbar. Schwierigkeiten gibt es allerdings, wenn es sich bei einem Teil der Bewohner um andere Nationalitäten handelt, die auf einem historisch von einer bestimmten Nationalität bewohnten Gebiet entweder zwangsweise oder politisch gezielt angesiedelt wurden, um langfristig dieses Territorium und seine Bewohner an die herrschende Nation zu assimilieren. Auch die Gebietsbegrenzung ist brisant: In welchem Gebiet soll abgestimmt werden? Je nach Zuschnitt fallen die Ergebnisse unterschiedlich aus.

Diese Verfahrensregeln sind notwendigerweise sehr kompliziert und es gibt keine absolut gerechte Lösung. Sie sind nur der Versuch, schwierige und potentiell gewaltsame Prozesse durch Verfahren der Regimebildung präventiv zu zivilisieren. Das Dilemma ethnonationaler Konflikte liegt allerdings darin, daß die Vertreter des Status quo gerade diesen Maßnahmen der Konfliktprävention skeptisch gegenüberstehen, weil sie befürchten, damit Anreize zur Veränderung des Status quo zu schaffen. Ist der Konflikt jedoch einmal eskaliert, wird es immer schwerer, ihn durch Regimebildung noch zu zähmen.

Die friedliche Bewältigung ethnonationaler Konflikte kann sich deshalb nicht auf die präventive und multilaterale Verregelung des Minderheitenschutzes und der Staatenneuordnung beschränken. Mindestens ebenso wichtig sind die Überwindung von Armut und die Beseitigung sozio-ökonomischer Ungerechtigkeiten, die oft genug ethnonationale Spannungen erst zu existentiellen Konflikten eskalieren lassen. Ein dringender Bedarf besteht auch an einer Verstärkung der unmittelbaren Interventionsfähigkeit multilateraler Instanzen zur Deeskalation von ethnonationalen Konflikten. Oft wird diese Aufgabe vorschnell mit militärischen Interventionen und peace-keeping Operationen gleichgesetzt. Vordringlich wäre es jedoch, die Fähigkeit zum zivilen Engagement, zur Vermittlung und Beratung zwischen den streitenden Parteien zu verbessern.[72] Nicht zuletzt kommt es darauf an, daß sich auch gesellschaftliche Akteure stärker als dritte Parteien in ethnonationalen Spannungsfeldern engagieren. Hierfür bietet sich die KSZE als besonders geeigneter Rahmen an, da die Mobilisierung gesellschaftlicher Kräfte von Anfang an eine ihrer Hauptstärken ausmachte.

---

72 Vgl. zusammenfassend Stephen Ryan, Ethnic Conflict and International Relations, Aldershot 1990.

4.3 Konfliktprävention durch „citizen diplomacy" und transnationale Mediationsprojekte

Angesichts des stark gestiegenen Konflikt- und Gewaltpotentials in der KSZE-Region kommt der Konfliktprävention neben der Stärkung der multilateralen Institutionen und der Regimebildung zum Minderheitenschutz eine wachsende Rolle zu. Das Konzept der Konfliktprävention war von Anfang an ein wesentliches Strukturmerkmal der KSZE. Es fand seinen ersten konkreten Niederschlag in den vertrauens- und sicherheitsbildenden Maßnahmen. Mittlerweile ist das Element der vorbeugenden KSZE-Diplomatie insbesondere durch die Krisenmechanismen gestärkt worden. Im Hinblick auf die ethnonationalen Spannungsfelder reicht das bisherige KSZE-Instrumentarium jedoch nicht mehr aus. Bedeutsam sind dafür vor allem zwei Gründe. Erstens: Die ethnonationalen Konflikte spielen sich zu einem erheblichen Teil auf inner- bzw. zwischengesellschaftlicher Ebene ab. Zwischenstaatliche Instanzen und diplomatische Akteure sind auf dieser Ebene aber nur begrenzt handlungsfähig. Zweitens: Die ethnonationalen Konflikte berühren Grundbedürfnisse nach ethnischer Identität und Partizipation, die mit den herkömmlichen Methoden der Konfliktregelung durch wechselseitige Zugeständnisse und Kompromisse selten befriedet werden können.

Die Konfliktprävention im neuen KSZE-Prozeß stellt sich deshalb auch als eine wichtige Gesellschaftsaufgabe dar – analog zum Engagement gesellschaftlicher Kräfte für die Menschen- und Bürgerrechte im alten KSZE-Prozeß. In der Tat haben auch gesellschaftliche Gruppen und Organisationen in der jüngsten Zeit eine Reihe konkreter Initiativen unternommen, um ethnonationale Spannungen in Europa friedlich zu bearbeiten. Dies geschieht selbst dort, wo diese Konflikte bereits gewaltsam ausgetragen werden, wie z.B. in Jugoslawien.[73] Bislang handelt es sich allerdings noch um wenige vereinzelte Initiativen, die außerdem von der offiziellen KSZE weder materiell noch immateriell unterstützt wurden.

Prinzipiell lassen sich auf der gesellschaftlichen Ebene zwei Ansätze der friedlichen Konfliktbearbeitung unterscheiden: Zum einen die Gesamtheit der Bemühungen privater Personen, Initiativen und Organisationen, die Spannungen zwischen verschiedenen

---

73 Vgl. die Bemühungen des „European Civic Center for Conflict Resolution" in Subotica und der „Helsinki Citizens Assembly" in Prag.

Kulturen bzw. Staaten durch Begegnungen, Austauschprogramme, Partnerschaften und andere informelle Kontakte zu überbrücken. Im angelsächsischen Bereich gibt es dafür die Sammelbezeichnung der „citizen diplomacy"[74]; zum anderen die professionellen Ansätze einer friedlichen Konfliktbearbeitung auf der zwischengesellschaftlichen Ebene durch die Intervention einer „dritten Partei" – die transnationalen Mediationsprojekte.[75]

Im Hinblick auf die Weiterentwicklung des KSZE-Prozesses erscheinen die transnationalen Mediationsprojekte als besonders vielversprechend. Wegbereiter dieser Projekte waren die angelsächsischen Sozialwissenschaftler und Aktionsforscher Burton, Doob, Kelman u.a., die seit Ende der 60er Jahre das Konzept des „problemlösungsorientierten Konfliktmanagements" entwickelten. Im Mittelpunkt ihrer Initiativen standen und stehen ein- bis zweiwöchige Workshops, zu denen mehr oder weniger einflußreiche Vertreter der Konfliktparteien eingeladen werden. Die Initiatoren und Mediatoren verstehen sich als „dritte Partei", die vor allem für eine kommunikative und lernfördernde Atmosphäre zu sorgen hat und sich um Anstöße für eine gemeinsame Problemlösung durch die Betroffenen bemüht. Die frühen Mediationsprojekte waren unterschiedlich erfolgreich.[76] Auf jeden Fall waren die Ergebnisse so vielversprechend, daß es erstaunt, wie wenige Nachahmer die Problemlösungs-Workshops in der zweiten Hälfte der 70er und in den 80er Jahren fanden. Eine Erklärung dafür liegt vermutlich in der Dominanz des globalen Ost-West-Konflikts, der in diesem Zeitraum alle anderen Konfliktformationen in den Schatten stellte. Die Pioniere bemühten sich gleichwohl um eine Weiterentwicklung ihres Ansatzes. Dabei haben vor allem Burton und die von ihm inspirierten Wissenschaftler dazu beigetragen, wichtige Elemente einer neuen politischen Philosophie und Pra-

---

74 Vgl. John Burton/Frank Dukes, Conflict: Practices in Management, Settlement & Resolution, London 1990, S. 124ff.

75 Vgl. die Zusammenfassung in den vier Bänden von John Burton, Conflict: Resolution and Provention, London 1990; ders. (ed.), Conflict: Human Needs Theory; ders./Frank Dukes (eds.), Conflict: Readings in Management and Resolution; dies., Conflict: Practices in Management, Settlement and Resolution, alle London 1990. Ferner Senghaas, Friedensprojekt Europa (Anm. 38), S. 116-138, und Norbert Ropers, Transnationales Konfliktmanagement als Beitrag zu einer weltweiten Zivilkultur, unveröffentl. Manuskript.

76 Vgl. den Überblick bei Ronald J. Fisher, The Social Psychology of Intergroup and International Conflict Resolution, New York u.a. 1989, S. 202ff.

xeologie des Konfliktmanagements zu erarbeiten. Sie lassen sich in vier Punkten zusammenfassen:

(a) Workshops mit Vertretern der Konfliktparteien unter Leitung einer dritten Partei

Hinter der Idee von Workshops mit Vertretern der Konfliktparteien steht zunächst die Vorstellung, daß die beteiligten und betroffenen Individuen in einen direkten und persönlichen Kontakt miteinander treten sollten, weil es letztlich nur auf diesem Wege möglich sei, sich als Menschen mit ähnlichen Grundbedürfnissen nach Sicherheit, Identität und Partizipation kennenzulernen. Mit Hilfe von Methoden des interkulturellen Lernens und der Humanistischen Psychologie geht es dann darum, die Kommunikationsbarrieren zwischen den verfeindeten Gruppen zu überwinden und eine gemeinsame Arbeitsbasis zu finden. Der nächste Schritt besteht in der Analyse des Konflikts und seiner Vorgeschichte. Dazu gehört auch die Auseinandersetzung mit den wechselseitigen Verletzungen, Kränkungen und Verstrickungen. Schließlich geht es darum, auf möglichst kreative Weise neue Lösungen für die gemeinsamen Probleme zu finden. D.h. am Ende der Workshops sollen praktische Vorschläge, Empfehlungen und Vereinbarungen stehen, wie der Konflikt so geregelt werden kann, daß beide Seiten dabei gewinnen bzw. ihre Grundbedürfnisse befriedigen können. Mit anderen Worten: Es geht um gleichsam private Erfahrungen in einem lernfördernden Milieu, aber mit dem Ziel einer konstruktiven Konfliktaustragung. Die Verantwortung für den Prozeß liegt zu einem großen Teil bei dem Initiator, der „dritten Partei". Ihre Rolle sollte weniger die Vermittlung in der Sache sein, sondern sich mehr auf das Verfahren konzentrieren.

(b) Kommunikationsfähigkeit und Krisenbewältigung

Die wichtigste Voraussetzung für einen gemeinsamen Lern- und Arbeitsprozeß ist allerdings, daß die Konfliktakteure überhaupt bereit und fähig sind, gewaltfrei miteinander zu kommunizieren. Der erste Schritt besteht deshalb darin, die infolge der Konfliktdynamik entstandenen Wahrnehmungsverzerrungen und Kommunikationsbarrieren offenzulegen und zu bearbeiten. Diese Phase dürfte zu den schwierigsten Teilen des gesamten Prozesses gehören, da die Beteiligten dem Projekt noch sehr viel Mißtrauen und Skepsis entgegenbringen.

(c) Konfliktanalyse und Neudefinition der Beziehungsstruktur

Die Betonung der Konfliktanalyse als Teil des Konfliktmanagements bezieht sich sowohl auf die Vermittlung genereller Einsichten durch die dritte Partei als auch auf Rückmeldungen zu konkreten Konfliktsituationen. Ideal ist es, wenn sich beide Interventionsformen miteinander verknüpfen lassen. Dazu eignen sich vor allem Mißverständnisse und Eskalationssequenzen, die aus den unterschiedlichen, aber gleichermaßen ethnozentrischen Lebenswelten der Beteiligten entstehen. Die Angehörigen der dritten Partei müssen deshalb Qualifikationen auf dem Gebiet der Konfliktforschung und dem der Kommunikationsberatung mitbringen.

(d) Problemlösung als Kreativitätstraining

Die letzte, wenngleich entscheidende Stufe des transnationalen Konfliktmanagements zielt auf eine „Lösung", bei der alle Beteiligten gewinnen können. Dabei wird die Lösung nicht als Endzustand begriffen, bei dem alle Probleme beseitigt sind, sondern als Zwischenstufe in dem Bemühen, den Grundbedürfnissen aller Beteiligten gerecht zu werden. Entscheidend ist die Idee, die klassische „Nullsummensituation" eines zugespitzten Konfliktes (Der Gewinn des einen ist der Verlust des anderen) in eine Konstellation mit einer positiven Gesamtsumme (Jeder kann gewinnen) umzuwandeln. Bei ethnonationalen Konflikten gehört dazu die Bereitschaft, die Grundbedürfnisse der anderen Gruppen nach Sicherheit, Identität und Partizipation ebenso ernst zu nehmen wie die eigenen. Auf dieser Basis können dann verschiedene Methoden zur Kreativitätsförderung die Problemlösung in der Sache unterstützen.

Zweifellos wirft der Ansatz der transnationalen Konfliktmediation eine Vielzahl theoretischer und praktischer Fragen auf. Offenkundig ist aber auch, daß eine erfolgreiche Prävention ethnonationaler Konflikte in der KSZE-Region ohne begleitende Maßnahmen zur Konfliktmediation auf der gesellschaftlichen Ebene nicht vorstellbar ist. Wünschenswert wäre es deshalb, wenn möglichst viele Initiativen dieser Art einen „gesellschaftlichen Unterbau" für die neue KSZE auf der zwischenstaatlichen Ebene bilden würden. Im KSZE-Prozeß sollte alles unternommen werden, um derartige Initiativen zu ermutigen und ihre Arbeitsbedingungen zu verbessern. Ein wichtiger Schritt wäre etwa die Einrichtung einer *KSZE-Stiftung für Konfliktforschung und Konfliktmediation*, die entsprechende Einzelprojekte finanziell fördert, Weiterbildungs- und Beratungsmaßnahmen organisiert und für eine Abstimmung mit den anderen Institutionen im KSZE-Netzwerk für friedliche Streitbeilegung sorgt.

4.4 Friedenssicherung und humanitäre Interventionen mit militärischen Mitteln

Eine der schwierigsten Fragen bei der Weiterentwicklung des KSZE-Prozesses betrifft den Einsatz militärischer Mittel zur Friedenssicherung. Die grundsätzlichen Probleme, die ein System der kollektiven Sicherheit in diesem Zusammenhang aufwirft, haben wir bereits diskutiert. Aufgrund der Konflikte im früheren Jugoslawien und im Kaukasus steht der Einsatz militärischer Mittel aber schon auf der Tagesordnung des KSZE-Prozesses, bevor es zu einem Vertrag über ein kollektives Sicherheitssystem gekommen ist. Auf dem Folgetreffen in Helsinki 1992 beschlossen die Mitgliedstaaten daher, den KSZE-Aufgabenkatalog um „friedenserhaltende" Maßnahmen (peace-keeping operations durch „Blauhelm"-Truppen) zu erweitern.

Das Instrument der „Friedenserhaltung" wurde im Rahmen der Vereinten Nationen entwickelt, als sich herausstellte, daß das ursprünglich in der Charta vorgesehene System der kollektiven Sicherheit mit seinem Instrument der „Friedenserzwingung" (peace enforcement) angesichts des Kalten Krieges nicht funktionierte.[77] Militärische Missionen im Rahmen der Friedenserhaltung dienen nicht dazu, bestimmte Konfliktlösungen mit Gewalt durchzusetzen. Vielmehr haben sie neben einer Beobachtungsfunktion vor allem die Aufgabe, einen Waffenstillstand zu überwachen und durch ihre Pufferfunktion zwischen den streitenden Parteien das Wiederaufleben von Gewalt zu verhindern. Eine zentrale Voraussetzung hierfür ist das Einverständnis der betroffenen Parteien. Die Geschichte der friedenserhaltenden Maßnahmen kann im Vergleich zum Konzept der Friedenserzwingung in der UN-Charta durchaus als ein „begrenzter Erfolg" bewertet werden.[78] Dies gilt zumal für die letzten Jahre, in denen peace-keeping wesentlich zur Funktionsaufwertung der Vereinten Nationen beitrug.[79]

---

77 Vgl. Michael Bothe, Friedenserhaltende Maßnahmen, in: Bruno Simma (Hrsg.), Charta der Vereinten Nationen – Kommentar, München 1991, S. 535-558.

78 Vgl. zu dieser Bewertung ebenda, S. 558.

79 Vgl. die Darstellung bei Boutros Boutros-Ghali (Anm. 52), S. 17ff., und den Überblick bei Tobias Debiel, Kriege, in: Stiftung Entwick-

Das Mandat zur Friedenserhaltung mit militärischen Mitteln, das das KSZE-Gipfeldokument vom Juli 1992 enthält, orientiert sich ausdrücklich an der UN-Charta und den Grundsätzen, die von den Vereinten Nationen im Laufe der letzten Jahrzehnte entwickelt wurden. Danach dürfen regionale Organisationen Blauhelmtruppen auch ohne die Ermächtigung des Sicherheitsrats einsetzen,[80] während für Zwangsmaßnahmen allein der Sicherheitsrat zuständig ist, der allerdings dafür Regionalorganisationen „unter seiner Autorität" in Anspruch nehmen kann (Art. 53, Abs. 1, Satz 1). Solche Maßnahmen sind bisher im Rahmen der KSZE nicht vorgesehen.[81]

In den Beschlüssen von Helsinki wird folglich ausdrücklich erklärt, daß friedenserhaltende Operationen der KSZE keine Zwangsmaßnahmen umfassen, die Zustimmung der direkt betroffenen Parteien erfordern und unparteiisch durchgeführt werden. Der Rat der Außenminister bzw. der Ausschuß Hoher Beamter treffen solche Entscheidungen nur,

„wenn alle betroffenen Parteien ihren Willen unter Beweis gestellt haben, günstige Bedingungen für die Durchführung der Operation unter anderem durch einen Prozeß friedlicher Regelung und ihre Bereitschaft zur Zusammenarbeit zu schaffen. Vor dem Beschluß zur Entsendung einer Mission müssen folgende Bedingungen erfüllt sein:

– Herbeiführung einer wirksamen und dauerhaften Feuereinstellung,
– Vereinbarung der notwendigen Memoranda of Understanding mit den betroffenen Parteien und
– Garantien für die Sicherheit des eingesetzten Personals zu jeder Zeit."[82]

Anträge auf friedenserhaltende Maßnahmen können einzelne oder mehrere Teilnehmerstaaten stellen; der Beschluß dazu muß dann im Konsens gefaßt werden. Die operative Leitung übernimmt der amtierende Vorsitzende des Rates bzw. des AHB, der dabei von

---

lung und Frieden (Hrsg.), Globale Trends 93/94, Frankfurt 1993, S. 177-197.

80 Vgl. Ulrich Beyerlin, Regionalabkommen, in: Wolfrum (Anm. 36), S. 673-679.

81 Unter den Völkerrechtlern ist umstritten, ob im Falle der Beauftragung durch den Sicherheitsrat die Satzung einer Regionalorganisation friedenserzwingende Maßnahmen vorsehen muß; vgl. Waldemar Hummer/Michael Schweitzer, Kapitel VIII. Regionale Abmachungen, in: Simma, (Anm. 77), S. 636-701, hier S. 655.

82 Helsinki-Dokument 1992 (Anm. 13), S. 787.

einer beim Konfliktverhütungszentrum eingerichteten Ad-hoc-Gruppe unterstützt wird. Bemerkenswert ist nicht zuletzt, daß die KSZE für ihre friedenserhaltenden Maßnahmen die EG, die NATO, die WEU und die GUS um materielle und immaterielle Unterstützung ersuchen kann. Diese Regelung ist ein Ergebnis des Tauziehens über die Frage, ob die NATO zum militärischen Arm der KSZE werden sollte – eine Position, die vor allem von den USA favorisiert wird, von Frankreich hingegen strikt abgelehnt wird.

Inwieweit diese neuen friedenserhaltenden Maßnahmen im KSZE-Rahmen künftig praktiziert werden, ist offen. Sie scheinen nur für Konflikte mit relativ klaren Fronten geeignet zu sein. Zwar wurden sie unter dem Eindruck der Kriege in Bosnien-Herzegowina und im Kaukasus beschlossen. Gerade diese Kriege demonstrieren aber auch, wie schwer es ist, die Bedingungen zu erfüllen, die die KSZE als Voraussetzungen für Friedenserhaltung festgelegt hat. Die Fronten sind oft unklar, das Gelände ist unübersichtlich, die Regierungen verfügen nicht über das Gewaltmonopol und können die „Freischärler" nicht unter Kontrolle halten. Es ist also zu fragen, ob die Beschlüsse von Helsinki ausreichen, um den aktuellen Herausforderungen auf dem Balkan und in der GUS gerecht zu werden.

Gerade weil die Konfliktparteien oft selbst zu keiner friedlichen Regelung imstande sind, muß überlegt werden, ob das vorhandene Instrumentarium der KSZE nicht weiter ausgebaut werden sollte, um auch militärische Interventionen gegen den Willen von Konfliktparteien zu ermöglichen. Dabei muß vor allem an die Leiden der am Krieg nicht beteiligten Bevölkerung gedacht werden. Sei es nicht zynisch, so fragen viele Kommentatoren, die zivilistischen Grundsätze der KSZE in einer Situation immer wieder neu zu bekräftigen, in der grundlegende Menschenrechte durch Krieg, Hunger, Vertreibung, „ethnische Säuberungen", Internierungslager und andere Grausamkeiten massiv verletzt würden? Wenn es auf absehbare Zeit auch keine Friedenserzwingung geben könne, müsse man dann nicht wenigstens militärisch eingreifen, um das Überleben der Zivilbevölkerung zu sichern?[83] Mit anderen Worten: Müsse nicht das Konzept der Friedenserhaltung erweitert werden um militärisch gestützte „humanitäre Interven-

---

83 Vgl. als Beispiele Ludger Volmer, Bosnien und der Pazifismus, in: die tageszeitung (taz) vom 5.9.1992, und Jürgen Maier, In Bosnien hilft Pazifismus nicht weiter, in: taz vom 8.9.1992, und Schlotter (Anm. 31).

tionen" in der „Grauzone" zwischen Peace-keeping und Peace-enforcement?

Während Juristen auf die völkerrechtlichen Barrieren und Militärexperten auf die praktischen Schwierigkeiten verweisen,[84] werden in einer überraschenden Umkehrung der traditionellen Argumentationslinien humanitäre Interventionen vor allem von Journalisten und Politikwissenschaftlern gefordert. Zweifellos spricht daraus die Verzweiflung angesichts des massenhaften Elends in unmittelbarer Nachbarschaft. Allerdings beschränkt sich die Forderung nach humanitären Interventionen keinesfalls auf Europa, sondern betrifft ebenso die „Chaosregionen" in anderen Weltregionen, wo insbesondere die katastrophalen Verhältnisse in Somalia und im Südsudan Anlaß für die Forderung nach Intervention waren.[85]

Diese Diskussion betrifft unmittelbar die Weiterentwicklung des KSZE-Prozesses. Nach unserer Auffassung liegt die besondere Stärke der KSZE in der vorbeugenden Diplomatie der Konfliktprävention und der Regimebildung. Die Frage humanitärer Interventionen mit militärischen Mitteln darf dabei jedoch nicht grundsätzlich ausgeklammert werden, wenn zur Zivilisierung des internationalen Systems auch zählt, daß „unterlassene Hilfeleistung" zu ächten ist. Unter diesem Gesichtspunkt kommt es darauf an, möglichst präzise und restriktive Kriterien für die Legitimität humanitärer Interventionen zu entwickeln. Dafür bietet sich der KSZE-Verhandlungsrahmen in besonderem Maße an, da hier am ehesten die Priorität nicht-militärischer Lösungen gewährleistet ist und zugleich Mechanismen legitimer Verregelung bereitstehen.

Die generelle Problematik kollektiver Sicherheitssysteme in einer Welt asymmetrischer Machtverteilung, die wir oben benannt haben, gilt natürlich auch im Fall der humanitären Intervention.

---

84 Vgl. z.B. Oscar Schachter, The Role of International Law in Maintaining Peace, in: W. Scott Thompson/Kenneth M. Jensen et al., Approaches to Peace. An Intellectual Map, Washington: United Institute of Peace 1991, S. 67-127, hier S. 82ff, und Tom J. Farer, An Inquiry into the Legitimacy of Humanitarian Intervention, in: Lori Fisler Damrosch/David J. Scheffer, Law and Force in the New International Order, Boulder 1991, S. 185-201.

85 Vgl. Ulrich Menzel, Das Ende der Dritten Welt und das Scheitern der großen Theorie, Frankfurt a. M. 1992, insbes. S. 202-224, und Rainer Tetzlaff, Erste und Dritte Welt – Zur Legitimität „Politischer Interventionen", in: Sicherheit und Frieden, Jg. 10, H. 1, 1992, S. 21-25, der allerdings nur nicht-militärische Einmischung thematisiert.

Sie kann sich nicht gegen die mächtigen Staaten richten und steht leicht in der Gefahr, für machtpolitische Zwecke instrumentalisiert zu werden.[86] Allerdings dürfte die insgesamt eher nicht-hegemoniale Struktur der KSZE dafür ein gewisses Hemmnis sein.

Wir plädieren dafür, eine „Kasuistik" für einen Katalog legitimer humanitärer Interventionen mit militärischen Mitteln zu erarbeiten. Hier müssen nach unserer Auffassung außer der Frage nach der beschließenden und der ausführenden Institution, also der nach dem Verhältnis zwischen dem UN-Sicherheitsrat und der KSZE, vor allem drei Fragen beantwortet werden:[87]

- Welches Ausmaß muß eine Menschenrechtsverletzung annehmen, damit die KSZE zu humanitärem Eingreifen ermächtigt werden kann? Dies gilt sicherlich im Falle des Völkermords, des bewußt herbeigeführten Massensterbens und der massenhaften Vertreibung. Eine Gefährdung des Friedens und der Sicherheit in Europa muß dabei nicht unbedingt gegeben sein.
- Wie ist das Verhältnis zwischen den Kosten einer militärischen Intervention und den damit erreichten Zielen einzuschätzen? Damit ist die Gefahr der Eskalation angesprochen, die bei keiner militärischen Aktion völlig auszuschließen ist, aber auch die Frage der Verhältnismäßigkeit der Mittel. Der militärische Einsatz darf das Leid nicht direkt Betroffener nicht noch erhöhen. Die humanitäre Intervention sollte unmittelbar gefährdeten Zivilpersonen zugute kommen. Sie darf nicht dazu dienen, ein Gebiet erst einmal „freizubomben".
- Wie wird sichergestellt, daß eine militärische Intervention tatsächlich (z.B. im Verein mit zivilen Maßnahmen) zu einer dauerhaften Befriedung des Spannungsfeldes führt? Hier geht es um die von UN-Generalsekretär Boutros-Ghali angesprochene „Friedenskonsolidierung", die Entwaffnung der Kriegsparteien, die Räumung von Minen, die Rückführung von Flüchtlingen, die Überwachung von Wahlen und vieles mehr.[88]

---

86 Vgl. Lothar Brock/Tillmann Elliesen, Zivilisierung der Gewalt. Zur Problematik militärischer Eingriffe in innerstaatliche Konflikte, HSFK-Report 9/1993, Frankfurt 1993, die humanitären Interventionen insgesamt skeptisch gegenüberstehen.
87 Vgl. neben Brock/Elliesen (Anm. 86), Tobias Debiel, Humanitäre Intervention. Moralische Pflicht oder Türöffner für neokoloniale Machtpolitik, in: antimilitarismus information, 22. Jg., H. 10, Oktober 1992, S. 9-14; Dieter Senghaas, Weltinnenpolitik – Ansätze für ein Konzept, in: Europa-Archiv, Folge 22/1992, S. 643-652.
88 Boutros-Ghali (Anm. 52), S. 19ff.

– Angesichts der Schwierigkeiten, diese Frage eindeutig zu beantworten, und angesichts der Probleme, die die 53 KSZE-
Staaten haben, nicht nur für Resolutionen, sondern auch für
Aktionen einen Konsens zu finden, ist es sehr unwahrschein-
lich, daß die KSZE in absehbarer Zeit humanitäre Interventionen durchführt. Dies zeigt der Krieg im ehemaligen Jugoslawien. Die KSZE könnte aber ein Forum dafür bieten, die von
uns vorgeschlagene „Kasuistik" zu debattieren und damit zur
internationalen Verregelung militärischer Interventionen beizutragen.

5. Der KSZE-Prozeß als Modell für regionale Friedensstrategien in anderen Weltregionen

Es kostete während der tiefgreifenden Krise der Entspannung vom Ende der 70er bis Mitte der 80er Jahre die europäische Konferenzdiplomatie sehr viel Mühe, den KSZE-Prozeß fortzuführen. Daß dies gelang, war schon ein weithin beachteter Erfolg. Als die Verhandlungen darüber hinaus dazu beitrugen, die Krise und letztlich sogar den Ost-West-Konflikt zu überwinden, stieg das Interesse, die KSZE-Erfahrungen auch für andere Weltregionen nutzbar zu machen. Vor allem im Gefolge des 2. Golfkrieges wurden Vorschläge vorgetragen, wichtige Strukturmerkmale des KSZE-Prozesses auf eine Konferenz über Sicherheit und Kooperation im Nahen Osten anzuwenden. Prominentestes Beispiel waren die Ideen Willy Brandts, die er als Vorsitzender der Sozialistischen Internationale hierzu ins Gespräch brachte.[89] Die Handlungsschwäche der KSZE gegenüber den Krisen und Kriegen bei der Auflösung Jugoslawiens und der UdSSR haben zwar die Attraktivität solcher Vorschläge beeinträchtigt. Gleichwohl sind sie unverändert aktuell, denn allein schon aufgrund der anhaltenden Tendenz zur Dezentralisierung des internationalen Sicherheitssystems gehört die Entwicklung regionaler Friedensstrategien zu den vordringlichen Aufgaben der internationalen Politik. Sofern man den KSZE-Prozeß als Modell hierfür betrachtet, sollte man allerdings weder versuchen, ihn einfach zu kopieren, noch sollte man sich von einem auf den KSZE-Erfahrungen aufbauenden neuen Konferenzdesign gleich Konflikt"lösungen" versprechen.

5.1 Vorschläge für Initiativen und Konferenzen nach dem KSZE-Modell

Die ersten Vorschläge für eine regionale Sicherheitskonferenz für Asien stammen noch aus der Vorphase der KSZE. Parallel zu ihren entspannungspolitischen Initiativen in den sechziger Jahren schlug die Sowjetunion ein System kollektiver Sicherheit auch für

---

89 Willy Brandt, Eine Friedensordnung für den Nahen Osten, in: Europa-Archiv, Folge 5/1991, S. 137-142.

Asien vor.[90] Dahinter stand das deutliche Interesse der UdSSR, die Volksrepublik China „einzudämmen".

1985 griff Gorbatschow den Vorschlag wieder auf, diesmal allerdings mit einer konstruktiven Einbindung Chinas. Die asiatischen Staaten reagierten auf beide Vorschläge reserviert bis ablehnend. Mit dem Hinweis auf die komplexe sicherheitspolitische Struktur in Asien plädierten sie eher für subregionale Lösungen. In der Praxis beschränkten sich die einzelnen subregionalen Initiativen aber weitgehend auf allgemeine politisch-diplomatische Maßnahmen außerhalb des militärischen Bereiches.[91] Lediglich der Vorschlag der Staaten der „Association of South-East Asian Nations" (ASEAN) aus dem Jahre 1971, eine „Zone des Friedens, der Freiheit und der Neutralität in Südostasien" (ZOPFAN) einzurichten, war sicherheitspolitisch angelegt.[92] Bisher ist jedoch auch diese Initiative auf der Ebene deklaratorischer Politik geblieben, ebenso wie deren Modifikation im Jahre 1986, eine nuklearwaffenfreie Zone Südostasien zu fordern.[93]

Kanada engagierte sich in den letzten Jahren für eine „North Pacific Security Cooperation Conference" (NPSCC).[94] Im Kontext verschiedener Äußerungen des damaligen kanadischen Außenministers Joe Clark fand im August 1991 in Kanada eine Konferenz von Vertretern Chinas, Japans, der beiden koreanischen Staaten, der Sowjetunion, der USA und Kanadas statt, und zwar parallel auf zwei Ebenen, auf der von Wissenschaftlern und auf der von politischen Planungsstäben. Obwohl die KSZE-Sprache vermieden wurde, war de facto von „Körben" die Rede sowie von

---

90 Vgl. Gerhard Baumann, Kollektive Sicherheit für Asien – Moskaus Vorschlag für eine asiatische Sicherheitskonferenz, in: Beiträge zur Konfliktforschung, Jg. 17, Heft 1/1987, S. 51-72.

91 Vgl. Walter Hundt, Asiatisch-pazifische Sicherheit – Geschichte, Probleme, Projekte, Perspektiven, in: Asien – Afrika – Lateinamerika. Zeitschrift des Zentralen Rates für Asien-, Afrika- und Lateinamerikawissenschaften in der DDR, Bd. 15, Heft 4/1987, S. 637-647.

92 Vgl. Soedjati J. Djiwandono, ZOPFAN: Is it still relevant? in: The Indonesian Quarterly, Heft 2/1991, S. 115-130.

93 Vgl. Douglas M. Johnson, Anticipating Instability in the Asia-Pacific Region, in: The Washington Quarterly, Vol. 15, No. 2, Summer 1992, S. 103-112, hier S. 106; Jürgen Rüland, Europa – ein Modell für Asien, in: Außenpolitik, Heft 4/1992, S. 392-401, hier S. 399/400.

94 Vgl. Gerald Segal, North-East Asia: common security or à la carte?, in: International Affairs (London), Vol. 67, No. 4, 1991, S. 755-767, hier S. 764

Vertrauensbildenden Maßnahmen, vom Austausch militärischer Informationen und vom Schutz der Umwelt.

In jüngster Zeit gibt es Überlegungen, die Republiken der GUS in Mittelasien unter einem eigenständigen KSZE-ähnlichen Dach zusammenzuführen.[95]

Obwohl Vertrauens- und Sicherheitsbildende Maßnahmen, wie die Notifizierung und Beobachtung von Manövern, gegenseitige Besuche von Militärpersonal oder „Heiße Drähte" im südostasiatischen Raum – wenn auch nur auf einer strikt bilateralen Basis – durchgeführt werden,[96] gibt es offenbar gegenwärtig keine politischen Initiativen, diese auszuweiten und in einen weiteren regionalen Kontext zu stellen. Unterhalb der politischen Ebene finden allerdings im Rahmen der Vereinten Nationen Expertengespräche und Konferenzen statt, auf denen Vorschläge für VSBM in dieser Region diskutiert werden.[97]

Eine andere Region, in der sich ähnlich wie in Mittelasien das originäre KSZE-Gebiet und angrenzende Sicherheitszonen überlagern, ist der Mittelmeerraum. Vorschläge zur Schaffung einer „Konferenz über Sicherheit und Zusammenarbeit im Mittelmeerraum" (KSZM) wurden schon in den achtziger Jahren innerhalb der KSZE diskutiert. Erst mit dem Ende des Ost-West-Konflikts und den sich abzeichnenden neuen Spannungen im Nahen Osten fanden sich im März 1991 Spanien, Frankreich, Italien und Portugal zusammen, um eine gemeinsame Initiative zu starten.[98]

---

95 Siehe die Berichterstattung über die entsprechenden Vorschläge des Präsidenten Nasarbajew aus Kasachstan in: Frankfurter Allgemeine Zeitung vom 24.9.1992.

96 Vgl. die Tabelle in Johnson, Instability (Anm. 93), S. 110/111.

97 Vgl. z.B. Kusuma Snitwongse, South-East Asian Security Issues and Confidence-building, in: Disarmament, Vol. 14, No. 3, 1991, S. 131-146; Qin Huasun, Confidence-building Measures in the Asia-Pacific Region, in: ebenda, S. 147-154; Mohamed Jawhar, Implications of the Regional Environment for Regimes of Confidence- and Security-building for Asia and the Pacific, in: ebenda, Vol. 14, No. 4, 1991, S. 85-95.

98 Vgl. den in Anm. 2 zitierten Konferenzvorschlag sowie Ulrike Borchardt: Zu einer Konferenz für Sicherheit und Zusammenarbeit im Mittelmeerraum. Veränderte Geometrie der Festung Europa, in: Mediatus, H. 7-8/1991, S. 5-9; Hermann Scheer, Abrüstung in der Mittelmeerregion statt Schnelle Eingreiftruppe, Manuskript, Bonn, April 1992; Roberto Albioni, European Security across the Mediterranean, Chaillot Paper No. 2, Institute for Security Studies, Western European Union, Paris, März 1992.

Von allen Vorschlägen, Elemente der KSZE für die Einleitung von Entspannungsprozessen in anderen Regionen zu verwenden, ist der für eine KSZM am gründlichsten ausgearbeitet und bereits ein offizieller Vorschlag von Regierungen. Er geht auf eine Initiative zurück, die Italien und Spanien im September 1990 anläßlich des KSZE-Expertentreffens über das Mittelmeer in Palma de Mallorca vortrugen.[99]

Vorgeschlagen wurden die Verhandlungskörbe:

- Sicherheit (Beseitigung der tief verwurzelten Konfliktpotentiale in der Region im militärischen, wirtschaftlichen, sozialen und politischen Bereich, vertrauensbildende Maßnahmen und ein Kontrollregime für Massenvernichtungswaffen),
- Zusammenarbeit (Verminderung der wirtschaftlichen und sozialen Disparitäten und Asymmetrien) und
- Menschliche Dimension (Frage der Menschenrechte und der religiösen Toleranz).

Minimalziele für die KSZM sind – gemäß dem Vorschlag – Vereinbarungen über den Respekt vor der territorialen Integrität von Staaten und der Unverletzlichkeit von Grenzen sowie über den Gewaltverzicht und über Toleranz und Dialogbereitschaft im politischen, kulturellen und religiösen Bereich.

Teilnehmen sollen die Mittelmeeranrainer, die Golf-Staaten, die EG-Staaten, die USA und Kanada sowie die Anrainerstaaten des Schwarzen Meeres. Die Initiative wurde wegen der Nahostkonferenz in gegenseitigem Einvernehmen vorerst auf Eis gelegt.

Parallel zur KSZM-Initiative entwickelte Willy Brandt seine Überlegungen für eine Friedensordnung im Nahen Osten; darüber hinaus gibt es einen offiziösen Vorschlag Jordaniens zu einer Konferenz über den Nahen Osten (KSZNO).[100] Ob eine solche Konferenz überhaupt Realisierungs- und Erfolgschancen hätte, ist bislang theoretisch am gründlichsten untersucht worden, insgesamt mit einem eher skeptischen Resümee.[101]

---

99   Die Reden des italienischen und des spanischen Außenministers sowie das „non-paper" auf der KSZE-Konferenz in Mallorca sind wiedergegeben in der Dokumentation des spanischen Außenministeriums (Anm. 3).
100   Vgl. Brandt, Friedensordnung (Anm. 89), und Das jordanische Konzept einer KSZNO, in: Österreichische Militärische Zeitschrift, Heft 6/1991, S. 508-511.
101   Vgl. Frank Schimmelpfennig, Konferenzdiplomatie als regionale Friedensstrategie. Läßt sich das KSZE-Modell auf den Vorderen

Im gleichen Jahr, 1991, in dem die nördlichen Anrainerstaaten des Mittelmeers sich über ihren Konferenzvorschlag verständigten, entstand das „Kampala-Dokument", in dem eine „Conference on Security, Stability, Development and Cooperation in Africa" (CSSDCA) gefordert wurde.[102] Initiatoren waren führende Staatsmänner und Politiker Afrikas. Ihr Dokument ist ähnlich konkret wie der KSZM-Vorschlag. In Anlehnung an die „Körbe" der KSZE enthält es vier „Kalebassen", die allerdings wegen der Situation in Afrika thematisch anders gegliedert sind: Sicherheit, Stabilität (womit vor allem Demokratie und Rechtsstaatlichkeit gemeint sind), Entwicklung und Zusammenarbeit.

Das Kampala-Dokument wurde von der Organisation für Afrikanische Einheit (OAU) wohlwollend zur Kenntnis genommen, bislang jedoch nicht ratifiziert. Ähnlich wie in Asien bemängeln verschiedene Stimmen auch in Afrika, daß eine Konferenzinitiative, die den gesamten Kontinent umfasse, den spezifischen subregionalen Sicherheitsproblemen zu wenig gerecht werde. Es sei deshalb sinnvoller, entsprechende Projekte auf Subregionen mit einem hohen Grad sicherheitspolitischer Interdependenz zu konzentrieren, wie etwa im südlichen Afrika.[103]

Schließlich ist eine Region zu erwähnen, in der in den achtziger Jahren mehrere Versuche einer regionalen, multilateral organisierten Befriedung unternommen wurde: Zentralamerika. Diese Initiativen mündeten am Ende zwar nicht in ein KSZE-ähnliches Konferenzprojekt, sie enthielten jedoch viele KSZE-ähnliche Elemente der systematischen Verknüpfung verschiedener Verhandlungsthemen und der schrittweisen Verregelung des Verhaltens staatlicher und gesellschaftlicher Akteure.[104]

Orient übertragen? Hamburg: IFSH (Hamburger Beiträge zur Friedensforschung und Sicherheitspolitik, Heft 60) 1991; Dietrich Jung, Eine umfassende Friedensregelung für den Nahen Osten. Wunschtraum und Wirklichkeit einer KSZMO, in: Der zweite Golfkrieg (Militärpolitik – Dokumentation, Heft 82), Frankfurt a. M. 1991, S. 20-30, sowie Martin Hoch, Palästina-Konflikt: Positionen und Perspektiven im Friedensprozeß, in: Außenpolitik II/93, S. 163-172.
102 siehe Anm. 3.
103 Vgl. Hans-Dieter Lemke, Military Aspects of Future Security Building in Southern Africa. Exploring the Applicability of the European Experience, Stiftung Wissenschaft und Politik, Februar 1992.
104 Vgl. Lothar Brock, Mittelamerika: Regionalisierung als Chance, in: Blätter für deutsche und internationale Politik, Jg. 31, H. 1/1988, S. 408-412; Michael Kühn: Krisenherd Zentralamerika – Probleme

Die Bilanz der außereuropäischen Bemühungen um regionale Friedensstrategien nach dem Vorbild der KSZE ist insgesamt bisher bescheiden. Offenkundig sind aber auch die Voraussetzungen für eine Übertragung des KSZE-Modells oder zumindest einiger seiner Merkmale höchst unterschiedlich. Im folgenden sollen diese Voraussetzungen aufgrund der Erfahrungen mit dem KSZE-Prozeß in Europa genauer herausgearbeitet werden. Dabei werden sowohl Merkmale der alten wie der neuen KSZE berücksichtigt. Methodisch orientiert sich diese Herangehensweise sowohl an den institutionellen Merkmalen des KSZE-Prozesses wie an den Interessenkonstellationen der beteiligten Akteure.[105]

5.2 Kriterien der Übertragbarkeit von KSZE-Erfahrungen

Um die Frage zu beantworten, inwieweit KSZE-Strukturen und Prozeduren auf andere Weltregionen übertragen werden sollten, müssen folgende Teilaspekte, die für den Erfolg der KSZE maßgeblich waren, für die jeweilige Region untersucht werden:

- die Bereitschaft, auf den Einsatz militärischer Mittel bei der Konfliktbearbeitung – wenigstens für längere Zeit – zu verzichten,
- die Existenz von „gewichtigen" Akteuren, die eine Initiativoder eine Brückenfunktion ausüben können,
- die Möglichkeit, entweder eine Verhandlungs-Region in geographischer wie sicherheitspolitischer Hinsicht abzugrenzen oder alle in einen bestimmten Regionalkonflikt involvierten Mächte an einem Tisch zu versammeln, sowie
- eine Interessenverteilung bei den Akteuren, die einen komplementären Ausgleich zwischen ihnen zuläßt.

---

und Perspektiven, HSFK (Friedensforschung Aktuell Nr. 29) Frankfurt a. M. 1991.

105 Vgl. unter primär institutionalistischen Gesichtspunkten die Analyse der KSZVO bei Frank Schimmelfennig, Konferenzdiplomatie (Anm. 101) und unter primär konfliktstrukturellen bei Jung, Friedensregelung (Anm. 101); ferner den Überblick bei Mir A. Ferdowsi: Die KSZE als Modell? Möglichkeiten und Grenzen der Anwendung in der Dritten Welt, in: Europa-Archiv Folge 3/1992, S. 76-84.

5.2.1 Bereitschaft zur nicht-militärischen Konfliktbearbeitung

Eine, wenn nicht gar die zentrale Voraussetzung für die bi- und multilaterale Entspannungspolitik in Europa war zweifellos die Einsicht aller Beteiligten, daß jeder Versuch, den Status quo mit militärischen Mitteln zu verändern, zur (nuklearen) Katastrophe geführt hätte. Darüber hinaus hatten beide Seiten während des Kalten Krieges die kostspielige Erfahrung sammeln müssen, daß es auch mit anderen Strategien, wie z.b. Konfrontation oder „Eindämmung", nicht möglich war, den territorialen und systempolitischen Status quo zu verändern. An seiner Anerkennung führte deshalb letztlich kein Weg vorbei, sollte ein Modus vivendi für die vielen praktischen Beziehungsprobleme gefunden werden. Freilich bedeutete diese Anerkennung keineswegs den endgültigen Verzicht auf jede Art von Anstrengung, den Status quo doch noch zugunsten der eigenen Interessenlage zu verändern. Im Gegenteil, das auf westlicher Seite ausschlaggebende Konzept des „Wandels durch Annäherung" setzte gerade darauf, mit Hilfe kooperativer Strukturen Veränderungen im Osten von innen her zu ermöglichen.

Auch wenn nationale Entscheidungen über den Einsatz militärischer Mittel nicht immer einem bis ins letzte durchgerechneten Kosten-Nutzen-Kalkül entsprechen, zeigt die historische Erfahrung, daß es Regierungen leichter fällt, hierauf zu verzichten, wenn Konflikte keine gravierenden territorialen Streitfragen zum Gegenstand haben. Gerade diese kennzeichnen jedoch die meisten Konfliktregionen. In einigen Fällen (neuerdings auch KSZE-Bereich) hängen die Auseinandersetzungen damit zusammen, daß die Staatenbildung nicht abgeschlossen ist, daß Minderheiten unterdrückt oder große Völker wie z.B. Kurden oder Palästinenser „staatenlos" sind. Ob KSZE-ähnliche Konferenzen oder auch KSZE-ähnliche Institutionen hier regelnd wirken können, wird die Zukunft zeigen. Ein erster Test wird sein, ob es der neuen KSZE selbst gelingt, die Austragungsformen der Konflikte in Ost- und Südosteuropa und in der GUS zu „zivilisieren", konkret, ob das KSZE-Instrumentarium ausreicht, die Regierungen der Teilnehmerstaaten darauf festzulegen, die von ihnen anerkannten Prinzipien auch einzuhalten und demzufolge z.B. Grenzen nur in Übereinstimmung mit dem Völkerrecht, durch friedliche Mittel und durch Vereinbarungen zu verändern.

Diese notwendige Einschränkung bedeutet für eine Generalisierung des KSZE-Konzeptes, daß es am ehesten auf Konflikte übertragen werden kann, die (noch) nicht zum Gegenstand militärischer Drohpolitik wurden oder bei denen sich diese Drohpolitik als letztlich kontraproduktiv für die Interessen der Beteiligten erwiesen hat. Möglicherweise zählen hierzu aber auch Spannungsfelder, in denen die betroffenen Staaten nach mehreren Kriegen einsehen mußten, daß keine Seite militärisch „gewinnen" kann. Allerdings gibt es – vielleicht mit Ausnahme des indischen Subkontinents – keine Region mit einem nuklearen „Gleichgewicht des Schreckens", das den europäischen Entspannungsprozeß letztlich entscheidend befördert hat.

5.2.2   Schlüssel-Akteure und ihre Funktionen

Eine zweite Voraussetzung für den Einstieg in den KSZE-Prozeß war das besondere Interesse gewichtiger Staaten, die „Werbungskosten" für die schwierige Anlaufphase sowie in den späteren Stagnationsphasen aufzubringen. Dies traf vor Beginn und in der ersten Phase vor allem auf die Sowjetunion und die Bundesrepublik Deutschland zu. Mußte diese zur Absicherung ihrer bilateralen Ostpolitik und zur Stabilisierung ihrer prekären Lage an der Schnittstelle von Ost und West schwerwiegende Zugeständnisse hinsichtlich des damaligen territorialen Status quo (insbesondere der deutschen Teilung) „investieren", so wurden von jener zum einen die Abspaltung der Abrüstungsverhandlungen (MBFR) vom Helsinki-Prozeß und zum anderen die Unterschrift unter die Menschenrechtserklärung des Prinzips VII und die humanitären Vereinbarungen des Korbes III verlangt. Beider Interesse an dem Zustandekommen wie auch der Fortführung der KSZE war jedoch so groß, daß sie weiterhin die treibenden Kräfte des Prozesses blieben.

Neben solchen Akteuren mit einer initiierenden Funktion haben im originären KSZE-Prozeß auch jene Staaten eine wichtige Rolle gespielt, die zwischen den Hauptkontrahenten als „Brücke" fungieren und helfen konnten, Kompromisse zu erzielen. Dazu gehörten in erster Linie die neutralen und bündnisfreien Staaten, später gelegentlich auch andere, kleinere Mitglieder beider Bündnisse.[106] Diese Brückenfunktion bot sich angesichts der Bipolarität geradezu an. „Gute Dienste" waren erwünscht und organisierbar und sie dienten der Reduzierung von Komplexität.

---

106 Vgl. Michael Zielinski, Die neutralen und blockfreien Staaten und ihre Rolle im KSZE-Prozeß, Baden-Baden 1990.

Im Vergleich zum Europa der alten KSZE ist die Konfliktstruktur in den meisten anderen Regionen erheblich komplexer und diffuser. Das macht generell Verhandlungen und Vermittlungsaktivitäten schwieriger, bietet aber fallweise auch günstige Bedingungen dafür, Konflikte in Einzelprobleme zu zerlegen, verschiedene Themen zu „Paketen" zu verknüpfen und interessenausgleichende Kompromisse jenseits von „Nullsummenspielen" zu erzielen.

Im Hinblick auf die Übertragbarkeit des KSZE-Modells auf andere Weltregionen ist es vermutlich leichter, für Vermittlungs- und Brückenfunktionen geeignete Staaten zu finden, als solche, die erhebliche „Werbungskosten" zur Initiierung des Prozesses aufbringen wollen oder können.

Eine offene Frage ist, ob und wann die Initialfunktion auch von externen Mächten oder Mächteallianzen übernommen werden kann und wie groß die Gefahr ist, daß dies als eine unerwünschte Einmischung in innere Angelegenheiten von einer oder mehreren Konfliktparteien zurückgewiesen wird. Einerseits können externe Mächte als Katalysator und als Dritte Partei unschätzbare Dienste leisten, andererseits kann durch ihre Beteiligung gerade der besondere Vorzug der regional begrenzten Streitbeilegung und Friedensstiftung gefährdet werden. Da eine Reihe der für solche Aufgaben aufgrund ihres Gewichts infragekommenden Staaten ehemalige Kolonialmächte sind, laufen sie stets Gefahr, daß ihr Angebot, in ihren (ehemaligen) Einflußzonen als Dritte Partei zu wirken, wie eine Fortsetzung des Kolonialismus mit anderen Mitteln aufgefaßt wird. Auch aus diesem Grunde sollten die Europäer eher zurückhaltend sein und mit der KSZE als Konfliktbearbeitungsmodell keine offensive Werbung treiben.

Im Zuge einer allfälligen UN-Reform könnte es sich hingegen ergeben, daß das KSZE-Modell für andere Weltregionen attraktiv wird. Sollte sich nämlich erweisen, daß die KSZE als regionale Abmachung der Vereinten Nationen künftig friedensfördernde Aktivitäten mit Erfolg abschließt, so würde dies auch zur Stärkung der UNO beitragen. Dann könnten sich andere Regionen dafür interessieren, KSZE-Strukturen zu übernehmen, um für die dortigen Streitfälle ebenfalls zu gewaltärmeren Regulierungen und dauerhaften Vereinbarungen zu gelangen.

5.2.3 Klärung der regionalen „Zugehörigkeit"

Ein Schlüsselproblem im Vorfeld der ersten KSZE-Runde war die Beteiligung der USA und Kanadas. Mit dem Argument, diese

Staaten lägen außerhalb der geographisch definierten Region Europa, versuchte die UdSSR, sie von der Konferenz fernzuhalten. Auch während der Europäisierungsdebatten in den 80er Jahren und nach dem Ende des Ost-West-Konflikts wurde ihre Beteiligung an einer regionalen europäischen Friedensstrategie von verschiedenen Seiten in Frage gestellt. Diese Abkoppelung war freilich machtpolitisch nicht zu realisieren. Sie hätte auch der sicherheitspolitischen Interdependenz zwischen Nordamerika und Europa widersprochen. Denn welchen Sinn sollte die Verständigung über Prinzipien, Normen, Verhaltensregeln und Prozeduren haben, wenn die Führungs- und teilweise Garantiemacht einer Seite dabei ausgeklammert würde?

In anderen Weltregionen ist diese Frage zwar differenzierter zu beurteilen, da hier die sicherheitspolitische Einbindung der Großmächte zum Teil sehr viel weniger ausgeprägt ist. Trotzdem sollte bei Versuchen, regionale Sicherheitskonferenzen zu installieren, stets mitbedacht werden, daß eine Beschränkung der Teilnehmerschaft nach physikalisch-geographischen Kriterien nicht unbedingt die Erfolgsaussichten, die Einigungs- und später Handlungsfähigkeit erhöht. Vielmehr kann es von großem Nutzen sein, auch jene Mächte einzubeziehen, die historisch oder aktuell von außen in die Konfliktkonstellation(en) involviert sind, um Verantwortlichkeiten auszudiskutieren und für eine produktive Konfliktbearbeitung neue Perspektiven zu entwickeln, für deren Realisierung ohnehin nur in seltenen Fällen auf die politische, wirtschaftliche und/oder militärische Potenz dieser Mächte verzichtet werden kann.

5.2.4 Komplementäre Interessenstrukturen und Themenvielfalt

Der Ausgangspunkt des KSZE-Prozesses in den 70er Jahren war eine Art Tauschgeschäft, das beiden Seiten lohnend schien: Der Osten erstrebte eine Anerkennung des territorialen Status quo und eine Effizienzsteigerung seiner Wirtschaft durch Kapital- und Technologieimporte aus dem Westen. Dem stand das Bemühen des Westens gegenüber, die sowjetische Außenpolitik, die für so viele Krisen und Konflikte nach dem 2. Weltkrieg verantwortlich gewesen war, in vereinbarte Verhaltensregeln einzubinden und für Menschen und Informationen eine größere Freizügigkeit zu erreichen. Die erste Verständigung über die Schlußakte von Helsinki wurde durch den breiten Themenkatalog und die zumindest teilweise komplementären Sicherheitsinteressen der westlichen und östlichen Staaten wesentlich begünstigt. Sie erleichterten auch die für den KSZE-Prozeß insgesamt charakteristischen interessenausgleichenden Kompromisse und das „Kleinarbeiten" des Gesamtkonfliktes.

Eine sicherheitspolitische Komplementarität ist in den meisten außereuropäischen Spannungsfeldern aufgrund des „Sicherheitsdilemmas", also der Unsicherheit eines jeden Staates, nicht genau zu wissen, wie sich der andere in der weitgehend anarchischen Staatenkonkurrenz verhält, am ehesten gegeben, vorausgesetzt, die Akteure haben schon eingesehen, daß beim Versuch, den Konflikt mit Waffengewalt zu „lösen" zu hohe Kosten anfallen. Inwieweit es auch im Hinblick auf andere Politikfelder das Bedürfnis regionaler Akteure gibt, über ihre Beziehungen multilateral zu verhandeln und dabei unterschiedlich gelagerte Interessen im komplementären Sinne zu bündeln, läßt sich nicht verallgemeinern. Freilich muß eine regionale Sicherheitskonferenz außerhalb Europas nicht unbedingt die gleiche Themenpalette umfassen wie die KSZE. Insbesondere dürfte es in Regionen, in denen das vom europäischen Menschenbild geprägte Menschenrechtsverständnis nicht der eigenen kulturellen Tradition entspricht, schwierig sein, sowohl KSZE-ähnliche „Pakete" aus Forderungen, die Menschenrechte zu respektieren, und aus wirtschaftlichen Anreizen zu schnüren, wie auch sich über die UN-Menschenrechtskonvention hinaus inhaltlich über Menschenrechte zu verständigen.

5.3 Erfolgschancen für KSZE-ähnliche regionale Friedensstrategien

Wenn die genannten vier Voraussetzungen in einer Region gegeben sind, hängt der Erfolg einer regionalen Friedensstrategie nach dem KSZE-Modell vor allem davon ab, ob es gelingt, erstens Verhaltensregeln (Regime) zu vereinbaren, die auch innerstaatliche Politik einbeziehen, und zweitens Mechanismen zur Konfliktprävention zu schaffen, wobei deren Institutionalisierung bereits einen Teil der Konfliktbearbeitung darstellt.

Was den ersten Bereich betrifft, so hat die alte KSZE ihre besondere Stärke bewiesen, als sie den osteuropäischen Bürgerrechtsbewegungen eine zusätzliche Legitimationsbasis für ihre Bestrebungen verschaffte. Gegenwärtig stellt sich die Aufgabe einer weitergehenden Regimebildung bei der Neubildung von Staaten. Die alte Stärke und die neue Aufgabe verbindet, daß über die multilaterale Konferenzdiplomatie zivilgesellschaftliche Akteure und Strukturen gefördert werden. Diese Aufgabe ist in anderen Weltregionen ebenfalls zu lösen. Allerdings fragt es sich, ob es dort in hinreichendem Maße gesellschaftliche Akteure gibt, die den Prozeß der Stärkung zivilgesellschaftlicher Strukturen mittragen können. Hier liegt ein Schlüsselproblem für die Übertragbarkeit des KSZE-Modells.

Was die Konfliktprävention und ihre Institutionalisierung angeht, so war eines der wichtigsten innovativen Merkmale der KSZE ihre starke Prozeßorientierung. Anders als viele andere internationale Organisationen und Regelwerke zielte die KSZE nicht auf eine von Anfang an festgelegte Struktur, vielmehr entwickelte sie sich schrittweise durch Aushandeln thematisch spezifischer Verfahren und deren periodische Überprüfung und Weiterentwicklung. Durch dieses „diskursive Design" wurde schrittweise der Katalog von Verbindlichkeiten erweitert und zumindest eine konfliktdämpfende Wirkung in Krisenzeiten erreicht. Gegenwärtig geht es darum, diese konfliktpräventiven Mechanismen in verschiedenen Bereichen weiter zu institutionalisieren. Für die Übertragung des gesamteuropäischen Konferenzmodells auf andere Weltregionen heißt das: Die KSZE in ihrer gegenwärtigen Gestalt sollte nicht als fertiges Rezept betrachtet werden. Ihre Vorbildfunktion liegt eher im „diskursiven Design", das zu übertragen wäre und dazu dienen kann, regionale Friedensstrategien mit je eigenem Profil zu entwickeln.

6. Schlußfolgerungen

Der Kontrast zwischen dem friedensstiftenden Anspruch der KSZE und der Realität ethnonationaler Krisen und Kriege im östlichen Europa und in Mittelasien ist offenkundig. Auf der einen Seite werden neue Institutionen und Krisenmechanismen geschaffen und verfeinert, während auf der anderen Seite das Blutvergießen in Südosteuropa und im Kaukasus unvermindert weitergeht und an vielen anderen Stellen der zerfallenen sozialistischen Staatenwelt zusätzliche Konflikte aufflammen. So sehr sich die KSZE-Diplomaten auch bemühten, mit der Entwicklung Schritt zu halten, bislang wurden ihre Initiativen von der Konfliktdynamik fast immer überholt.

In diesem Gegensatz spiegelt sich ein zentrales Dilemma der KSZE: Die alte KSZE ist als ein Instrument zur langfristigen Einhegung und zum Kleinarbeiten des Ost-West-Konflikts angelegt worden. Ihre Wirkungsweise war deshalb auf eine schrittweise, „inkrementalistische" Verständigung über staatliche Verhaltensregeln ausgerichtet. Dieses Prozeßmuster prägt auch die Institutionalisierung der neuen KSZE, was im Hinblick auf das Ziel einer kontinuierlichen „Zivilisierung" des internationalen Systems unverändert wichtig ist. Zugleich steht die neue KSZE jedoch vor der immensen Herausforderung eines auch kurzfristig wirksamen Konfliktmanagements. So werden als Reaktion auf die aktuellen Spannungsfelder inkrementalistisch neue Institutionen und Krisenmechanismen geschaffen, ohne daß diese schon funktionsfähig sind und die Kompetenzen haben, die sie erst wirksam machen würden. Einrichtungen und Verfahren, die für den einen Konflikt geschaffen wurden, sind erst für den nächsten einsatzfähig – und reichen für diesen wiederum nicht aus.

Aber auch die mit mehr Machtmitteln ausgestatteten internationalen Organisationen, wie die Europäische Gemeinschaft und die UNO, haben es schwer, den Einsatz von Gewalt zu stoppen und den Konfliktverlauf entscheidend zu beeinflussen, wie in Bosnien-Herzegowina offenkundig wurde. Jedenfalls sollte in der Öffentlichkeit nicht der Eindruck erweckt werden, Kriegsparteien könnten schnell zur Vernunft gebracht werden, wenn starke „dritte Parteien" Druck auf sie ausübten und notfalls mit Gewalt den Frieden „erzwingen" würden.

Trotz dieses skeptischen Befundes sind wir der Auffassung, daß der Ausbau der KSZE als regionales Verhandlungssystem und als Internationale Organisation unverzichtbar ist. Dabei sollte das Leistungsprofil der KSZE im Hinblick auf ein umfassendes regionales Konfliktmanagement systematisch verstärkt werden.

Die KSZE hat seit ihrem Beginn, insbesondere aber seit 1989, wesentliches zur Normbildung in den gesamteuropäischen Beziehungen beigetragen. Diese Aufgabe ist in klassischen Feldern der alten KSZE, wie z.B. der Menschenrechtsfrage, weitgehend abgeschlossen. Künftig wird es vor allem um die Präzisierung der Regeln, den Ausbau der Implementierungsprozeduren und deren Anwendung gehen. Das gesamte Spektrum der Regimebildung ist allerdings noch gefordert, um friedliche Wege für den Zerfall und die Neubildung von Staaten zu erarbeiten. Dabei kann es nur um allgemeine Leitsätze gehen, weil jeder Fall anders gelagert ist und es keine absolut gerechte Lösung geben wird.

Insgesamt halten wir beim weiteren Ausbau der KSZE folgende Aspekte für wesentlich:

1. Die institutionelle Stärkung der KSZE als Regionalorganisation der Vereinten Nationen, die einerseits Reformimpulse aus dem UN-System aufgreift und regionalspezifisch umsetzt und andererseits selbst Impulse für die UN-Reform gibt.
2. Die organisatorische Straffung und Effizienzsteigerung der KSZE durch die Einrichtung eines Sicherheitsrats, eine klarere Aufgaben- und Funktionsteilung zwischen den verschiedenen Foren, Zentren und Büros sowie eine bessere personelle und finanzielle Ausstattung.
3. Die Schaffung eines umfassenden „Netzwerks der friedlichen Streitbeilegung". Dieses sollte vom KSZE-Sicherheitsrat über die Schlichtungskommission, den Schlichtungs- und Schiedsgerichtshof bis zur systematischen Förderung der Konfliktprävention auf der zwischengesellschaftlichen Ebene reichen.

Der fatale Kreislauf von Gewalt und Gegengewalt kann langfristig nur überwunden werden, wenn die KSZE als zwischenstaatliche Einrichtung von einem „gesellschaftlichen Unterbau" getragen wird, der Mitverantwortung für die friedliche Streitbeilegung im neuen Europa übernimmt. Die KSZE könnte und sollte ihrerseits derartige Initiativen ermutigen und deren Arbeitsbedingungen verbessern. Deshalb schlagen wir die Einrichtung einer „KSZE-Stiftung für Konfliktforschung und Konfliktmediation" vor, die entsprechende Einzelprojekte finanziell fördert sowie Weiterbildungs- und Beratungsmaßnahmen organisiert.

Das besondere Profil der KSZE lag und liegt in dem Bemühen um eine nicht-militärische Prävention und Regelung von Konflikten. Die Eskalation der Kriege und Bürgerkriege im früheren Jugoslawien und im Kaukasus hat jedoch dazu geführt, daß mit den Beschlüssen von Helsinki 1992 auch friedenserhaltende militärische Operationen unter dem Dach der KSZE durchgeführt werden können. Ob diese Maßnahmen jemals praktiziert werden, ist angesichts der – zu Recht – restriktiven Kriterien für friedenserhaltende Operationen fraglich. Wenn zur Zivilisierung des internationalen Systems auch zählt, daß „unterlassene Hilfeleistung" zu ächten ist, können „humanitäre Interventionen" mit militärischen Mitteln nicht prinzipiell aus dem KSZE-Instrumentarium ausgeschlossen werden. Die KSZE sollte allerdings zu derartigen Maßnahmen nur dann legitimiert sein, wenn grundlegende Menschenrechte durch Krieg, Hunger, Vertreibung, Internierungslager und andere Grausamkeiten massiv verletzt werden. Außerdem müssen als weitere Kriterien unbedingt die Verhältnismäßigkeit der angestrebten Ziele und der zu erwartenden Kosten sowie die langfristigen Folgen für die Befriedung der betroffenen Region berücksichtigt werden.

Der Erfolg der KSZE, Verhaltensregeln für die praktischen Probleme im Rahmen des Ost-West-Konflikts zu vereinbaren, hat zu Überlegungen geführt, Elemente dieses multilateralen Prozesses auch auf andere Konfliktregionen zu übertragen. Die Chancen hierfür sind eher mit Skepsis zu betrachten, weil die Besonderheiten des alten KSZE-Prozesses, der sich auf die spezielle Situation des Ost-West-Konflikts in Europa bezog, auf andere Regionen nicht übertragbar sind. Das schließt nicht aus, daß Methoden der Vertrauensbildung und bestimmte Verhandlungtechniken auch für andere Konfliktkonstellationen verwendbar sind. Wenn die KSZE nicht als „Blaupause" verwendet, sondern in erster Linie in ihrem Prozeßcharakter gesehen wird, kann die Kenntnis ihrer Strukturen und Mechanismen dazu beitragen, Friedensstrategien zu entwickeln, die auch anderen Weltregionen angemessen sind.

Ausgewählte Literatur

1. Dokumentensammlungen

Auswärtiges Amt (Hrsg.), Sicherheit und Zusammenarbeit in Europa. Dokumentation zum KSZE-Prozeß, 7. erneuerte Auflage, Bonn 1990.

Auswärtiges Amt (Hrsg.), Sicherheit und Zusammenarbeit in Europa. Dokumentation zum KSZE-Prozeß 1990/91, Bonn 1991.

Auswärtiges Amt (Hrsg.), 20 Jahre KSZE 1973-1993. Eine Dokumentation, Bonn 1993.

Ulrich Fastenrath (Hrsg.), KSZE. Dokumente der Konferenz über Sicherheit und Zusammenarbeit in Europa, Neuwied 1992 (Loseblattsammlung, fortlaufend).

Hans Adolf Jacobsen/Wolfgang Mallmann/Christian Meier (Hrsg.), Sicherheit und Zusammenarbeit in Europa (KSZE). Analyse und Dokumentation, Köln 1973.

Hans Adolf Jacobsen/Wolfgang Mallmann/Christian Meier (Hrsg.), Sicherheit und Zusammenarbeit in Europa (KSZE). Analyse und Dokumentation 1973-1978, Köln 1978.

Hermann Volle/Wolfgang Wagner (Hrsg.), Konferenz über Sicherheit und Zusammenarbeit in Europa in Beiträgen und Dokumenten aus dem Europa Archiv, Bonn 1976.

Hermann Volle/Wolfgang Wagner (Hrsg.), Das Belgrader KSZE-Folgetreffen. Der Fortgang des Entspannungsrozesses in Europa in Beiträgen und Dokumenten aus dem Europa Archiv, Bonn 1978.

Hermann Volle/Wolfgang Wagner (Hrsg.), Das Madrider KSZE-Folgetreffen. Der Fortgang des KSZE-Prozesses in Europa, in Beiträgen und Dokumenten aus dem Europa Archiv, Bonn 1984.

Die meisten Dokumente erscheinen im „Bulletin der Bundesregierung", sowie – mit ca. vierteljährlicher Verzögerung – im „Europa-Archiv" und in: Ulrich Fastenrath (Hrsg.), KSZE. Dokumente der Konferenz über Sicherheit und Zusammenarbeit in Europa, Neuwied 1992 ff.

2. Bibliographien

Henrik Holtermann (Hrsg.), CSCE. From Idea to Institution. A Bibliography, Copenhagen 1993.

Günter Schwarz/Dieter S. Lutz, Sicherheit und Zusammenarbeit. Eine Bibliographie zu MBFR, SALT und KSZE, Baden-Baden 1980.

3. Die KSZE bis Ende der 80er Jahre

Ljubivoje Acimovic, Problems of Security and Cooperation in Europe, Rockville 1981.

Edda Blenk-Knocke/Bruno Simma (Hrsg.), Zwischen Intervention und Zusammenarbeit. Interdisziplinäre Arbeitsergebnisse zu Grundfragen der KSZE, Berlin 1979.

A. Bloed/P. van Dijk (Hrsg.), The Human Dimension of the Helsinki Process. The Vienna Follow-up Meeting and its Aftermath, Dordrecht 1991.

Wilfried von Bredow, Der KSZE-Prozeß. Von der Zähmung zur Auflösung des Ost-West-Konflikts, Darmstadt 1992.

John Borawski, Security for a New Europe. The Vienna Negotiations on Confidence and Security-Building, 1989-90, and Beyond, London: Brassey's 1992.

Jost Delbrück/Norbert Ropers/Gerda Zellentin (Hrsg.), Grünbuch zu den Folgewirkungen der KSZE, Köln 1977.

Luigi Vittorio Ferraris (Hrsg.), Report on a Negotiation, Genf 1979.

Victor Yves Ghebali, La diplomatie de la détente: La CSCE d'Helsinki à Vienne (1973-1989), Brüssel 1989.

Alexis Heraclides, Security and Co-operation in Europe: The Human Dimension, 1972-1992, London 1993.

Hanns-D. Jacobsen/Heinrich Machowski/Dirk Sager (Hrsg.), Perspektiven für Sicherheit und Zusammenarbeit in Europa, Bonn 1988.

Mathias Jopp/Berthold Meyer/Norbert Ropers/Peter Schlotter, Zehn Jahre KSZE-Prozeß, in: Aus Politik und Zeitgeschichte, B 37/85 vom 14.9.1985, S. 3-14.

Rudolf Th. Jurrjens/Jan Sizoo, CSCE Decision-Making. The Madrid Experience, The Hague 1984.

Carl C. Krehbiel, Confidence- and Security-Building Measures in Europa. The Stockholm Conference, New York 1989.

Stefan Lehne, The Vienna Meeting of the Conference on Security and Cooperation, 1986-1989, Oxford 1991.

John J. Maresca, To Helsinki. The Conference on Security and Cooperation in Europe 1973-1975, Duke University Press 1985.

Berthold Meyer/Norbert Ropers/Peter Schlotter, Der KSZE-Prozeß, in: Gert Krell u.a. (Hrsg.), Friedensgutachten 1987, Frankfurt a.M., S. 140-159.

Reinhard Mutz, Gesamteuropäische Kooperation und die Konferenz über Sicherheit und Zusammenarbeit in Europa. Eine kritische Bilanz im Blick auf die Zukunft, in: Cord Jakobeit/Alparslan Yenal (Hrsg.), Gesamteuropäische Analysen, Probleme und Entwicklungsperspektiven, Opladen 1993, S. 98-117.

Ingo Peters, Transatlantischer Konsens und Vertrauensbildung in Europa. Die KVAE-Politik der Vereinigten Staten von Amerika und der Bundesrepublik Deutschland 1978-1986, Baden-Baden 1987.

Norbert Ropers/Peter Schlotter, Die Institutionalisierung des KSZE-Prozesses, in: Aus Politik und Zeitgeschichte, B 1-2/1987 vom 10.1.1987, S. 16-28.

Norbert Ropers/Peter Schlotter, Der KSZE-Prozeß, in: Klaus von Schubert u.a. (Hrsg.), Friedensgutachten 1988, Heidelberg 1988, S.41-59.

Norbert Ropers/Peter Schlotter, Der KSZE-Prozeß, in: Egon Bahr u.a. (Hrsg.), Friedensgutachten 1989, Hamburg 1989, S.77-97.

Norbert Ropers/Peter Schlotter, Regimeanalyse und KSZE-Prozeß, in: Beate Kohler-Koch (Hrsg.), Regime in den internationalen Beziehungen, Baden-Baden 1989, S. 315-342.

Günter Schwarz/Dieter S. Lutz, Sicherheit und Zusammenarbeit. Eine Bibliographie zu MBFR, SALT und KSZE, Baden-Baden 1980.

Hans-Heinrich Wrede, KSZE in Wien. Kursbestimmung für Europas Zukunft, Köln 1990.

Michael Zielinski, Die neutralen und blockfreien Staaten und ihre Rolle im KSZE-Prozeß, Baden-Baden 1990.

4. Die KSZE in den 90er Jahren

Egon Bahr/Gert Krell u.a. (Hrsg.), Friedensgutachten, 1987ff (erscheint jährlich; enthält in jedem Jahr einen Beitrag über die Entwicklung der KSZE).

Hans-Jürgen Ebert, Brauchen wir die KSZE ?, Landeszentrale für politische Bildungsarbeit Berlin (Hrsg.), Berlin 1993.

Alexis Heraclides, Helsinki-II and its Aftermath. The Making of the CSCE into an International Organisation, London – New York 1993.

Sabine Jaberg, KSZE 2001. Profil einer Europäischen Sicherheitsordnung. Bilanz und Perspektiven ihrer institutionellen Entwicklung. Hamburg: IFSH (Hamburger Beiträge zur Friedensforschung und Sicherheitspolitik, Heft 70) 1992.

Stefan Lehne, The CSCE in the 1990s. Common European House or Potemkin Village?, Wien 1991.

Michael R. Lucas (Hrsg.), The CSCE in the 1990s: Constructing European Security and Cooperation, Baden-Baden 1993

Berthold Meyer/Peter Schlotter, Der KSZE-Prozeß, in: Johannes Schwertfeger u.a. (Hrsg.), Friedensgutachten 1991, Münster – Hamburg 1991, S. 108-118.

Berthold Meyer/Peter Schlotter, Die KSZE vor neuen Herausforderungen, in: Reinhard Mutz u.a. (Hrsg.), Friedensgutachten 1992, Münster – Hamburg 1992, S. 207-218.

Berthold Meyer, Erst die Spitze eines Eisbergs. KSZE-Konfliktmanagement und nationale Minderheiten, HSFK-Report 8/1992, Frankfurt a.M. Oktober 1992.

Berthold Meyer, Zu viele Köche? KSZE, NATO-Kooperationsrat und WEU auf der Suche nach einer gesamteuropäischen Sicherheitspolitik, in: Gert Krell u.a. (Hrsg.), Friedensgutachten 1993, Münster – Hamburg 1993, S. 150-162.

Norbert Ropers, Der KSZE-Prozeß, in: Gert Krell u.a. (Hrsg.), Friedensgutachten 1990, Münster – Hamburg 1990, S.137-153.

Norbert Ropers/Peter Schlotter, Vor den Herausforderungen des Nationalismus. Die KSZE in den neunziger Jahren, In: Aus Politik und Zeitgeschichte, B 15-16/93, vom 9.4. 1993, S. 20-27.

Frank Schimmelpfennig, Konferenzdiplomatie als regionale Friedensstrategie. Läßt sich das KSZE-Modell auf den Vorderen Orient übertragen? Hamburg: IFSH (Hamburger Beiträge zur Friedensforschung und Sicherheitspolitik, Heft 60) 1991.

Reimund Seidelmann, Der KSZE-Prozeß. Möglichkeiten und Grenzen einer multinationalen Friedensgestaltung in Europa, in: Manfred Knapp (Hrsg.), Konzepte europäischer Friedensordnungen, Stuttgart 1992, S. 173-196.

Dieter Senghaas, Friedensprojekt Europa, Frankfurt a.M. 1992.

Michael Staack (Hrsg.), Aufbruch nach Gesamteuropa. Die KSZE nach der Wende im Osten (Forschungsberichte internationale Politik, Bd. 15), Münster – Hamburg 1992.

Wichtige Adressen zur KSZE:

1. KSZE-Institutionen

CSCE General Secretary
Dr. Wilhelm Höynck
Kärntnerring 5-7
A-1010 Wien

Prague Office of the CSCE-Secretariat
Thunovska 12
Mala Strana
CZ-11000 Praha 1

Office for Democratic Institutions and Human Rights
ulica Krucza 36
Wspolna 6
PL-00522 Warzawa

Conflict Prevention Center
Kärntnerring 5-7
A-1010 Wien

CSCE High Commissioner on National Minorities
Max van der Stoel
Prinsessegracht 22
P.O. Box 22
NL-2500 EB Den Haag.

CSCE Parliamentary Assembly
– Secretariat -
Radhus Str. 1
DK-1466 Kopenhagen/K.

2. Informationen zur KSZE

Auswärtiges Amt
Pressereferat
Adenauerallee 99-103
D-53113 Bonn

3. Nicht-Regierungsinstitutionen

Commission on Security and Cooperation in Europe
237 Ford House Office Building
Washington, D.C. 20515
U.S.A.

Deutsches Komitee für Europäische Sicherheit und Zusammenarbeit e.V.
Invalidenstr. 120
D-10115 Berlin

Finish Committee for European Security
P.O.Box 104
SF-00181 Helsinki

Helsinki Citizens Assembly (HCA) Secretariat
Panska 7
CZ-11669 Praha 1

International Helsinki Federation for Human Rights (IHF)
Rummelhardtgasse2/18
A-1090 Wien

KSZE Consult e.V.
Ostmerheimer Str.397
D-51109 Köln

Netherlands Helsinki Committee (NHC)
Janskerkhof 3
NL-3512 BK Utrecht

Österreichisches Komitee für Europäische Sicherheit und
Zusammenarbeit
Postfach 22
A-1094 Wien

STETE – The Finish National Committee for European Security
Ruoholahdenkatu 14 A, 3.krs.
SF-00180 Helsinki.

Regelmäßige Informationsdienste über die KSZE

1. CSCE Newsletter, hg. vom KSZE-Generalsekretariat in Wien, erscheint seit Februar 1994 und informiert über die wichtigsten KSZE-Ereignisse.

2. ODIHR – Bulletin, hg. vom KSZE-Büro für demokratische Institutionen und Menschenrechte in Warschau, informiert seit Anfang 1993 über die Aktivitäten dieser KSZE-Institution.

3. Focus on Vienna. Report on CSCE negotiations and activities in Vienna and related events, hg. vom Österreichischen Komitee Für Europäische Sicherheit und Zusammenarbeit, erscheint regelmäßig seit 1987 und berichtet über alle KSZE-Ereignisse, die in Wien stattfinden.

4. CSCE Digest, hg. von der Commission on Security and Cooperation in Europe, Washington, D.C., erscheint 4 bis 5 mal im Jahr und berichtet aus der Sicht der Kommission des U.S.-Kongresses über die KSZE.

5. Berliner Europa Forum, hg. vom Deutschen Komitee für Europäische Sicherheit und Zusammenarbeit e.V. in Berlin, enthält Artikel über alle Ereignisse im KSZE-Prozeß seit 1991.

6. Helsinki Monitor, Quarterly on Security and Cooperation in Europe, hg. vom Netherlands Helsinki Committee in Utrecht, erscheint seit 1992 vierteljährlich und veröffentlicht Aufsätze über die aktuellen KSZE-Konferenzen, vorwiegend verfaßt von Delegationsmitgliedern einzelner Teilnehmerstaaten.

7. HCA Newsletter, hg. von der Helsinki Citizens Assembly in Prag, berichtet über die Aktivitäten gesellschaftlicher Gruppen im Rahmen des KSZE-Prozesses.

Zu den Materialien

Als in den siebziger Jahren die ersten kommentierenden Bücher zur KSZE erschienen, war ihnen häufig die Schlußakte von Helsinki als dokumentarischer Anhang beigefügt. Inzwischen machen allein die Abschlußdokumente der Hauptkonferenzen und Expertentreffen sowie die Kommuniqués der KSZE-Ratstagungen eine so stattliche Sammlung aus, daß sie nicht mehr in einem Taschenbuch unterzubringen wären. Hinzu kommen noch zahllose Erklärungen von Staatsoberhäuptern, Regierungschefs, Außenministern und anderen Politikern, Pressekommentare und Stellungnahmen von nichtstaatlichen Organisationen zum KSZE-Prozeß. Von all dem können wir hier nur eine winzige Auswahl dokumentieren. Diese gliedert sich in fünf Kapitel.

Im *ersten* geht der Blick zurück auf wichtige Stationen und Vereinbarungen des KSZE-Prozesses von 1972 bis 1990. Da man in der Arbeitsphase der ersten Konferenz (1972-1975) die Vorschläge zu den Sachgebieten Sicherheit, wirtschaftliche und andere Gebiete der Zusammenarbeit sowie humanitäre Fragen in drei Körben gesammelt hatte, wurden die Hauptkapitel der Schlußakte von 1975 inoffiziell ebenfalls als „Körbe" bezeichnet. Welche Themenpalette in den Körben bereits 1975 enthalten war, zeigt die Übersicht von M 1.1. Schon durch seine Stellung am Anfang der Schlußakte herausgehoben war der Katalog der „Prinzipien, die die Beziehungen der Teilnehmerstaaten leiten" sollten (M 1.2). Auf ihn beriefen sich in der Zeit des Ost-West-Gegensatzes die verschiedenen Seiten, um einander Verstöße gegen den Buchstaben und Geist der KSZE vorzuwerfen bzw. um diese als nicht erlaubte Einmischung in die inneren Angelegenheiten zurückzuweisen. Er wurde nicht nur zum Anknüpfungspunkt für die weitere Ausfächerung der KSZE-Vereinbarungen, wobei von besonderer Bedeutung war und ist, daß innerhalb dieses Katalogs die Achtung der Menschenrechte und Grundfreiheiten (Prinzip VII) von Anfang an einen wichtigen Platz hatte. Ihm kommt daher auch eine besondere Bedeutung für die Überwindung der kommunistischen Parteidiktaturen zu. Ebenfalls zum Korb I gehören von Anfang an Vereinbarungen über Vertrauensbildende Maßnahmen. Hier würde sich zwar ein Vergleich ihrer Entwicklung von der Schlußakte von 1975 über die Beschlüsse der Stockholmer Konferenz über Vertrauens- und Sicherheitsbildende Maßnahmen und

Abrüstung in Europa (KVAE) bis hin zum Zweiten Wiener Dokument von 1992 lohnen. Wir haben uns jedoch dafür entschieden, nur eine Zusammenfassung der Stockholmer KVAE-Beschlüsse von 1986 aufzunehmen (M 1.3), da der dort gefaßte Beschluß der kurzfristig angekündigten Vor-Ort-Inspektionen nicht unerheblich dazu beigetragen hat, das Ost-West-Verhältnis zu entspannen und vergleichbare Regelungen auch für Abrüstungsvereinbarungen zu vereinbaren. M 1.4 schließlich enthält Auszüge aus dem Dokument des Kopenhagener Treffens der Konferenz über die „Menschliche Dimension" der KSZE vom 29. Juli 1990. Dieses Dokument macht die Überwindung des Werte-Konflikts und das Einschwenken der damals noch kommunistisch regierten Staaten auf das westliche Menschenrechtsverständnis deutlich.

Für das *zweite* Kapitel haben wir Auszüge aus vier Dokumenten der neuen KSZE zusammengestellt. Es beginnt mit jenen beiden, die das offizielle Ende des Ost-West-Konfliktes besiegelten: Die Gemeinsame Erklärung der zweiundzwanzig Staaten von NATO und Warschauer Pakt vom 19. November 1990 (M 2.1) und die Charta von Paris für ein neues Europa, die zwei Tage später von allen damals 34 KSZE-Staaten unterzeichnet wurde (M 2.2). Ihnen folgen Auszüge des nur eineinhalb Jahre später verabschiedeten Schlußdokuments des Vierten KSZE-Folgetreffens in Helsinki vom 10. Juli 1992 (M 2.3). Doch welch ein Unterschied zwischen der euphorischen Stimmung, in der die Unterschriften in Paris geleistet wurden und der Resignation, die aus der Erklärung von Helsinki spricht. Seit 1991 der Krieg nach Europa zurückgekehrt ist, müssen sich die Außenminister der KSZE-Staaten mit der überaus schwierigen Aufgabe befassen, zu bewaffneten Auseinandersetzungen in der eigenen Region Stellung zu beziehen. Als Beispiel hierfür steht der Beschluß des KSZE-Rates von Stockholm vom 15. Dezember 1992 zum Konflikt im ehemaligen Jugoslawien (M 2.4). Aus ihm läßt sich die ganze Hilflosigkeit Europas und der KSZE gegenüber diesem Konflikt ablesen.

Einem besonders wichtigen Aspekt der neuen KSZE widmet sich das *dritte* Kapitel. Im Juli 1992 hat sich die KSZE zu einer „regionalen Abmachung im Sinne von Kapitel VIII der Charta der Vereinten Nationen" erklärt (M 3.1). Was dies bedeutet, kann anhand von zwei Definitionen zum Stichwort „Internationale Organisation" (M 3.2 und M 3.3) vertieft werden. Da die KSZE nun stellvertretend für die UNO und aufgrund eigener Beschlüsse auch „friedenssichernde Operationen" durchführen kann, enthält M 3.4 deshalb zur Ergänzung des KSZE-Dokuments die Kapitel

VII „Maßnahmen bei Bedrohung oder Bruch des Friedens und bei Angriffshandlungen" und Kapitel VIII „Regionale Abmachungen" der UN-Charta.

Das *vierte* Kapitel enthält verschiedene Positionen zur KSZE. Dabei geht zunächst einmal der Blick zurück auf den Streit um die Schlußakte von Helsinki 1975 im Deutschen Bundestag. M 4.1 dokumentiert den Entschließungsantrag der damaligen sozialliberalen Koalition, mit der das Ergebnis der Konferenz begrüßt wurde. M 4.2 gibt den Antrag der CDU/CSU-Fraktion wieder, die damals als einzige europäische Partei außer den in Albanien herrschenden Kommunisten die KSZE ablehnte. Wie sehr sich die Haltung der Christdemokraten seither gewandelt hat, ist den Ausschnitten aus einer Bundestagsdebatte nach dem Pariser Gipfel im November 1990 zu entnehmen (M 4.3). Wenn in dieser Debatte von allen Seiten nur positive Anmerkungen, freilich auch Wünsche für die Entwicklung einer europäischen Friedensordnung zu Protokoll gegeben wurden, so klingt aus den Zeitungskommentaren der Zeit seit dem Gipfel von Helsinki (4.4.1 bis 4.4.5) Sorge und Skepsis. Diese verbreitete Einstellung steht in einem deutlichen Kontrast zu den Äußerungen der schwedischen Außenministerin af Ugglas, die 1993 den Vorsitz im KSZE-Rat innehatte, bei ihrem Besuch in Bonn (M 4.6).

Schließlich sollen die beiden Dokumente des *fünften* Kapitels auf einen Aspekt aufmerksam machen, der angesichts der medienwirksam inszenierten Gipfeltreffen häufig übersehen wird, der aber für die Wirksamkeit des KSZE-Prozesses schon in den siebziger Jahren äußerst wichtig war: die Bereitschaft der Bürger, aktiv für die Rechte einzutreten, die von den Regierungen in der Schlußakte und den Folgedokumenten zwar unterzeichnet wurden, häufig genug aber mißachtet werden. Die Grundsatzerklärung einer internationalen Bürgerinitiative, der „Helsinki Citizens Assembly" (M 5.1) mag hier ebenso anregend sein, sich selbst für die Ziele der KSZE einzusetzen, wie die Beschreibung eines Versuchs, in ethnonationalen Spannungen ohne einen Regierungsauftrag, aber mit einem wissenschaftlich fundierten Konzept Konfliktmanagement zu leisten (M 5.2).

Materialien

Gerhard Mester, Deutsches Allgemeines Sonntagsblatt

M 1. Die KSZE von 1972-1990

M 1.1 Die "drei Körbe" der KSZE-Schlußakte

Korb 1: Fragen der Sicherheit in Europa

1. Prinzipien, die die Beziehungen der Teilnehmerstaaten leiten
I. Souveräne Gleichheit, Achtung der der Souveränität innewohnenden Rechte
II. Enthaltung von der Androhung oder Anwendung von Gewalt
III Unverletzlichkeit der Grenzen
IV. Territoriale Integrität der Staaten
V. Friedliche Regelung von Streitfällen
VI. Nichteinmischung in innere Angelegenheiten
VII. Achtung der Menschenrechte und Grundfreiheiten, einschließlich der Gedanken-, Gewissens-, Religions- oder Überzeugungsfreiheit
VIII. Gleichberechtigung und Selbstbestimmungsrecht der Völker
IX. Zusammenarbeit zwischen den Staaten
X. Erfüllung völkerrechtlicher Verpflichtungen nach Treu und Glauben
2. Dokument über vertrauensbildende Maßnahmen und bestimmte Aspekte der Sicherheit und Abrüstung

Korb 2: Zusammenarbeit in den Bereichen der Wirtschaft, der Wissenschaft und der Technik sowie der Umwelt

1. Handel
2. Industrielle Kooperation und Projekte Gemeinsamen Interesses
3. Bestimmungen, die Handel und industrielle Kooperation betreffen
4. Wissenschaft und Technik
5. Umwelt
6. Zusammenarbeit auf anderen Gebieten

Korb 3: Zusammenarbeit in humanitären und anderen Bereichen

1. Menschliche Kontakte: Kontakte und Begegnungen für Familien; Familienzusammenführung; Ehen zwischen Bürgern veschiedener Staaten; Reisen aus persönlichen oder beruflichen Gründen; Tourismus; Begegnungen der Jugend; Sport
2. Austausch von Information; Bessere Arbeitsbedingungen für Journalisten
3. Kulturelle Zusammenarbeit
4. Zusammenarbeit im Bereich Bildung

M 1.2 Der „Prinzipienkatalog" der KSZE-Schlußakte

I. Souveräne Gleichheit, Achtung der der Souveränität innewohnenden Rechte

Die Teilnehmerstaaten werden gegenseitig ihre souveräne Gleichheit und Individualität sowie alle ihrer Souveränität innewohnenden und von ihr umschlossenen Rechte achten, einschließlich insbesondere des Rechtes eines jeden Staates auf rechtliche Gleichheit, auf territoriale Integrität sowie auf Freiheit und politische Unabhängigkeit. Sie werden ebenfalls das Recht jedes anderen Teilnehmerstaates achten, sein politisches, soziales, wirtschaftliches und kulturelles System frei zu wählen und zu entwickeln sowie sein Recht, seine Gesetze und Verordnungen zu bestimmen.

Im Rahmen des Völkerrechts haben alle Teilnehmerstaaten gleiche Rechte und Pflichten. Sie werden das Recht jedes anderen Teilnehmerstaates achten, seine Beziehungen zu anderen Staaten im Einklang mit dem Völkerrecht und im Geiste der vorliegenden Erklärung zu bestimmen und zu gestalten, wie er es wünscht. Sie sind der Auffassung, daß ihre Grenzen, in Übereinstimmung mit dem Völkerrecht, durch friedliche Mittel und durch Vereinbarung verändert werden können. Sie haben ebenfalls das Recht, internationalen Organisationen anzugehören oder nicht anzugehören, Vertragspartei bilateraler oder multilateraler Verträge zu sein oder nicht zu sein, einschließlich des Rechtes, Vertragspartei eines Bündnisses zu sein oder nicht zu sein; desgleichen haben sie das Recht auf Neutralität.

II. Enthaltung von der Androhung oder Anwendung von Gewalt

Die Teilnehmerstaaten werden sich in ihren gegenseitigen Beziehungen sowie in ihren internationalen Beziehungen im allgemeinen der Androhung oder Anwendung von Gewalt, die gegen die territoriale Integrität oder politische Unabhängigkeit irgendeines Staates gerichtet oder auf irgendeine andere Weise mit den Zielen der Vereinten Nationen und mit der vorliegenden Erklärung unvereinbar ist, enthalten. Die Geltendmachung von Erwägungen zur Rechtfertigung eines gegen dieses Prinzip verstoßenden Rückgriffs auf die Androhung oder Anwendung von Gewalt ist unzulässig.

Die Teilnehmerstaaten werden sich dementsprechend jeglicher Handlungen enthalten, die eine Gewaltandrohung oder eine direkte oder indirekte Gewaltanwendung gegen einen anderen Teilnehmerstaat darstellt. Sie werden sich gleichermaßen jeglicher Gewaltmanifestation, die den Zweck hat, einen anderen Teilnehmerstaat zum Verzicht auf die volle Ausübung seiner souveränen Rechte zu bewegen, enthalten. Sie werden sich ebenso in ihren gegenseitigen Beziehungen jeglicher gewaltsamen Repressalie enthalten.

Keine solche Androhung oder Anwendung von Gewalt wird als Mittel zur Regelung von Streitfällen oder von Fragen, die zu Streitfällen zwischen ihnen führen können, verwendet werden.

III. Unverletzlichkeit der Grenzen

Die Teilnehmerstaaten betrachten gegenseitig alle ihre Grenzen sowie die Grenzen aller Staaten in Europa als unverletzlich und werden deshalb jetzt und in der Zukunft keinen Anschlag auf diese Grenzen verüben.

Dementsprechend werden sie sich auch jeglicher Forderung oder Handlung enthalten, sich eines Teiles oder des gesamten Territoriums irgendeines Teilnehmerstaates zu bemächtigen.

IV. Territoriale Integrität der Staaten

Die Teilnehmerstaaten werden die territoriale Integrität eines jeden Teilnehmerstaates achten.

Dementsprechend werden sie sich jeder mit den Zielen und Grundsätzen der Charta der Vereinten Nationen unvereinbaren Handlung gegen die territoriale Integrität, politische Unabhängigkeit oder Einheit eines jeden Teilnehmerstaates enthalten, insbesondere jeder derartigen Handlung, die eine Androhung oder Anwendung von Gewalt darstellt.

Die Teilnehmerstaaten werden ebenso davon Abstand nehmen, das Territorium eines jeden anderen Teilnehmerstaates zum Gegenstand einer militärischen Besetzung oder anderer direkter oder indirekter Gewaltmaßnahmen unter Verletzung des Völkerrechts oder zum Gegenstand der Aneignung durch solche Maßnahmen oder deren Androhung zu machen. Keine solche Besetzung oder Aneignung wird als rechtmäßig anerkannt werden.

V. Friedliche Regelung von Streitfällen

Die Teilnehmerstaaten werden Streitfälle zwischen ihnen mit friedlichen Mitteln auf solche Weise regeln, daß der internationale Frieden und die internationale Sicherheit sowie die Gerechtigkeit nicht gefährdet werden.

Sie werden bestrebt sein, nach Treu und Glauben und im Geiste der Zusammenarbeit eine rasche und gerechte Lösung auf der Grundlage des Völkerrechts zu erreichen.

Zu diesem Zweck werden sie Mittel wie Verhandlung, Untersuchung, Vermittlung, Vergleich, Schiedsspruch, gerichtliche Regelung oder andere friedliche Mittel eigener Wahl verwenden, einschließlich jedes Streitregelungsverfahrens, auf das sich die beteiligten Parteien vor Entstehen des Streitfalles geeinigt haben.

Sollte sich durch keines der vorgenannten friedlichen Mittel eine Lösung erzielen lassen, werden die an einem Streitfall beteiligten Parteien weiterhin nach einem gegenseitig zu vereinbarenden Weg zur friedlichen Regelung des Streitfalles suchen.

Teilnehmerstaaten, die Parteien eines zwischen ihnen bestehenden Streitfalles sind, sowie alle anderen Teilnehmerstaaten werden sich jeder Handlung enthalten, welche die Lage in einem solchen Maße verschärfen könnte, daß die Erhaltung des internationalen Friedens und der internationalen Sicherheit gefährdet und dadurch eine friedliche Regelung des Streitfalles erschwert wird.

VI. Nichteinmischung in innere Angelegenheiten

Die Teilnehmerstaaten werden sich ungeachtet ihrer gegenseitigen Beziehungen jeder direkten oder indirekten, individuellen oder kollektiven Einmischung in die inneren oder äußeren Angelegenheiten enthalten, die in die innerstaatliche Zuständigkeit eines anderen Teilnehmerstaates fallen. Sie werden sich dementsprechend jeder Form der bewaffneten Intervention oder der Androhung einer solchen Intervention gegen einen anderen Teilnehmerstaat enthalten.

Sie werden sich gleichermaßen unter allen Umständen jeder militärischen wie auch politischen, wirtschaftlichen oder sonstigen Zwangsmaßnahme enthalten, die darauf gerichtet ist, ihrem eigenen Interesse die Ausübung der Rechte eines anderen Teilnehmerstaates, die dessen Souveränität innewohnen, unterzuordnen und sich damit Vorteile irgendwelcher Art zu verschaffen.

Dementsprechend werden sie sich unter anderem der direkten oder indirekten Unterstützung terroristischer Tätigkeiten oder subversiver oder anderer Tätigkeiten enthalten, die auf den gewaltsamen Umsturz des Regimes eines anderen Teilnehmerstaates gerichtet sind.

VII. Achtung der Menschenrechte und Grundfreiheiten, einschließlich der Gedanken-, Gewissens-, Religions- oder Überzeugungsfreiheit

Die Teilnehmerstaaten werden die Menschenrechte und Grundfreiheiten, einschließlich der Gedanken-, Gewissens-, Religions- oder Überzeugungsfreiheit für alle ohne Unterschied der Rasse, des Geschlechts, der Sprache oder der Religion achten.

Sie werden die wirksame Ausübung der zivilen, politischen, wirtschaftlichen, sozialen, kulturellen sowie der anderen Rechte und Freiheiten, die sich alle aus der dem Menschen innewohnenden Würde ergeben und für seine freie und volle Entfaltung wesentlich sind, fördern und ermutigen.

In diesem Rahmen werden die Teilnehmerstaaten die Freiheit des Individuums anerkennen und achten, sich allein oder in Gemeinschaft mit anderen zu einer Religion oder einer Überzeugung in Übereinstimmung mit dem, was sein Gewissen ihm gebietet, zu bekennen und sie auszuüben.

Die Teilnehmerstaaten, auf deren Territorium nationale Minderheiten bestehen, werden das Recht von Personen, die zu solchen Minderheiten gehören, auf Gleichheit vor dem Gesetz achten; sie werden ihnen jede

Möglichkeit für den tatsächlichen Genuß der Menschenrechte und Grundfreiheiten gewähren und werden auf diese Weise ihre berechtigten Interessen in diesem Bereich schützen.

Die Teilnehmerstaaten anerkennen die universelle Bedeutung der Menschenrechte und Grundfreiheiten, deren Achtung ein wesentlicher Faktor für den Frieden, die Gerechtigkeit und das Wohlergehen ist, die ihrerseits erforderlich sind, um die Entwicklung freundschaftlicher Beziehungen und der Zusammenarbeit zwischen ihnen sowie zwischen allen Staaten zu gewährleisten.

Sie werden diese Rechte und Freiheiten in ihren gegenseitigen Beziehungen stets achten und sich einzeln und gemeinsam, auch in Zusammenarbeit mit den Vereinten Nationen, bemühen, die universelle und wirksame Achtung dieser Rechte und Freiheiten zu fördern.

Sie bestätigen das Recht des Individuums, seine Rechte und Pflichten auf diesem Gebiet zu kennen und auszuüben.

Auf dem Gebiet der Menschenrechte und Grundfreiheiten werden die Teilnehmerstaaten in Übereinstimmung mit den Zielen und Grundsätzen der Charta der Vereinten Nationen und mit der Allgemeinen Erklärung der Menschenrechte handeln. Sie werden ferner ihre Verpflichtungen erfüllen, wie diese festgelegt sind in den internationalen Erklärungen und Abkommen auf diesem Gebiet, soweit sie an sie gebunden sind, darunter auch in den Internationalen Konventionen über die Menschenrechte.

VIII. Gleichberechtigung und Selbstbestimmungsrecht der Völker

Die Teilnehmerstaaten werden die Gleichberechtigung der Völker und ihr Selbstbestimmungsrecht achten, indem sie jederzeit in Übereinstimmung mit den Zielen und Grundsätzen der Charta der Vereinten Nationen und den einschlägigen Normen des Völkerrechts handeln, einschließlich jener, die sich auf die territoriale Integrität der Staaten beziehen.

Kraft des Prinzips der Gleichberechtigung und des Selbstbestimmungsrechts der Völker haben alle Völker jederzeit das Recht, in voller Freiheit, wann und wie sie es wünschen, ihren inneren und äußeren politischen Status ohne äußere Einmischung zu bestimmen und ihre politische, wirtschaftliche, soziale und kulturelle Entwicklung nach eigenen Wünschen zu verfolgen.

Die Teilnehmerstaaten bekräftigen die universelle Bedeutung der Achtung und der wirksamen Ausübung der Gleichberechtigung und des Selbstbestimmungsrechts der Völker für die Entwicklung freundschaftlicher Beziehungen zwischen ihnen sowie zwischen allen Staaten; sie erinnern auch an die Bedeutung der Beseitigung jeglicher Form der Verletzung dieses Prinzips.

IX. Zusammenarbeit zwischen den Staaten

Die Teilnehmerstaaten werden ihre Zusammenarbeit miteinander und mit allen Staaten in allen Bereichen gemäß den Zielen und Grundsätzen der

Charta der Vereinten Nationen entwickeln. Bei der Entwicklung ihrer Zusammenarbeit werden die Teilnehmerstaaten besonderes Gewicht auf die Bereiche legen, so wie sie im Rahmen der Konferenz über Sicherheit und Zusammenarbeit in Europa festgelegt sind, wobei jeder von ihnen seinen Beitrag unter Bedingungen voller Gleichheit leistet.

Sie werden sich bei der Entwicklung ihrer Zusammenarbeit als Gleiche bemühen, gegenseitiges Verständnis und Vertrauen, freundschaftliche und gutnachbarliche Beziehungen untereinander, internationalen Frieden, internationale Sicherheit und Gerechtigkeit zu fördern. Sie werden sich gleichermaßen bemühen, bei der Entwicklung ihrer Zusammenarbeit das Wohlergehen der Völker zu verbessern und zur Erfüllung ihrer Wünsche beizutragen, unter anderem durch die Vorteile, die sich aus größerer gegenseitiger Kenntnis sowie dem Fortschritt und den Leistungen im wirtschaftlichen, wissenschaftlichen, technischen, sozialen, kulturellen und humanitären Bereich ergeben. Sie werden Schritte zur Förderung von Bedingungen unternehmen, die den Zugang aller zu diesen Vorteilen begünstigen; sie werden das Interesse aller berücksichtigen, insbesondere das Interesse der Entwicklungsländer in der ganzen Welt, Unterschiede im Stand der wirtschaftlichen Entwicklung zu verringern.

Sie bestätigen, daß Regierungen, Institutionen, Organisationen und Personen eine relevante und positive Rolle zukommt, zur Erreichung dieser Ziele ihrer Zusammenarbeit beizutragen.

Sie werden bei der Verstärkung ihrer Zusammenarbeit wie oben dargelegt, danach streben, engere Beziehungen untereinander auf einer verbesserten und dauerhafteren Grundlage zum Nutzen der Völker zu entwikkeln.

X. Erfüllung völkerrechtlicher Verpflichtungen nach Treu und Glauben

Die Teilnehmerstaaten werden ihre völkerrechtlichen Verpflichtungen nach Treu und Glauben erfüllen, und zwar jene Verpflichtungen, die sich aus den allgemein anerkannten Grundsätzen und Regeln des Völkerrechts ergeben, wie auch jene Verpflichtungen, die sich aus mit dem Völkerrecht übereinstimmenden Verträgen oder sonstigen Abkommen, deren Vertragspartei sie sind, ergeben.

Bei der Ausübung ihrer souveränen Rechte, einschließlich des Rechtes, ihre Gesetze und Verordnungen zu bestimmen, werden sie ihren rechtlichen Verpflichtungen aus dem Völkerrecht entsprechen; sie werden ferner die Bestimmungen der Schlußakte der Konferenz über Sicherheit und Zusammenarbeit in Europa gebührend berücksichtigen und durchführen.

Die Teilnehmerstaaten bestätigen, daß im Falle eines Widerspruchs zwischen den Verpflichtungen der Mitglieder der Vereinten Nationen aus der Charta der Vereinten Nationen und ihren Verpflichtungen aus irgendeinem Vertrag oder sonstigen internationalen Abkommen ihre Verpflichtungen aus der Charta der Vereinten Nationen gemäß ihrem Artikel 103 Vorrang haben.

Alle die vorstehend aufgeführten Prinzipien sind von grundlegender Bedeutung und werden folglich gleichermaßen und vorbehaltlos angewendet, wobei ein jedes von ihnen unter Beachtung der anderen ausgelegt wird.

Die Teilnehmerstaaten erklären ihre Entschlossenheit, diese Prinzipien, so wie sie in der vorliegenden Erklärung dargelegt sind, voll in allen Aspekten in ihren gegenseitigen Beziehungen und ihrer Zusammenarbeit zu achten und anzuwenden, um jedem Teilnehmerstaat die Vorteile zu sichern, die sich aus der Achtung und der Anwendung dieser Prinzipien durch alle ergeben.

Indem die Teilnehmerstaaten die vorstehenden Prinzipien gebührend berücksichtigen, insbesondere den ersten Satz des zehnten Prinzips, „Erfüllung völkerrechtlicher Verpflichtungen nach Treu und Glauben", stellen sie fest, daß die vorliegende Erklärung weder ihre Rechte und Verpflichtungen noch die diesbezüglichen Verträge und Abkommen und Abmachungen berührt.

Die Teilnehmerstaaten geben der Überzeugung Ausdruck, daß die Achtung dieser Prinzipien die Entwicklung normaler und freundschaftlicher Beziehungen und den Fortschritt der Zusammenarbeit zwischen ihnen auf allen Gebieten fördern wird. Ferner geben sie der Überzeugung Ausdruck, daß die Achtung dieser Prinzipien die Entwicklung politischer Kontakte zwischen ihnen begünstigen wird, die ihrerseits zum besseren Verständnis ihrer Standpunkte und Auffassungen beitragen würde.

Die Teilnehmerstaaten erklären ihre Absicht, ihre Beziehungen zu allen anderen Staaten im Geiste der in dieser Erklärung enthaltenen Prinzipien zu gestalten.

Quelle: Presse- und Infromationsamt der Bundesregierung (Hg.), Bulletin Nr. 102 vom 15.8.1975, S. 969ff.

M 1.3 Die vertrauens- und sicherheitsbildenden Maßnahmen der Konferenz über Vertrauens- und Sicherheitsbildende Maßnahmen und Abrüstung in Europa (KVAE) vom 22. September 1986

Das „Dokument der Stockholmer Konferenz" besteht aus einem Vorspann, der den Konferenzablauf kurz umreißt, sowie sechs inhaltlichen Kapiteln mit 104 teilweise sehr schwer verständlichen Abschnitten. Seine wichtigsten Inhalte werden im folgenden zusammengefaßt:

Im **ersten Kapitel**, das mit „Enthaltung von der Androhung oder Anwendung von Gewalt" überschrieben ist, und das auch als eine Art Präambel angesehen werden kann, werden die zehn „Prinzipien, die die Beziehungen der Teilnehmerstaaten leiten" aus der KSZE-Schlußakte von 1975 einzeln und in ihrer Gesamtheit bekräftigt. Ihre Zusammengehörigkeit wird betont. Außerdem werden diejenigen, die den Gewaltverzicht und die territoriale Integrität der Staaten und die Unverletzlichkeit der Grenzen betreffen, aber auch das Prinzip der Achtung der Menschenrechte und Grundfreiheiten, besonders hervorgehoben.

Das **zweite Kapitel** behandelt die „vorherige Ankündigung bestimmter militärischer Aktivitäten". Darin verpflichten sich die Teilnehmerstaaten den „Einsatz von Truppenformationen der Landstreitkräfte ... in ein und derselben Übungsaktivität, die unter einheitlicher Führung selbständig oder kombiniert mit etwaigen Teilen von Luft- oder Seestreitkräften durchgeführt wird", anzukündigen (Zf. = Ziffer 31.1). Dies gilt, wenn zu irgendeinem Zeitpunkt während der Übung, des Manövers, der Truppenverlegung, -bewegung oder -konzentration *mindestens 13.000 Mann –* einschließlich Unterstützungstruppen – oder *300 Kampfpanzer* beteiligt sind und wenn diese „in eine Divisionsstruktur oder zumindest in zwei Brigaden/Regimenter – nicht notwendigerweise derselben Division unterstellt – gegliedert sind" (Zf. 31.1 und 31.3.1).

Luftstreitkräfte werden in die Ankündigung einbezogen, wenn im Verlauf der Aktivität 200 oder mehr Einsätze von Flugzeugen – ausgenommen Hubschrauber – geflogen werden sollen (Zf. 31.1.2). *Amphibische Landungen* und *Fallschirmlandungen* sind mit anzukündigen, wenn an ihnen jeweils mindestens 3.000 Mann beteiligt sind (Zf. 31.2.1). Alle diese Aktivitäten sollen *mindestens 42 Tage* vor ihrem Beginn den anderen Teilnehmerstaaten schriftlich auf diplomatischem Wege angekündigt werden.

Die Teilnehmerstaaten haben sich dabei auf eine *detaillierte Liste von Daten* geeinigt, die Bestandteil der Ankündigung sein sollen. Diese reicht von der Bezeichnung der militärischen Aktivitäten über deren allgemeinen Zweck und die Namen der an ihr beteiligten Staaten und die Führungsebene, welche die Übung oder Bewegung etc. führt und die Anfangs- und Enddaten der Aktivität bis hin zu den Angaben über die Gesamtstärke des beteiligten Personals, die Anzahl und Typen der teilnehmenden Divisionen jedes Staates, die Gesamtzahl der Kampfpanzer, der auf gepanzerten Fahrzeugen montierten Abschußrampen für Panzerabschußraketen, der Artilleriegeschütze und Mehrfachraketenwerfer (ab einem Kaliber von 100 mm), der Hubschrauber und die vorgesehene Zahl der Flugeinsätze und deren Zweck. Außerdem ist anzugeben, in welchem Umfang Küstenbeschuß durch Schiffsartillerie und andere Arten der Unterstützung von See auf die Küste vorgesehen sind und in welchem Umfang amphibische oder Fallschirmlandungen vorgesehen sind etc. (Zf. 34 und 35). Schließlich ist auch das Gebiet und der Zeitraum für die Aktivität genau anzugeben (Zf. 36).

Von der 42-Tage-Frist ausgenommen sind Alarm-Aktivitäten, also Übungen oder Truppenverlegungen, „die ohne vorherige Bekanntgabe an die beteiligten Truppen durchgeführt werden". Doch auch diese sind zu dem Zeitpunkt den anderen Teilnehmern in allen Einzelheiten anzukündigen, „an dem die beteiligten Truppen derartige Aktivitäten beginnen" (Zf. 32).

Im **dritten Kapitel** wird die „Beobachtung bestimmter militärischer Aktivitäten" geregelt. Zu *allen* vorher genannten Aktivitäten werden *Beobachter aus allen anderen Teilnehmerstaaten* eingeladen. Für die Einladung gelten *jedoch nicht die gleichen Mannschaftsstärken* wie für die Ankündigungen. Vielmehr unterliegen erst Übungen von *17.*000 Mann und amphibische und Luftlandungen von 5.000 Mann aufwärts der Beobachtung (Zf. 38.1 – 38.4). Die Einladung erfolgt zusammen mit der Ankündigung 42 Tage vor Beginn der Aktivität (Zf. 39). Jeder Teilnehmerstaat kann bis zu *zwei Beobachter* entsenden und dabei selbst entscheiden, ob er militärische und/oder zivile Beobachter entsendet (Zf. 41 und 42).

Der Gastgeberstaat wird schon zusammen mit der Einladung ein „*allgemeines Beobachtungsprogramm*" übermitteln, das im Detail beschrieben ist (Zf. 45). Zu diesem Programm können die Beobachter Wünsche vorbringen, denen der Gastgeberstaat nach Möglichkeit entsprechen wird (Zf. 46). Die *Beobachtungsdauer* wird vom Gastgeberstaat festgelegt und richtet sich nach der Zeitspanne, in der eine Übung die für die Beobachtung vereinbarten Schwellen (17.000 bzw. 5.000 Mann) überschreitet (Zf. 47). „Um den Beobachtern Gelegenheit zu geben, sich davon zu überzeugen, daß die angekündigte Aktivität nichtbedrohlicher Natur ist und in Übereinstimmung mit den entsprechenden Bestimmungen der Ankündigung durchgeführt wird" (Zf. 53), wird der Gastgeberstaat den Beobachtern zu Beginn des Programms (und im weiteren Verlauf täglich) eine *Einweisung* über Zweck, Ausgangslage, Phasen der Aktivität und mögliche Änderungen geben. Die Beobachter können ihre *persönlichen Ferngläser* benutzen. Sie sollen Gelegenheit haben, die Übung *direkt zu beobachten*, dabei Truppenteile besuchen und mit Kommandanten oder Kommandeuren auch sprechen können. Schließlich wird ihnen auch zugesichert, rechtzeitig mit ihren Botschaften oder anderen offiziellen Missionen und konsularischen Stellen Verbindung aufzunehmen, damit sie eventuelle Diskrepanzen zwischen ihren Beobachtungen und dem angekündigten Zweck einer Übung mitteilen können (Zf. 53.1 - 53.7).

Auch für die Beobachtung gibt es die schon bei der Ankündigungspflicht erwähnte Beschränkung für Alarmübungen.

Im **vierten Kapitel** kommen die Teilnehmerstaaten überein, „Jahresübersichten" ihrer der vorherigen Ankündigung unterliegenden militärischen Aktivitäten mit allen anderen Teilnehmerstaaten jeweils bis zum *15. November* für das folgende Jahr auszutauschen. In diesen Übersichten sollen die Aktivitäten chronologisch geordnet mit detaillierten Angaben über Art und Umfang, geplante Dauer und den Zeitpunkt ihres Beginns (mit einem Spielraum von 14 Tagen) aufgelistet werden (Zf. 56).

Das **fünfte Kapitel** ist mit „beschränkende Bestimmungen" überschrieben. Es enthält jedoch nur die Verpflichtung, Aktivitäten, an denen mehr als *40.000* Mann beteiligt sind, *zwei Jahre* im Voraus mitzuteilen (Zf. 59) und „keine der vorherigen Ankündigungen unterliegenden militärischen Aktivitäten durch(zu)führen, an denen mehr als 75.000 Mann beteiligt sind, sofern sie nicht Gegenstand einer (solchen) Mitteilung waren" (Zf. 60) und keine Aktivitäten mit mehr als 40.000 Mann durchzuführen, die nicht vorher in einer Jahresübersicht mitgeteilt worden sind (Zf. 61).

Das **letzte Kapitel** widmet sich dem Problem der *„Einhaltung und Verifikation"*. Einerseits wird dabei anerkannt, daß *nationale technische Mittel* (z.B. Satelliten) eine Rolle bei der Überwachung der Einhaltung der vereinbarten VSBM spielen können (Zf. 64). Andererseits wird jedem Teilnehmerstaat, der Zweifel an der Einhaltung einer vereinbarten VSBM hat, das Recht eingeräumt, Inspektionen auf dem Territorium eines jeden anderen Teilnehmerstaates innerhalb der Anwendungszone für VSBM durchzuführen (Zf. 65, 66). Wer um eine Inspektion nachsucht, muß die Gründe dafür angeben (Zf. 70). Meinungsverschiedenheiten über deren Stichhaltigkeit dürfen allerdings die Durchführung einer Inspektion nicht verzögern (Zf. 72). Diese soll spätestens 36 Stunden nach dem Ersuchen beginnen können, muß aber innerhalb von 48 Stunden nach dem Eintreffen der Inspektionsgruppe beendet sein (Zf. 79, 83). Kein Teilnehmerstaat ist dabei verpflichtet, mehr als drei Inspektionen pro Kalenderjahr und mehr als eine durch ein und denselben Teilnehmerstaat in diesem Zeitraum zuzulassen (Zf. 67/68).

Der um die Inspektion nachsuchende Staat kann ein bestimmtes Gebiet hierfür benennen (Zf. 73). Seine Vertreter haben in Begleitung von Vertretern des inspizierten Staates das Recht, dieses Gebiet unbehindert zu besichtigen, sofern es sich nicht um ein militärisches Sperrgebiet handelt oder um militärische und andere Verteidigungsanlagen sowie Schiffe der Seestreitkräfte, militärische Flugzeuge und Luftfahrzeuge (Zf. 74). Die Inspektion wird zu Lande, aus der Luft oder auf beide Arten gestattet (Zf. 76). Bei Luftinspektionen werden in gegenseitigem Einvernehmen „solche Luftfahrzeuge gewählt, die der Inspektion ununterbrochene Bodensicht ermöglichen" (Zf. 89). Beide Seiten einigen sich über Flugplan, -strecke-, -geschwindigkeit und -höhe. Auf Ersuchen der Inspektoren kann innerhalb des zu beobachtenden Gebiets davon abgewichen werden

(Zf. 90). Zwar darf der inspizierende Staat das Luftfahrzeug stellen, jedoch soll es eine Besatzung aus dem Empfangsstaat haben (zf. 94). „Auf Ersuchen" wird jedoch einem Mitglied der Inspektionsgruppe „gestattet", jederzeit die Anzeigen der Navigationsinstrumente ... mitzuverfolgen und Karten und Navigationsunterlagen einzusehen, die von der ... Besatzung ... verwendet werden" (Zf. 91).

Quelle: Berthold Meyer, Stockholm brachte Fortschritte – aber auch für die Vertrauensbildung?, Friedensforschung aktuell, hg. von der HSFK, Ausgabe 16, Winter 1986/87, S. 4/5.

M.1.4 Konferenz über die Menschliche Dimension der KSZE. Dokument des Kopenhagener Treffens vom 29. Juni 1990 (Auszüge)

Die Teilnehmerstaaten begrüßen mit großer Genugtuung die grundlegenden politischen Veränderungen in Europa, die seit dem ersten Treffen der Konferenz über die Menschliche Dimension der KSZE 1989 in Paris stattgefunden haben. Sie stellen fest, daß der KSZE-Prozeß wesentlich zum Zustandekommen dieser Veränderungen beigetragen hat und daß diese Entwicklungen ihrerseits die Durchführung der Bestimmungen der Schlußakte und der anderen KSZE-Dokumente in starkem Maße gefördert haben.

Sie erkennen an, daß pluralistische Demokratie und Rechtsstaatlichkeit wesentlich sind für die Gewährleistung der Achtung aller Menschenrechte und Grundfreiheiten, die Weiterentwicklung menschlicher Kontakte und die Lösung anderer Fragen von gleichfalls humanitärer Art. Sie begrüßen daher das Bekenntnis aller Teilnehmerstaaten zu den Idealen der Demokratie und des politischen Pluralismus sowie ihre gemeinsame Entschlossenheit, demokratische Gesellschaftssysteme auf der Grundlage von freien Wahlen und Rechtsstaatlichkeit zu errichten. (...)

Die Teilnehmerstaaten bringen ihre Überzeugung zum Ausdruck, daß die volle Achtung der Menschenrechte und Grundfreiheiten sowie die Entwicklung von Gesellschaftssystemen auf der Grundlage von pluralistischer Demokratie und Rechtsstaatlichkeit Vorbedingung für einen Fortschritt beim Aufbau jener dauerhaften Ordnung von Frieden, Sicherheit, Gerechtigkeit und Zusammenarbeit sind, die sie in Europa zu errichten wünschen. Sie bekräftigen daher ihre Verpflichtung, alle Bestimmungen der Schlußakte und der anderen KSZE-Dokumente betreffend die Menschliche Dimension vollständig durchzuführen, und werden auf dem erzielten Fortschritt weiter aufbauen.

Sie erkennen an, daß ihre Zusammenarbeit sowie die aktive Einbeziehung von Personen, Gruppen, Organisationen und Institutionen wesentlich sein werden, um weitere Fortschritte im Hinblick auf ihre gemeinsamen Ziele zu gewährleisten.

Um die Achtung und den Genuß der Menschenrechte und Grundfreiheiten zu festigen, menschliche Kontakte weiterzuentwickeln und Fragen von gleichfalls humanitärer Art zu lösen, vereinbaren die Teilnehmerstaaten folgendes:

I.

(1) Die Teilnehmerstaaten bringen ihre Überzeugung zum Ausdruck, daß der Schutz und die Förderung der Menschenrechte und Grundfreiheiten eine der grundlegenden Aufgaben jeder Regierung ist, und bekräftigen,

daß die Anerkennung dieser Rechte und Freiheiten die Grundlage für Freiheit, Gerechtigkeit und Frieden ist.

(2) Sie sind entschlossen, die Grundsätze der Gerechtigkeit zu unterstützen und zu fördern, auf denen der Rechtsstaat aufbaut. Sie vertreten die Auffassung, daß Rechtsstaatlichkeit nicht nur formale Rechtmäßigkeit bedeutet, die Regelmäßigkeit und Schlüssigkeit bei der Errichtung und Durchsetzung der demokratischen Ordnung gewährleistet, sondern auch Gerechtigkeit, die auf der Anerkennung und der vollen Achtung der Persönlichkeit des Menschen als dem höchsten Gut beruht und durch Institutionen gesichert ist, die einen Rahmen für seine umfassende Selbstverwirklichung bieten.

(3) Sie bekräftigen, daß die Demokratie ein wesentlicher Bestandteil des Rechtsstaates ist. Sie erkennen die Bedeutung des Pluralismus für politische Organisationen an.

(4) Sie bestätigen, daß sie in Einklang mit internationalen Menschenrechtsstandards das Recht eines jeden von ihnen achten werden, sein politisches, soziales, wirtschaftliches und kulturelles System frei zu wählen und zu entwickeln. In Ausübung dieser Rechte werden sie gewährleisten, daß ihre Gesetze und Verordnungen, ihre Praxis und Politik mit ihren völkerrechtlichen Verpflichtungen übereinstimmen und mit den Bestimmungen der Erklärung über die Prinzipien und mit anderen KSZE-Verpflichtungen in Einklang gebracht werden.

(5) Sie erklären feierlich, daß unter den Elementen, die die Gerechtigkeit ausmachen, die folgenden wesentlich für den umfassenden Ausdruck der dem Menschen innewohnenden Würde und der für alle Menschen gleichen und unveräußerlichen Rechte sind:

(5.1) – Freie Wahlen werden in angemessenen Zeitabständen in geheimer Abstimmung oder durch ein gleichwertiges freies Abstimmungsverfahren unter Bedingungen abgehalten, die die freie Äußerung der Meinung der Wähler bei der Wahl ihrer Vertreter tatsächlich gewährleisten;

(5.2) – Eine Regierungsform, die ihrem Wesen nach repräsentativ ist, bei der die Exekutive den gewählten gesetzgebenden Körperschaften oder der Wählerschaft gegenüber rechenschaftspflichtig ist;

(5.3) – Die Pflicht der Regierung und der öffentlichen Behörden, verfassungsgemäß und in Einklang mit den Gesetzen zu handeln;

(5.4) – Eine klare Trennung zwischen Staat und politischen Parteien; unzulässig ist insbesondere die Verschmelzung politischer Parteien mit dem Staat;

(5.5) – Regierung und Verwaltung sowie die Gerichte haben sich in ihren Handlungen an die Rechtsordnung zu halten. Die Achtung dieser Rechtsordnung ist zu gewährleisten;

(5.6) – Die Streitkräfte und die Polizei sind den zivilen Behörden unterstellt und diesen gegenüber rechenschaftspflichtig;

(5.7) – Die Menschenrechte und Grundfreiheiten sind durch Gesetz und in Einklang mit den völkerrechtlichen Verpflichtungen der Teilnehmerstaaten zu gewährleisten;

(5.8) – Die nach Abschluß einer öffentlichen Debatte angenommenen Gesetze sowie Verordnungen werden bekanntgemacht; diese Bekanntmachung ist Voraussetzung für ihre Anwendbarkeit. Die Texte müssen jedermann zugänglich sein;

(5.9) – Alle Menschen sind vor dem Gesetz gleich und haben ohne Diskriminierung Anspruch auf gleichen Schutz durch das Gesetz. In diesem Zusammenhang wird das Gesetz jede Diskriminierung untersagen und jedermann gleichen und wirkungsvollen Schutz gegen Diskriminierung gleich welcher Art angedeihen lassen;

(5.10) – Jedermann verfügt über ein wirksames Rechtsmittel gegen Entscheidungen der Verwaltung, so daß die Achtung der Grundrechte sichergestellt und die Rechtssicherheit gewährleistet ist;

(5.11) – Verwaltungsentscheidungen gegen eine Person müssen zur Gänze zu rechtfertigen sein und in der Regel die verfügbaren üblichen Rechtsmittel anführen;

(5.12) – Die Unabhängigkeit der Richter und das unparteiische Wirken der rechtsprechenden Gewalt werden gewährleistet;

(5.13) – Die Unabhängigkeit der Anwaltschaft wird anerkannt und geschützt, insbesondere hinsichtlich der Zulassung und der Berufsausübung;

(5.14) – Die Strafverfahrensregeln werden die Zuständigkeit im Rahmen der Strafverfolgung sowie für die dieser vorhergehenden und parallel zu dieser erfolgenden Maßnahmen eindeutig festlegen;

(5.15) – Jeder, der unter dem Vorwurf einer strafbaren Handlung festgenommen worden ist oder in Haft gehalten wird, hat das Recht, zur Entscheidung über die Rechtmäßigkeit seiner Festnahme oder Haft unverzüglich einem Richter oder einer anderen gesetzlich zur Ausübung dieser Funktion ermächtigten Amtsperson vorgeführt zu werden;

(5.16) – Jeder hat Anspruch darauf, daß über eine gegen ihn erhobene strafrechtliche Anklage oder seine zivilrechtlichen Ansprüche und Verpflichtungen durch ein zuständiges, unabhängiges, unparteiisches und auf Gesetz beruhendes Gericht in billiger Weise und öffentlich verhandelt wird;

(5.17) – Jede gerichtlich verfolgte Person hat das Recht, sich selbst zu verteidigen oder durch einen umgehend beigezogenen Verteidiger ihrer Wahl verteidigen zu lassen oder, wenn ihr die Mittel zur Bezahlung eines Verteidigers fehlen, unentgeltlich verteidigt zu werden, wenn dies im Interesse der Rechtspflege erforderlich ist;

(5.18) – Niemand wird einer Straftat beschuldigt, angeklagt oder für diese verurteilt, wenn diese nicht Gegenstand eines Gesetzes ist, in dem der entsprechende Tatbestand klar und genau beschrieben ist;

(5.19) – Jeder wird bis zum gesetzlichen Nachweis seiner Schuld als unschuldig angesehen;

(5.20) – In Erwägung des wesentlichen Beitrags, den internationale Dokumente im Bereich der Menschenrechte zur Rechtsstaatlichkeit auf nationaler Ebene leisten, bekräftigen die Teilnehmerstaaten, daß sie den Beitritt zum Internationalen Pakt über bürgerliche und politische Rechte, zum Internationalen Pakt über wirtschaftliche, soziale und kulturelle Rechte und zu anderen einschlägigen internationalen Dokumenteň erwägen, sofern ein solcher noch nicht erfolgt ist;

(5.21) – Als Ergänzung der internen Rechtsmittel und um die Einhaltung der von den Teilnehmerstaaten eingegangenen internationalen Verpflichtungen wirksamer zu gewährleisten, werden sie erwägen, einer internationalen Konvention mit regionalem oder universellem Charakter über den Schutz der Menschenrechte wie der Europäischen Menschenrechtskonvention oder dem Fakultativprotokoll zum Internationalen Pakt über bürgerliche und politische Rechte beizutreten, die Verfahren der Rechtsmitteleinlegung durch einzelne vor internationalen Instanzen vorsehen.

(6) Die Teilnehmerstaaten erklären, daß der durch regelmäßige und unverfälschte Wahlen frei und gerecht zum Ausdruck gebrachte Wille des Volkes die Grundlage für die Autorität und Rechtmäßigkeit jeder Regierung bildet. Die Teilnehmerstaaten werden demnach das Recht ihrer Bürger achten, sich an der Führung ihres Landes entweder direkt oder durch in einem gerechten Wahlgang frei gewählte Vertreter zu beteiligen. Sie erkennen ihre Verantwortung an, in Übereinstimmung mit ihren Gesetzen, ihren internationalen Verpflichtungen bezüglich der Menschenrechte und ihren anderen internationalen Verpflichtungen die durch den Willen des Volkes frei geschaffene demokratische Ordnung gegen Aktivitäten von Personen, Gruppen oder Organisationen zu verteidigen und zu schützen, die sich des Terrorismus oder der Gewalt zum Sturz dieser Ordnung oder der Ordnung eines anderen Teilnehmerstaates bedienen oder auf deren Anwendung nicht verzichten wollen.

(7) Um zu gewährleisten, daß der Wille des Volkes die Grundlage für die Autorität der Regierung bildet, werden die Teilnehmerstaaten

(7.1) – in angemessenen Zeitabständen freie Wahlen abhalten, wie das Gesetz es vorschreibt;

(7.2) – zulassen, daß alle Vertreter in zumindest einer der Kammern des nationalen Gesetzgebungsorgans vom Volk frei gewählt werden;

(7.3) – allen erwachsenen Staatsbürgern das allgemeine und gleiche Wahlrecht zusichern;

(7.4) – sicherstellen, daß die Abstimmung geheim oder in einem gleichwertigen freien Abstimmungsverfahren durchgeführt wird, die Auszählung der Stimmen und die Weitergabe des Abstimmungsergebnisses wahrheitsgetreu erfolgen und die offiziellen Ergebnisse bekanntgegeben werden;

(7.5) – das Recht der Bürger achten, sich ohne Benachteiligung um politische oder öffentliche Ämter zu bewerben, sei es als Einzelperson oder als Vertreter politischer Parteien oder Organisationen;

(7.6) – das Recht von Einzelpersonen und Gruppen achten, eigene politische Parteien oder andere politische Organisationen in voller Freiheit zu gründen und solchen politischen Parteien und Organisationen die notwendigen gesetzlichen Garantien zusichern, damit diese auf der Grundlage der Gleichbehandlung durch das Gesetz und durch die Behörden miteinander in Wettstreit treten können;

(7.7) – sicherstellen, daß Recht und öffentliche Ordnung es gestatten, daß politische Wahlkampagnen in einer Atmosphäre der Fairneß und der Freiheit durchgeführt werden, in der weder administrative Maßnahmen noch Gewalt oder Einschüchterung die Parteien und die Kandidaten daran hindern, frei ihre Ansichten und Fähigkeiten darzulegen, oder die die Wähler daran hindern, diese zu erfahren und zu erörtern oder ihre Stimme frei von Angst vor Repressalien abzugeben;

(7.8) – dafür zu sorgen, daß der Zugang zu den Medien für alle politischen Gruppen und Einzelpersonen, die sich an der Wahl beteiligen wollen, ohne Diskriminierung möglich ist und nicht durch gesetzliche oder administrative Hindernisse eingeschränkt wird;

(7.9) – sicherstellen, daß Kandidaten, die die gesetzlich erforderliche Anzahl von Stimmen erhalten haben, ihr Amt ordnungsgemäß antreten und dieses bis zum Ende ihrer Amtszeit innehaben können oder bis die Amtszeit anderweitig auf eine gesetzlich geregelte Weise in Übereinstimmung mit parlamentarisch-demokratischen und verfassungsmäßigen Verfahrensregeln beendet wird.

(8) Die Teilnehmerstaaten vertreten die Auffassung, daß, wenn Wahlen abgehalten werden, die Anwesenheit von Beobachtern sowohl aus dem In- als auch aus dem Ausland für den Wahlprozeß von Vorteil ist. Aus diesem Grund werden sie Beobachter aus anderen KSZE-Teilnehmerstaaten sowie alle geeigneten privaten Institutionen und Organisationen, die dies wünschen, einladen, den Verlauf ihrer landesweiten Wahlen zu beobachten, soweit dies gesetzlich zulässig ist. Ebenso werden sie sich bemühen, einen gleichartigen Zugang zu Wahlen unterhalb der nationalen Ebene zu ermöglichen. Diese Beobachter verpflichten sich, nicht in das Wahlgeschehen einzugreifen.

Quelle: Presse- und Informationsamt der Bundesregierung (Hg.), Bulletin Nr. 88 vom 4. Juli 1990, S. 757ff.

M 2. Die neue KSZE

M 2.1 Gemeinsame Erklärung von 22 Staaten vom 19. November 1990

Die Staats- und Regierungschefs Belgiens, Bulgariens, Dänemarks, Deutschlands, Frankreichs, Griechenlands, Islands, Italiens, Kanadas, Luxemburgs, der Niederlande, Norwegens, Polens, Portugals, Rumäniens, Spaniens, der Tschechischen und Slowakischen Föderativen Republik, der Türkei, Ungarns, der Union der Sozialistischen Sowjetrepubliken, des Vereinigten Königreichs und der Vereinigten Staaten von Amerika,

- *hocherfreut* über den historischen Wandel in Europa,
- *befriedigt* über die in ganz Europa zunehmende Verwirklichung der gemeinsamen Verpflichtung zu pluralistischer Demokratie, Rechtsstaatlichkeit und Menschenrechten, die für den Fortbestand der Sicherheit auf dem Kontinent wesentlich sind,
- *in Bekräftigung* der Feststellung, daß das Zeitalter der Teilung und Konfrontation, das mehr als vier Jahrzehnte gedauert hat, zu Ende ist, daß sich die Beziehungen zwischen ihren Ländern verbessert haben und daß dies zur Sicherheit aller beiträgt,
- *im Vertrauen* darauf, daß die Unterzeichnung des Vertrages über konventionelle Streitkräfte in Europa einen bedeutenden Beitrag zum gemeinsamen Ziel erhöhter Sicherheit und Stabilität in Europa darstellt, und
- *überzeugt*, daß diese Entwicklung Teil eines fortwährenden Prozesses der Zusammenarbeit sein muß, um die Strukturen für einen zusammenwachsenden Kontinent zu schaffen,

geben folgende Erklärung ab:

1.

Die Unterzeichnerstaaten erklären feierlich, daß sie in dem anbrechenden neuen Zeitalter europäischer Beziehungen nicht mehr Gegner sind, sondern neue Partnerschaften aufbauen und einander die Hand zur Freundschaft reichen wollen.

2.

Sie rufen ihre Verpflichtungen aus der Charta der Vereinten Nationen in Erinnerung und bekräftigen alle ihre Verpflichtungen gemäß der Schlußakte von Helsinki. Sie betonen, daß alle zehn Prinzipien von Helsinki von grundlegender Bedeutung sind und daß sie folglich gleichermaßen und vorbehaltlos angewendet werden, wobei ein jedes von ihnen unter Beachtung der anderen ausgelegt wird. In diesem Zusammenhang bekräftigen sie ihre Verpflichtung, sich der Androhung oder Anwendung von Gewalt zu enthalten, die gegen die territoriale Integrität oder die politische Unabhängigkeit irgendeines Staates gerichtet ist, sowie des Versuches, bestehende Grenzen durch Androhung oder Anwendung von Gewalt zu ändern, und ferner aller Handlungen, die auf irgendeine andere Weise mit den Prinzipien und Zielen dieser Dokumente unvereinbar sind. Keine ihrer Waffen wird jemals eingesetzt werden, außer zur Selbstverteidigung oder in anderer Weise, die mit der Charta der Vereinten Nationen in Einklang stehen.

3.

Sie erkennen an, daß Sicherheit unteilbar ist und daß die Sicherheit eines jeden ihrer Länder untrennbar mit der Sicherheit aller KSZE- Teilnehmerstaaten verbunden ist.

4.

Sie verpflichten sich, nur solche militärische Potentiale aufrechtzuerhalten, die zur Kriegsverhütung und für eine wirksame Verteidigung notwendig sind. Sie werden die Beziehung zwischen Militärpotentialen und Doktrinen im Auge behalten.

5.

Sie bekräftigen erneut das Recht jedes Staates, Vertragspartei eines Bündnisses zu sein oder nicht zu sein.

6.

Sie nehmen die Intensivierung politischer und militärischer Kontakte zwischen ihren Ländern zur Förderung gegenseitigen Verständnisses und Vertrauens mit Befriedigung zur Kenntnis. Sie begrüßen in diesem Zusammenhang, daß vor kurzem gemachte Vorschläge für neue ständige diplomatische Verbindungen ein positives Echo gefunden haben.

7.

Sie bekunden ihre Entschlossenheit, aktiv zu Abkommen über konventionelle, nukleare und chemische Rüstungskontrolle und Abrüstung beizutragen, welche die Sicherheit und Stabilität für alle Länder erhöhen. Sie rufen insbesondere zu einem baldigen Inkrafttreten des Vertrages über konventionelle Streitkräfte in Europa auf und verpflichten sich, den Prozeß der Festigung des Friedens in Europa durch konventionelle Rüstungskontrolle im Rahmen der KSZE fortzuführen. Sie begrüßen die Aussicht auf neue Verhandlungen zwischen den Vereinigten Staaten und der Sowjetunion über die Reduzierung ihrer nuklearen Kurzstreckensysteme.

8.

Sie begrüßen den Beitrag, den vertrauens- und sicherheitsbildende Maßnahmen zum Abbau von Spannungen geleistet haben und unterstützen uneingeschränkt die Weiterentwicklung solcher Maßnahmen. Sie bekräftigen die Bedeutung der Initiative „Offener Himmel" sowie ihre Entschlossenheit, die Verhandlungen so bald wie möglich zu einem erfolgreichen Abschluß zu bringen.

9.

Sie verpflichten sich, mit den anderen KSZE-Teilnehmerstaaten zur Stärkung des KSZE-Prozesses zusammenarbeiten zu wollen, damit dieser Prozeß einen noch bedeutsameren Beitrag zu Sicherheit und Stabilität in Europa leisten kann. Sie erkennen an, daß es notwendig ist, politische Konsultationen zwischen den KSZE-Teilnehmern zu verstärken und andere KSZE-Mechanismen zu entwickeln. Sie sind überzeugt, daß der Vertrag über konventionelle Streitkräfte in Europa und die Vereinbarung über einen substantiellen neuen Satz vertrauens- und sicherheitsbildender Maßnahmen zusammen mit neuen Strukturen für die Zusammenarbeit im Rahmen der KSZE zu größerer Sicherheit und somit zu dauerhaftem Frieden und Stabilität in Europa führen werden.

10.

Sie sind der Auffassung, daß die vorhergehenden Punkte die tiefe Sehnsucht ihrer Völker nach enger Zusammenarbeit und gegenseitigem Verständnis widerspiegeln. Sie erklären, sich stetig für die Weiterentwicklung ihrer Beziehungen im Einklang sowohl mit der vorliegenden Erklärung als auch mit den in der Schlußakte von Helsinki dargelegten Prinzipien einsetzen zu wollen.

(...)

Paris, den 19. November 1990

Quelle: Presse- und Informationsamt der Bundesregierung (Hg.), Bulletin Nr. 137 vom 24. November 1990, S. 1422/1423.

M 2.2 Charta von Paris für ein neues Europa. Erklärung des Pariser KSZE-Treffens der Staats- und Regierungschefs vom 21. November 1990 (Auszüge)

Ein neues Zeitalter der Demokratie, des Friedens und der Einheit

Wir, die Staats- und Regierungschefs der Teilnehmerstaaten der Konferenz über Sicherheit und Zusammenarbeit in Europa, sind in einer Zeit tiefgreifenden Wandels und historischer Erwartungen in Paris zusammengetreten. Das Zeitalter der Konfrontation und der Teilung Europas ist zu Ende gegangen. Wir erklären, daß sich unsere Beziehungen künftig auf Achtung und Zusammenarbeit gründen werden.

Europa befreit sich vom Erbe der Vergangenheit. Durch den Mut von Männern und Frauen, die Willensstärke der Völker und die Kraft der Ideen der Schlußakte von Helsinki bricht in Europa ein neues Zeitalter der Demokratie, des Friedens und der Einheit an.

Nun ist die Zeit gekommen, in der sich die jahrzehntelang gehegten Hoffnungen und Erwartungen unserer Völker erfüllen: unerschütterliches Bekenntnis zu einer auf Menschenrechten und Grundfreiheiten beruhenden Demokratie, Wohlstand durch wirtschaftliche Freiheit und soziale Gerechtigkeit und gleiche Sicherheit für alle unsere Länder.

Die zehn Prinzipien der Schlußakte werden uns in diese im Zeichen hoher Aufgaben stehende Zukunft leiten, so wie sie uns in den vergangenen fünfzehn Jahren den Weg zu besseren Beziehungen gewiesen haben. Die volle Verwirklichung aller KSZE-Verpflichtungen muß die Grundlage für die Initiativen bilden, die wir nun ergreifen, um unseren Nationen ein Leben zu ermöglichen, das ihren Wünschen gerecht wird.

Menschenrechte, Demokratie und Rechtsstaatlichkeit

Wir verpflichten uns, die Demokratie als die einzige Regierungsform unserer Nationen aufzubauen, zu festigen und zu stärken. In diesem Bestreben werden wir an folgendem festhalten:

Menschenrechte und Grundfreiheiten sind allen Menschen von Geburt an eigen; sie sind unveräußerlich und werden durch das Recht gewährleistet. Sie zu schützen und zu fördern ist vornehmste Pflicht jeder Regierung. Ihre Achtung ist wesentlicher Schutz gegen staatliche Übermacht. Ihre Einhaltung und uneingeschränkte Ausübung bilden die Grundlage für Freiheit, Gerechtigkeit und Frieden.

Demokratische Regierung gründet sich auf den Volkswillen, der seinen Ausdruck in regelmäßigen, freien und gerechten Wahlen findet. Demokratie beruht auf Achtung vor der menschlichen Person und Rechtsstaatlichkeit. Demokratie ist der beste Schutz für freie Meinungsäußerung, Toleranz gegenüber allen gesellschaftlichen Gruppen und Chancengleichheit für alle.

Die Demokratie, ihrem Wesen nach repräsentativ und pluralistisch, erfordert Verantwortlichkeit gegenüber der Wählerschaft, Bindung der staatlichen Gewalt an das Recht sowie eine unparteiische Rechtspflege. Niemand steht über dem Gesetz.

Wir bekräftigen,

jeder einzelne hat ohne Unterschied das Recht auf:
Gedanken-, Gewissens- und Religions- oder Glaubensfreiheit,
freie Meinungsäußerung,
Vereinigung und friedliche Versammlung,
Freizügigkeit;

niemand darf:

willkürlich festgenommen oder in Haft gehalten werden,
der Folter oder anderer grausamer, unmenschlicher oder erniedrigender Behandlung oder Strafe unterworfen werden;

jeder hat auch das Recht:

seine Rechte zu kennen und auszuüben,
an freien und gerechten Wahlen teilzunehmen,
auf ein gerechtes und öffentliches Verfahren, wenn er einer strafbaren Handlung beschuldigt wird,
allein oder in Gemeinschaft mit anderen Eigentum innezuhaben und selbständig Unternehmen zu betreiben,
seine wirtschaftlichen, sozialen und kulturellen Rechte auszuüben.

Wir bekräftigen, daß die ethnische, kulturelle, sprachliche und religiöse Identität nationaler Minderheiten Schutz genießen muß und daß Angehörige nationaler Minderheiten das Recht haben, diese Identität ohne jegliche Diskriminierung und in voller Gleichheit vor dem Gesetz frei zum Ausdruck zu bringen, zu wahren und weiterzuentwickeln.

Wir werden gewährleisten, daß dem einzelnen wirksame innerstaatliche wie internationale Rechtsmittel gegen jede Verletzung seiner Rechte zur Verfügung stehen.

Die uneingeschränkte Achtung dieser Gebote ist das Fundament, auf dem wir das neue Europa aufbauen wollen.

Unsere Staaten werden zusammenarbeiten und einander unterstützen, um zu gewährleisten, daß die Entwicklung der Demokratie nicht mehr rückgängig gemacht werden kann.

Wirtschaftliche Freiheit und Verantwortung

Wirtschaftliche Freiheit, soziale Gerechtigkeit und Verantwortung für die Umwelt sind unerläßliche Voraussetzungen des Wohlstands.

Der in der Demokratie zum Ausdruck gebrachte und durch den Rechtsstaat gewährleistete freie Wille des einzelnen bildet die notwendige

Grundlage für eine erfolgreiche Wirtschafts- und Sozialentwicklung. Wir wollen eine die Würde des Menschen achtende und schützende Wirtschaftstätigkeit fördern.

Freiheit und politischer Pluralismus sind notwendige Elemente unserer gemeinsamen Bemühungen um die Entwicklung von Marktwirtschaften hin zu dauerhaftem Wirtschaftswachstum, Wohlstand, sozialer Gerechtigkeit, wachsender Beschäftigung und rationeller Nutzung der wirtschaftlichen Ressourcen. Der Erfolg von Ländern, die den Übergang zur Marktwirtschaft anstreben, ist wichtig und liegt in unser aller Interesse. Er wird uns allen Teilhabe an erhöhtem Wohlstand ermöglichen. Zur Erreichung dieses uns gemeinsamen Ziels wollen wir zusammenarbeiten.

Der Schutz der Umwelt liegt in der gemeinsamen Verantwortung aller unserer Nationen. Bei der Unterstützung nationaler und regionaler Bemühungen in diesem Bereich dürfen wir auch das dringende Erfordernis gemeinsamen Handelns in einem umfassenderen Rahmen nicht aus den Augen verlieren.

(...)

Sicherheit

Festigung der Demokratie und erhöhte Sicherheit fördern freundschaftliche Beziehungen zwischen uns.

Wir begrüßen die Unterzeichnung des Vertrags über Konventionelle Streitkräfte in Europa durch zweiundzwanzig Teilnehmerstaaten, der zu niedrigeren Niveaus der Streitkräfte führen wird. Die Annahme eines substantiellen neuen Satzes vertrauens- und sicherheitsbildender Maßnahmen, der zu mehr Offenheit und Vertrauen zwischen allen Teilnehmerstaaten führt, findet unsere volle Zustimmung. Beide sind bedeutende Schritte hin zu erhöhter Stabilität und Sicherheit in Europa.

Die beispiellose Reduzierung der Streitkräfte durch den Vertrag über Konventionelle Streitkräfte in Europa wird – gemeinsam mit neuen Ansätzen für Sicherheit und Zusammenarbeit innerhalb des KSZE-Prozesses – unser Verständnis von Sicherheit in Europa verändern und unseren Beziehungen eine neue Dimension verleihen. In diesem Zusammenhang bekennen wir uns zum Recht der Staaten, ihre sicherheitspolitischen Dispositionen frei zu treffen.

Einheit

Das nun ungeteilte und freie Europa fordert einen Neubeginn. Wir rufen unsere Völker dazu auf, sich diesem großen Vorhaben anzuschließen.

Wir nehmen mit großer Genugtuung Kenntnis von dem am 12. September 1990 in Moskau unterzeichneten Vertrag über die abschließende Regelung in bezug auf Deutschland und begrüßen aufrichtig, daß das deutsche Volk sich in Übereinstimmung mit den Prinzipien der Schlußakte der Konferenz über Sicherheit und Zusammenarbeit in Europa und in vollem Einvernehmen mit seinen Nachbarn in einem Staat vereinigt hat. Die Herstellung der staatlichen Einheit Deutschlands ist ein bedeutsamer Beitrag zu einer dauerhaften und gerechten Friedensordnung für ein geeintes demokratisches Europa, das sich seiner Verantwortung für Stabilität, Frieden und Zusammenarbeit bewußt ist.

Die Teilnahme nordamerikanischer wie europäischer Staaten ist ein bestimmendes Merkmal der KSZE; sie liegt den in der Vergangenheit erzielten Erfolgen zugrunde und bleibt wesentlich auch für die Zukunft des KSZE-Prozesses. Das unerschütterliche Festhalten an gemeinsamen Werten und an unserem gemeinsamen Erbe bindet uns aneinander. Bei all der reichen Vielfalt unserer Nationen sind wir vereint in der Verpflichtung, unsere Zusammenarbeit in allen Bereichen auszubauen. Die Herausforderungen, denen wir uns gegenübersehen, können nur durch gemeinsames Handeln, Zusammenarbeit und Solidarität bewältigt werden.

(...)

Neue Strukturen und Institutionen des KSZE-Prozesses

Unsere gemeinsamen Bemühungen um verstärkte Achtung der Menschenrechte, Demokratie und Rechtsstaatlichkeit, um Festigung des Friedens und um Förderung der Einheit in Europa erfordern eine neue Qualität des politischen Dialogs und der politischen Zusammenarbeit und somit die Entwicklung der Strukturen der KSZE.

Die Intensivierung unserer Konsultationen auf allen Ebenen ist von vorrangiger Bedeutung für die künftige Gestaltung unserer Beziehungen. Zu diesem Zweck beschließen wir folgendes:

Wir, die Staats- und Regierungschefs, werden das nächste Mal in Helsinki anläßlich des KSZE-Folgetreffens 1992 zusammentreffen. Danach werden wir anläßlich weiterer Folgetreffen zusammentreffen.

Unsere Außenminister werden regelmäßig, mindestens einmal jährlich, als Rat zusammentreten. Diese Treffen werden das zentrale Forum für politische Konsultationen im KSZE-Prozeß bilden. Der Rat wird Fragen prüfen, die für die Konferenz über Sicherheit und Zusammenarbeit in Europa von Bedeutung sind, und entsprechende Beschlüsse fassen.

Das erste Treffen des Rates wird in Berlin stattfinden.

Ein Ausschuß Hoher Beamter wird die Treffen des Rates vorbereiten und dessen Beschlüsse durchführen. Der Ausschuß wird aktuelle Fragen prüfen und kann entsprechende Beschlüsse fassen, unter anderem in Form von Empfehlungen an den Rat.

Zur Behandlung dringender Fragen können zusätzliche Treffen der Vertreter der Teilnehmerstaaten vereinbart werden.

Der Rat wird die Erarbeitung von Bestimmungen prüfen, die die Einberufung von Treffen des Ausschusses Hoher Beamter in dringlichen Situationen vorsehen.

Die Teilnehmerstaaten können auch Treffen anderer Minister vereinbaren.

Zur administrativen Unterstützung dieser Konsultationen richten wir in Prag ein Sekretariat ein.

Folgetreffen der Teilnehmerstaaten werden in der Regel alle zwei Jahre stattfinden, um den Teilnehmerstaaten Gelegenheit zu geben, eine Bestandsaufnahme der eingetretenen Entwicklungen vorzunehmen, die Verwirklichung eingegangener Verpflichtungen zu überprüfen und weitere Schritte im KSZE-Prozeß in Erwägung zu ziehen.

Wir beschließen, in Wien ein Konfliktverhütungszentrum zu schaffen, das den Rat beim Abbau der Gefahr von Konflikten unterstützen soll.

Wir beschließen, in Warschau ein Büro für freie Wahlen einzurichten, um Kontakte und den Informationsaustausch im Zusammenhang mit Wahlen in den Teilnehmerstaaten zu erleichtern.

In Anerkennung der wichtigen Rolle, die Parlamentarier im KSZE-Prozeß spielen können, sprechen wir uns für eine stärkere Einbeziehung der Parlamentsarbeit in die KSZE aus, insbesondere durch die Schaffung einer parlamentarischen Versammlung der KSZE unter Beteiligung von Parlamentsmitgliedern aus allen Teilnehmerstaaten. Zu diesem Zweck befürworten wir nachdrücklich, daß Kontakte auf Parlamentsebene fortgesetzt werden, um Tätigkeitsbereich, Arbeitsmethoden und Verfahrensregeln einer derartigen parlamentarischen Struktur der KSZE unter Nutzung vorhandener Erfahrungen und bereits geleisteter Arbeiten in diesem Bereich zu erörtern.

Quelle: Presse- und Informationsamt der Bundesregierung (Hg.), Bulletin Nr. 137 vom 24. November 1990, S. 1409ff.

M 2.3 Konferenz über Sicherheit und Zusammenarbeit in Europa. Helsinki-Dokument 1992. Herausforderung des Wandels vom 10. Juli 1992 (Auszüge)

Gipfelerklärung von Helsinki

Verheißungen und Probleme des Wandels

(...)

3. Wir haben das Ende des Kalten Krieges miterlebt, den Zusammenbruch totalitärer Regime und den Untergang der Ideologie, auf der sie beruhten. Alle unsere Länder stützen sich jetzt auf Demokratie als die Grundlage ihres politischen, gesellschaftlichen und wirtschaftlichen Lebens. Die KSZE hat bei diesen positiven Veränderungen eine Schlüsselrolle gespielt. Dennoch wiegt die Hinterlassenschaft der Vergangenheit schwer. Wir stehen vor Herausforderungen und Chancen, aber auch vor ernsten Schwierigkeiten und Enttäuschungen.

(...)

6. Wir begrüßen es, daß sich alle Teilnehmerstaaten auf unsere gemeinsamen Werte verpflichtet haben. Unsere gemeinsamen Ziele sind die Achtung der Menschenrechte und Grundfreiheiten, einschließlich der Rechte von Angehörigen nationaler Minderheiten, Demokratie, Rechtsstaatlichkeit, wirtschaftliche Freiheit, soziale Gerechtigkeit und Verantwortung gegenüber der Umwelt. Sie sind unumstößlich. Die Einhaltung unserer Verpflichtungen bildet die Basis für Mitwirkung und Zusammenarbeit in der KSZE und einen Eckpfeiler für die weitere Entwicklung unserer Gesellschaften.

(...)

8. Wir betonen, daß die im Bereich der menschlichen Dimension der KSZE eingegangenen Verpflichtungen ein unmittelbares und berechtigtes Anliegen aller Teilnehmerstaaten und eine nicht ausschließlich innere Angelegenheit des betroffenen Staates darstellen. Der Schutz und die Förderung der Menschenrechte und Grundfreiheiten sowie die Stärkung demokratischer Institutionen sind weiterhin eine unerläßliche Grundlage für unsere umfassende Sicherheit.

9. Der Übergang der neuen Demokratie und Marktwirtschaft und deren Entwicklung wird trotz Schwierigkeiten und unterschiedlicher Bedingungen mit Entschlossenheit vorangetrieben. Wir bieten Teilnehmerstaaten, die sich im Übergang zu Demokratie und Marktwirtschaft befinden, unsere Unterstützung und Solidarität an. Wir begrüßen ihre Bemühungen, sich voll in die erweiterte Staatengemeinschaft zu integrieren. Diesen Übergang unumkehrbar zu machen,wird unser aller Sicherheit und Wohlstand gewährleisten.

10. Die Ermutigung zu einem umfassenderen Gemeinschaftsbewußtsein bleibt eines unserer grundlegenden Ziele. Wir begrüßen in diesem Zusammenhang die rasche Anpassung europäischer und transatlantischer Institutionen und Organisationen, die immer enger zusammenarbeiten, um sich den vor uns liegenden Herausforderungen zu stellen und ein festes Fundament für Frieden und Wohlstand zu schaffen.

Die Europäische Gemeinschaft (EG) bewegt sich in Erfüllung ihrer wichtigen Rolle bei der politischen und wirtschaftlichen Entwicklung Europas in Richtung einer Union und hat beschlossen, ihre Mitgliedschaft zu erweitern. Sie ist eng in KSZE-Aktivitäten eingebunden.

Die Nordatlantische Allianz (NATO), eines der wesentlichen transatlantischen Bindeglieder, hat ein neues strategisches Konzept angenommen und ihre Rolle als integraler Aspekt der Sicherheit in Europa gestärkt. Durch die Schaffung des Nordatlantischen Kooperationsrates (NACC) hat sie im Einklang mit den KSZE-Zielen Strukturen der Zusammenarbeit mit neuen Partnern geschaffen. Sie hat auch praktische Unterstützung für die Arbeit der KSZE angeboten.

Die Westeuropäische Union (WEU) ist ein integraler Bestandteil der Entwicklung der Europäischen Union; sie ist zugleich das Instrument zur Stärkung des europäischen Pfeilers der Atlantischen Allianz; sie entwickelt operative Fähigkeiten; sie öffnet sich für eine zusätzliche Zusammenarbeit mit neuen Partnern und hat angeboten, zur Unterstützung der KSZE Ressourcen zur Verfügung zu stellen.

Der Europarat arbeitet eigene Programme für neue Demokratien aus, öffnet sich für neue Mitglieder und arbeitet mit der KSZE im Bereich der menschlichen Dimension zusammen.

Die Gruppe der Sieben und die Gruppe der Vierundzwanzig sind stark in der Hilfe für die Länder im Übergang engagiert.

Die Organisation für Wirtschaftliche Zusammenarbeit und Entwicklung (OECD), die Wirtschaftskommission der Vereinten Nationen für Europa (ECE) und die Europäische Bank für Wiederaufbau und Entwicklung (EBRD) haben im Aufbau eines neuen Europa eine Schlüsselrolle zu spielen.

Die Gemeinschaft Unabhängiger Staaten (GUS) hat ihre Bereitschaft bekundet, die KSZE bei der Verfolgung ihrer Ziele zu unterstützen.

Diese und andere Formen der sich weiter entwickelnden regionalen und subregionalen Zusammenarbeit, wie der Rat der Ostseestaaten, das Visegrad-Dreieck, die wirtschaftliche Zusammenarbeit der Anrainerstaaten des Schwarzen Meers und die Zentraleuropäische Initiative vermehren die Zahl der Bindungen, die KSZE-Teilnehmerstaaten untereinander vereinen.

(...)

12. Wir leben in einer vielversprechenden Zeit, aber auch in einer Zeit der Instabilität und Unsicherheit. Wirtschaftlicher Niedergang, soziale Spannungen, aggressiver Nationalismus, Intoleranz, Fremdenhaß und ethnische Konflikte bedrohen die Stabilität im KSZE-Gebiet. Grobe Ver-

letzungen der KSZE-Verpflichtungen im Bereich der Menschenrechte und Grundfreiheiten, einschließlich jener, die mit nationalen Minderheiten im Zusammenhang stehen, stellen eine besondere Bedrohung für die friedliche Entwicklung der Gesellschaft, insbesondere in neuen Demokratien, dar.

Es bleibt noch viel zu tun zum Aufbau demokratischer und pluralistischer Gesellschaften, in denen Vielfalt umfassend geschützt und in der Praxis geachtet wird. Folglich lehnen wir rassische, ethnische und religiöse Diskriminierung jeder Art ab. Freiheit und Toleranz müssen gelehrt und praktiziert werden.

13. Zum ersten Mal seit Jahrzehnten sind wir mit Krieg in der KSZE-Region konfrontiert. Neue bewaffnete Konflikte und massive Gewaltanwendung zur Erlangung von Hegemonie und territorialer Expansion sind weiterhin an der Tagesordnung. Der Verlust an Menschenleben und menschliches Elend, verbunden mit gewaltigen Zahlen an Flüchtlingen, haben das schlimmste Ausmaß seit dem Zweiten Weltkrieg angenommen. Der Schaden an unserem kulturellen Erbe und die Zerstörung von Hab und Gut sind erschreckend.

Unsere Gemeinschaft ist über diese Entwicklungen zutiefst besorgt. Im Rahmen der KSZE sowie der Vereinten Nationen und anderer internationaler Organisationen haben wir einzeln und gemeinsam versucht, Leid zu lindern und langfristige Lösungen für entstandene Krisen zu finden.

(...)

Quelle: Presse- und Informationsamt der Bundesregierung (Hg.), Bulletin Nr. 82 vom 23. Juli 1992, S. 777ff.

M 2.4 Beschluß zum Konflikt im ehemaligen Jugoslawien des dritten Treffens des Rates der Außenminister der KSZE-Teilnehmerstaaten in Stockholm vom 14. und 15. Dezember 1992

Ehemaliges Jugoslawien

1. Die KSZE hat dem tragischen Konflikt im ehemaligen Jugoslawien, der zu einem umfassenden Krieg und zu unermeßlichem menschlichem Leid geführt hat und eine wachsende Bedrohung für den Frieden in der Region darstellt, schon frühzeitig besondere Aufmerksamkeit gewidmet.

2. Die Hauptverantwortung für den Konflikt tragen die gegenwärtigen Führungskräfte Serbiens und Montenegros sowie die in Bosnien-Herzegowina operierenden serbischen Kräfte. Unter Mißachtung aller Bemühungen der gesamten internationalen Gemeinschaft eignen sich diese Kräfte auch weiterhin gewaltsam Gebiete an und verletzen in vielen Teilen des ehemaligen Jugoslawien grundlegende menschliche Prinzipien durch die verabscheuungswürdige Praxis der „ethnischen Säuberung" und andere Brutalitäten. All dem muß unverzüglich Einhalt geboten werden.

3. Die Minister brachten ihre gemeinsame und individuelle Entschlossenheit zum Ausdruck, alle Anstrengungen zur Wiederherstellung des Friedens im ehemaligen Jugoslawien zu unternehmen. Sie stützten sich dabei auf die besondere moralische und politische Autorität, die aus den Normen und Verpflichtungen der KSZE hervorgeht. Sie stellten die Führung Serbiens und Montenegros vor eine klare Wahl. Falls es zu einem grundlegenden Wandel ihrer Politik gegenüber ihren Nachbarn und ihrem eigenen Volk und einer tatsächlichen Zusammenarbeit im Friedensprozeß kommt, wird Serbien nach und nach wieder in die Völkergemeinschaft aufgenommen; wenn aber das Belgrader Regime dagegen seine gegenwärtige politische Linie weiter verfolgt, wird die Völkergemeinschaft zu massiveren Maßnahmen greifen, um die Einhaltung der entsprechenden Resolutionen des Sicherheitsrats der Vereinten Nationen und der Beschlüsse der Internationalen Konferenz über das ehemalige Jugoslawien sicherzustellen.

4. Die Minister nutzen die der KSZE zur Verfügung stehenden Mittel, um zu internationalen Bemühungen beizutragen, die Kämpfe zu beenden und ein Übergreifen des Konflikts zu verhindern. Sie arbeiten auf mehrere unmittelbare Ziele hin:

– Eine Beendigung der systematischen Aggression in Bosnien-Herzegowina und Kroatien, verdeutlicht durch verstärkte Angriffe in jüngster Zeit auf Sarajewo und weitere Städte und Dörfer in anderen Teilen Bosnien-Herzegowinas durch serbische Kräfte, sowie die Verhinderung einer weiteren Ausdehnung des Konflikts auf andere Gebiete des ehemaligen Jugoslawien und auf an Serbien und Montenegro angrenzende Länder.

– Einstellung der Verletzungen der Menschenrechte und des humanitären Völkerrechts, insbesondere der Politik der „ethnischen Säuberung", vor allem in Bosnien-Herzegowina sowie im Kosovo, in Sandjak und in der Vojvodina, und der systematischen Vergewaltigung moslemischer Frauen, und Maßnahmen, um die Verfolgung der persönlich Verantwortlichen zu gewährleisten.

– Ausdehnung der humanitären Hilfe zur Milderung des gegenwärtigen Leidens und Maßnahmen, um zu gewährleisten, daß diese den am meisten Bedürftigen rasch zukommt.

– Beendigung der systematischen Zerstörung von Moscheen, katholischen Kirchen, Synagogen und anderen religiösen Bauwerken sowie anderen Stätten des kulturellen Erbes, die sich in Gebieten unter serbischer Kontrolle befinden.

– Eine auf dem Verhandlungswege erzielte politische Beilegung des gegenwärtigen Konflikts, die die Integrität Bosnien-Herzegowinas bewahrt, keinerlei Gebietsgewinn durch die gewaltsame Aneignung von Territorien anerkennt und die sichere Rückkehr von Flüchtlingen und Vertriebenen in ihre Heimat vorsieht.

– Eine wirksame Erfüllung des UNPROFOR-Mandats in den UNPA-Zonen in Kroatien und Umsetzung des Vance-Planes in vollem Umfang.

5. Die Minister ersuchten die amtierende Vorsitzende, unterstützt durch die Troika, dem Lenkungsausschuß der Internationalen Konferenz über das ehemalige Jugoslawien (ICFY) am 16. Dezember 1992 Bericht zu erstatten und auf die Gewährleistung einer engeren Koordination zwischen KSZE und ICFY hinzuarbeiten.

6. Sie ersuchten sie, unterstützt durch die Troika, vor den Wahlen am 20. Dezember 1992 nach Belgrad zu reisen, um den serbischen Behörden das düstere Schicksal und die verschärften Strafen, die sie zu erwarten haben, in aller Deutlichkeit vor Augen zu führen. Sie wird auch ersucht, KSZE-Missionen im ehemaligen Jugoslawien so bald wie möglich zu besuchen, um deren Bedeutung und verstärkte Rolle hervorzuheben.

7. Der Krieg in Bosnien-Herzegowina muß aufhören. Die Souveränität und die territoriale Integrität dieses Landes müssen geachtet werden. Es darf nicht zugelassen werden, daß der Krieg auf andere Teile des ehemaligen Jugoslawien übergreift. Dies würde noch schwerwiegendere Folgen für die Region haben.

8. Die Minister unterstrichen die Bedeutung der Arbeit der Langzeitmissionen der KSZE im Kosovo, in Sandjak und in der Vojvodina. Sie brachten ihre Befriedigung über die Tätigkeit der KSZE-„Spillover"-Mission in der ehemaligen jugoslawischen Republik Makedonien, die dort in voller Zusammenarbeit mit den staatlichen Behörden im Anschluß an die Initiative der KSZE eingerichtet wurde, zum Ausdruck. Sie sind entschlossen,

diesen Bemühungen alle erforderliche Unterstützung zukommen zu lassen. Die Anwesenheit der KSZE in diesen Gebieten sollte aufrechterhalten und ausgedehnt werden; die Missionen sollten sich verstärkt darauf konzentrieren, zur Lösung spezifischer lokaler Auseinandersetzungen beizutragen. Die Minister vereinbarten insbesondere, den Umfang der Langzeitmissionen erheblich zu vergrößern, wobei besonderes Gewicht auf den Kosovo gelegt wird, und entsprechende notwendige Schritte zu ergreifen. Sie verpflichteten sich, dringlich zu diesen Missionen beizutragen.

9. Die Minister erinnerten unter Bezugnahme auf die Forderungen einiger Staaten an die Vereinten Nationen, die Aufhebung des Waffenembargos gegen die Regierung Bosnien-Herzegowinas zu erwägen, an Resolution 713 des Sicherheitsrats der Vereinten Nationen und empfahlen, diese Frage als vordringliche Angelegenheit im Sicherheitsrat der Vereinten Nationen weiter zu behandeln.

10. Die Minister begrüßten den Beschluß des Sicherheitsrats der Vereinten Nationen, friedenserhaltende Truppen an den Grenzen der ehemaligen jugoslawischen Republik Makedonien zu Albanien sowie zu Serbien und Montenegro zu stationieren. Die gegenwärtige aktive Rolle der KSZE beim Bestreben, ein Übergreifen des Konflikts und der Spannung zu verhindern, wird erheblich verstärkt.

11. Sie unterstützen die Bemühungen derjenigen politischen Kräfte in Serbien, die nach einer umfassenden Zusammenarbeit mit dem Friedensprozeß streben. Das Büro für Demokratische Institutionen und Menschenrechte wird den Teilnehmerstaaten bei der Überwachung der Wahlen in Jugoslawien (Serbien und Montenegro) behilflich sein. Die Teilnehmerstaaten werden die geeigneten Schlußfolgerungen ziehen, falls die gegenwärtigen Behörden keine fairen und gerechten Verfahren zugrundelegen.

12. Alle KSZE-Teilnehmerstaaten haben sich verpflichtet, sämtliche Resolutionen des Sicherheitsrates der Vereinten Nationen über Sanktionen gegen Serbien-Montenegro gewissenhaft durchzuführen. Die Minister anerkannten, daß Länder der Region unbeabsichtigte negative Auswirkungen der Sanktionen der Vereinten Nationen gegen Serbien-Montenegro nicht allein tragen sollten. Sie forderten die zuständigen internationalen Organisationen dringend auf, diesen Ländern angemessene finanzielle und technische Unterstützung zu gewähren, um die nachteiligen Auswirkungen zu verringern. Bemühungen der Regierung Serbien-Montenegros, die Sanktionen zu umgehen, müssen bekämpft werden. Sie billigten die Stationierung von Sanktionsunterstützungsmissionen in allen Nachbarstaaten Serbiens und Montenegros sowie die Ausdehnung ihres Umfangs. Sie begrüßten die den Missionen gewährte Zusammenarbeit und riefen die Teilnehmerstaaten auf, Gastländern bei der Vollstreckung von Sanktionen technische Unterstützung zu gewähren. Das Mandat der Missionen wurde ab 1. Januar 1993 um sechs Monate verlängert.

13. Die Minister brachten erneut ihr Entsetzen und ihre Abscheu über die massiven und systematischen Verletzungen der Menschenrechte und des humanitären Völkerrechts auf dem Territorium der Republik Bosnien-Herzegowina und in anderen Teilen des ehemaligen Jugoslawien zum Ausdruck. Sie unterstützen die Resolutionen 780 (1992) und 787 (1992) des Sicherheitsrats der Vereinten Nationen, in denen betont wird, daß die für solche Verbrechen Verantwortlichen persönlich zur Rechenschaft gezogen werden. Sie sind entschlossen, diese Resolutionen durchzuführen und dafür zu sorgen, daß die Verantwortlichen vor Gericht gestellt werden und baten die amtierende Vorsitzende, sich in dieser Frage mit den Vereinten Nationen, insbesondere mit der Internationalen Kommission für Recht und mit den Ko-Vorsitzenden der ICFY zu konsultieren.

14. Die Minister begrüßten das Angebot der Berichterstatter über Kroatien und Bosnien-Herzegowina im Rahmen des Moskauer Mechanismus über die menschliche Dimension, ihre Vorschläge, dem Prinzip der persönlichen Verantwortlichkeit Wirksamkeit zu verleihen, zu präzisieren, einschließlich der Möglichkeit der Einsetzung eines Ad-hoc-Gerichts, und dies durch fortgesetzte Konsultationen mit der gemäß Resolution 780 (1992) des Sicherheitsrats gebildeten Expertenkommission durchzuführen.

15. Die Minister unterstützten nachhaltig den ICFY-Prozeß und die Bemühungen der Ko-Vorsitzenden; sie würden baldige Ergebnisse begrüßen. Sie unterstützten die am 27. Oktober 1992 in Genf von den Ko-Vorsitzenden als Abkommensgrundlage vorgeschlagenen verfassungsrechtlichen Vereinbarungen für Bosnien-Herzegowina. Sie hofften, daß die Teilnehmer des Treffens am 16. Dezember 1992 die erforderlichen Maßnahmen erörtern werden, um den Druck auf die serbische Seite zu verstärken, damit dem Blutvergießen ein Ende bereitet wird. Sie riefen alle Parteien auf, an der Aushandlung einer bosnischen Verfassung sowie der Behandlung der anderen Probleme konstruktiv mitzuwirken, die in den entsprechenden Arbeitsgruppen der Genfer Konferenz behandelt werden, einschließlich des zukünftigen Status des Kosovo. Die Rechte nationaler Minderheiten in Serbien, einschließlich gegebenenfalls der Autonomie, müssen gewährleistet sein.

16. Die Minister fordern die vollständige Einhaltung der Resolutionen des Sicherheitsrats der Vereinten Nationen sowie sämtlicher Beschlüsse der ICFY durch alle Parteien. Es sollten unverzüglich Beobachter an die Grenze zwischen Bosnien-Herzegowina und Serbien und Montenegro entsandt werden. In Anbetracht der zahlreichen Verletzungen des Flugverbots vertraten sie die Ansicht, daß der Sicherheitsrat dringend erwägen sollte, die entsprechenden Beschlüsse im Licht des Absatzes 6 der Resolution 786 zu prüfen.

17. Die Menschenrechte und Grundfreiheiten der Einwohner des Kosovo müssen geachtet werden. Die Minister riefen alle Parteien, insbesondere die serbischen Behörden, auf, die notwendige Zurückhaltung zu üben. Sie vertraten die Auffassung, daß eine Anwesenheit der Vereinten Nationen im Kosovo einen positiven Schritt darstellen würde.

18. Die Minister sprachen dem UNHCR, dem ICRC und den UNPROFOR ihre Anerkennung aus und kamen überein, mehr zur Milderung des Leidens zu unternehmen. Sie unterstützten Bemühungen im Rahmen der Resolution 787 des Sicherheitsrats der Vereinten Nationen, die sichere Lieferung humanitärer Hilfe zu gewährleisten, einschließlich unter Anwendung militärischer Mittel. Sie riefen alle Parteien auf, den Konvois die sichere Durchreise zu gewähren und stellten fest, daß die Behinderung humanitärer Hilfsmissionen ein internationales Verbrechen darstellt, für das die Verantwortlichen persönlich zur Rechenschaft gezogen werden. Sie riefen dringend dazu auf, die Flughäfen in Tuzla und Bihac in Bosnien-Herzegowina zur Entgegennahme humanitärer Hilfe zu öffnen. In Anbetracht der Bedeutung der Arbeit der UNPROFOR II riefen sie alle KSZE-Teilnehmerstaaten auf, eine Verteilung der finanziellen Lasten auf breiterer Grundlage in vollem Umfang zu unterstützen.

19. Weitere Maßnahmen sind erforderlich, um der Zivilbevölkerung durch die Schaffung sicherer Gebiete und die Bereitstellung von Zufluchtsmöglichkeiten für besonders verwundbare Flüchtlingskategorien Sicherheit und Schutz zu gewährleisten. Die Minister waren über das zunehmende Flüchtlings- und Vertriebenenproblem besorgt und riefen alle KSZE-Teilnehmerstaaten auf, mehr zu unternehmen, um die wirtschaftlichen und anderen Belastungen der Staaten, die Flüchtlinge aufnehmen, mitzutragen.

Quelle: Presse- und Informationsamt der Bundesregierung (Hg.), Bulletin Nr. 138 vom 18. Dezember 1992, S. 1257ff.

M 3. Die KSZE als „regionale Abmachung der UNO"

M 3.1 KSZE. Helsinki-Dokument 1992. Herausforderung des Wandels vom 10. Juli 1992

Gipfelerklärung von Helsinki

(...)

25. Unter erneuter Bekräftigung der von unseren Staaten gegenüber der Charta der Vereinten Nationen eingegangenen Verpflichtungen erklären wir, daß wir uns darin einig sind, daß die KSZE eine regionale Abmachung im Sinne von Kapitel VIII der Charta der Vereinten Nationen ist. Als solches stellt sie ein wichtiges Bindeglied zwischen europäischer und globaler Sicherheit dar. Die Rechte und Verantwortlichen des Sicherheitsrates bleiben in ihrer Gesamtheit unberührt. Die KSZE wird mit den Vereinten Nationen eng zusammenarbeiten, insbesondere bei der Verhütung und Beilegung von Konflikten.

(...)

Beschlüsse von Helsinki

Instrumente der Konfliktverhütung und Krisenbewältigung

(...)

KSZE-Friedenserhaltung

17. Friedenserhaltung ist ein wichtiges operatives Element der Gesamtfähigkeit der KSZE zur Konfliktverhütung und Krisenbewältigung und soll den politischen Prozeß der Lösung von Streitfällen ergänzen. Friedenserhaltende Aktivitäten der KSZE können in Konfliktfällen, die es innerhalb oder zwischen Teilnehmerstaaten gibt, durchgeführt werden, um dazu beizutragen, Frieden und Stabilität zur Unterstützung einer laufenden Bemühung um eine politische Lösung aufrechtzuerhalten.

18. Gemäß ihrem Mandat umfaßt eine friedenserhaltende Operation der KSZE ziviles und/oder militärisches Personal, kann von kleinen bis zu großen Operationen reichen und eine Vielfalt von Formen annehmen, einschließlich Beobachter- und Überwachungsmissionen sowie größere Einsätze von Streitkräften. Friedenserhaltende Aktivitäten könnten unter anderem dazu genutzt werden, Feuereinstellungen zu überwachen und zu deren Aufrechterhaltung beizutragen, Truppenrückzüge zu überwachen,

die Aufrechterhaltung von Recht und Ordnung zu unterstützen, humanitäre und medizinische Hilfe zu leisten und Flüchtlinge zu unterstützen.

19. KSZE-Friedenserhaltung wird unter gebührender Berücksichtigung der Verantwortlichkeit der Vereinten Nationen in diesem Bereich und in Übereinstimmung mit den Zielen und Prinzipien der Charta der Vereinten Nationen durchgeführt. KSZE-Friedenserhaltung wird insbesondere im Rahmen von Kapitel VIII der Charta der Vereinten Nationen stattfinden. Bei der Planung und Durchführung friedenserhaltender Operationen kann sich die KSZE auf die Erfahrung und Sachkenntnis der Vereinten Nationen stützen.

20. Der amtierende Vorsitzende wird den Sicherheitsrat der Vereinten Nationen vollständig über friedenserhaltende Aktivitäten der KSZE unterrichten.

21. Der Rat oder der als sein Beauftragter handelnde AHB kann auf Grund der spezifischen Art einer Operation und ihres geplanten Umfangs den Schluß ziehen, daß die Angelegenheit durch die Teilnehmerstaaten dem Sicherheitsrat der Vereinten Nationen übertragen werden sollte.

22. Friedenserhaltende Operationen der KSZE umfassen keine Zwangsmaßnahmen.

23. Friedenserhaltende Operationen erfordern die Zustimmung der direkt betroffenen Parteien.

24. Friedenserhaltende Operationen werden unparteiisch durchgeführt.

25. Friedenserhaltende Operationen können nicht als Ersatz für eine Verhandlungslösung betrachtet und müssen daher als zeitlich begrenzt verstanden werden.

26. Ersuchen um Einleitung friedenserhaltender Operationen durch die KSZE können von einem oder mehreren Teilnehmerstaaten über den amtierenden Vorsitzenden an den AHB gerichtet werden.

27. Der AHB kann den Konsultativausschuß des KVZ ersuchen, zu prüfen, welche friedenserhaltenden Aktivitäten der Situation am besten entsprechen könnten, und seine Empfehlung dem AHB zur Beschlußfassung zu unterbreiten.

28. Der AHB hat die politische Gesamtkontrolle über und gibt Richtlinien für eine friedenserhaltende Operation.

29. Beschlüsse zur Einleitung und Entsendung von friedenserhaltenden Operationen werden vom Rat oder dem als seinem Beauftragten handelnden AHB durch Konsens gefaßt.

30. Der Rat/AHB trifft solche Entscheidungen nur, wenn alle betroffenen Parteien ihren Willen unter Beweis gestellt haben, günstige Bedingungen für die Ausführung der Operation, unter anderem durch einen Prozeß friedlicher Beilegung und durch ihre Bereitschaft zur Zusammenarbeit, zu schaffen. Vor dem Beschluß zur Entsendung einer Mission müssen folgende Bedingungen erfüllt sein:

- Herbeiführung einer wirksamen und dauerhaften Feuereinstellung,
- Vereinbarung der notwendigen Memoranda of Understanding mit den betroffenen Parteien und
- Garantien für die jederzeitige Sicherheit des eingesetzten Personals.

31. Missionen werden so bald wie möglich nach einem solchen Beschluß entsandt.

32. Beschlüsse des AHB zur Einsetzung einer friedenserhaltenden Operation schließen die Annahme eines klaren und genauen Mandats mit ein.

33. Bei der Einsetzung einer Mission wird der AHB die damit verbundenen finanziellen Auswirkungen berücksichtigen.

34. Auftragsbedingungen werden für eine friedenserhaltende Operation praktische Modalitäten und Bedarf an Personal und anderen Ressourcen festlegen. Wie geeignet, werden Auftragsbedingungen vom Konsultativausschuß des KVZ vorbereitet. Sie werden durch den AHB angenommen, sofern dieser nicht anders übereingekommen ist.

35. Alle Teilnehmerstaaten sind berechtigt, an friedenserhaltenden Operationen der KSZE teilzunehmen. Entsprechende Konsultationen werden vom amtierenden Vorsitzenden durchgeführt. Teilnehmerstaaten werden durch den amtierenden Vorsitzenden des AHB eingeladen, von Fall zu Fall auf individueller Basis zu einer Operation beizutragen.

36. Personal wird von einzelnen Teilnehmerstaaten bereitgestellt.

37. Betroffene Parteien werden darüber konsultiert, welche Teilnehmerstaaten mit Personal zur Operation beitragen werden.

38. Der Rat/AHB wird eine Operation in regelmäßigen Abständen überprüfen und alle erforderlichen Entscheidungen hinsichtlich ihrer Durchführung unter Berücksichtigung politischer Entwicklungen und der Entwicklungen vor Ort treffen.

Befehlskette

39. Der Rat/AHB wird die operative Gesamtleitung einer Operation dem amtierenden Vorsitzenden übertragen, der von einer beim KVZ eingerichteten Ad-hoc-Gruppe unterstützt wird. Den Vorsitz der Ad-hoc-Gruppe wird der amtierende Vorsitzende führen; in dieser Eigenschaft ist er ihr gegenüber rechenschaftspflichtig und empfängt im Namen der Ad-hoc-Gruppe die Berichte des Leiters der Mission. Die Ad-hoc-Gruppe wird sich in der Regel aus Vertretern des Vorgängers und Nachfolgers des amtierenden Vorsitzenden, der Teilnehmerstaaten, die andere wesentliche praktische Beiträge zu der Operation leisten, zusammensetzen.

40. Die Ad-hoc-Gruppe wird der Mission umfassende operative Unterstützung gewähren und sie überwachen. Sie wird rund um die Uhr als Kontaktstelle für den Leiter der Mission dienen und ihn, soweit erforderlich, unterstützen.

41. Der Konsultativausschuß des KVZ gewährleistet ständige Verbindung zwischen der Operation und allen Teilnehmerstaaten durch Information, die ihm durch die Ad-hoc-Gruppe regelmäßig übermittelt wird.

42. In allen Fällen, in denen der AHB dem KVZ mit der Friedenserhaltung verbundene Aufgaben zuweist, wird der Konsultativausschuß des KVZ dem AHB gegenüber für die Ausführung dieser Aufgaben verantwortlich sein.

Leiter der Mission

43. Der amtierende Vorsitzende wird nach entsprechenden Konsultationen einen Leiter der Mission benennen, der vom AHB zu bestätigen ist.

44. Der Leiter der Mission wird dem amtierenden Vorsitzenden gegenüber verantwortlich sein. Der Leiter der Mission wird die Ad-hoc-Gruppe konsultieren und von ihr angeleitet werden.

45. Der Leiter der Mission hat im Einsatzgebiet die operative Kommandogewalt.

Finanzielle Regelungen

46. Friedenserhaltende Operationen erfordern eine solide finanzielle Grundlage und müssen mit einem Höchstmaß an Effizienz und Kostenwirksamkeit auf der Grundlage klarer Kostenvorschläge geplant werden.

47. Kosten der friedenserhaltenden Aktivitäten der KSZE werden von allen KSZE-Teilnehmerstaaten getragen. Zu Beginn eines jeden Kalenderjahres wird der AHB eine angemessene Obergrenze für die Kosten friedenserhaltender Operationen festlegen, für die der KSZE-Kostenverteilerschlüssel gilt. Über diese Grenze hinaus werden andere besondere Regelungen ausgehandelt und durch Konsens vereinbart. Vollständige und rechtzeitige Zahlungen sind erforderlich.

48. Zusätzliche Beiträge können von den Teilnehmerstaaten freiwillig geleistet werden.

49. Die finanzielle Rechenschaftspflicht wird durch regelmäßige Berichte des amtierenden Vorsitzenden an die Teilnehmerstaaten sichergestellt.

50. Ein Startkapital-Fonds wird nach Bedarf eingerichtet, um die Anfangskosten einer Operation abzudecken. Beiträge eines Teilnehmerstaates zu diesem Startkapital-Fonds werden vom regulär zugewiesenen Kostenanteil des betreffenden Teilnehmerstaates für die Operationen abgezogen.

51. Der Konsultativausschuß des KVZ wird beauftragt, dem AHB bis Ende 1992 eine Empfehlung betreffend finanzielle Modalitäten von friedenserhaltenden Operationen der KSZE zu unterbreiten, in der unter anderem die in Übereinstimmung mit den vorhergehenden Punkten unter den Teilnehmerstaaten aufzuteilenden Kosten einzeln aufgeführt sind.

Zusammenarbeit mit regionalen und transatlantischen Organisationen

52. Die KSZE kann Ressourcen und mögliche Erfahrung sowie Sachkenntnis bestehender Organisationen, wie der EG, der NATO und der WEU nutzen und könnte sie deshalb ersuchen, ihre Ressourcen zur Verfügung zu stellen, um sie bei der Durchführung friedenserhaltender Aktivitäten zu unterstützen. Andere Institutionen und Mechanismen, einschließlich des Mechanismus zur Friedenserhaltung der Gemeinschaft Unabhängiger Staaten (GUS), können ebenfalls von der KSZE ersucht werden, Friedenserhaltung im KSZE-Gebiet zu unterstützen.

53. Beschlüsse der KSZE, eine solche Organisation um Unterstützung zu ersuchen, werden nach entsprechenden vorhergehenden Konsultationen mit Teilnehmerstaaten, die der betreffenden Organisation angehören, von Fall zu Fall gefaßt. Die KSZE-Teilnehmerstaaten werden ebenfalls die Konsultationen des amtierenden Vorsitzenden über eine voraussichtliche Teilnahme an der Mission berücksichtigen, im Lichte der vorhergesehenen Größe der Operation und des spezifischen Charakters des Konflikts.

54. Beiträge derartiger Organisationen werden weder die Verfahren für die Schaffung, die Durchführung und das Kommando von KSZE-friedenserhaltenden Operationen, wie sie unter Punkt 17. bis 51. festgelegt sind, beeinflussen, noch beeinflußt die Teilnahme irgendeiner derartigen Organisation das Prinzip, daß alle Teilnehmerstaaten berechtigt sind, wie unter Punkt 35. festgelegt, an friedenserhaltenden Operationen der KSZE teilzunehmen.

55. Organisationen, die zur KSZE-Friedenserhaltung beitragen, würden festgelegte und untereinander vereinbarte Aufgaben wahrnehmen, die mit der praktischen Durchführung eines KSZE-Mandats verbunden sind.

56. Die Ad-hoc-Gruppe schafft und hält effektive Kommunikation mit jeder Organisation aufrecht, auf deren Ressourcen im Zusammenhang mit friedenserhaltenden Aktivitäten der KSZE zurückgegriffen werden kann.

Quelle: Presse- und Informationsdienst der Bundesregierung (Hg.), Bulletin Nr. 82 vom 23. Juli 1992, S. 780 und 786ff.

M 3.2 Eine Definition internationaler Organisationen

Internationale Organisationen

I. Im Verlauf des 19. Jh.s bildeten sich i.O. mit dem Ziel, Rechts- und Arbeitsgrundlagen für die Zusammenarbeit der Staaten bzw. nationaler Akteure bei grenzüberschreitenden Transaktionen zu gewährleisten. Bei diesen i.O. wird unterschieden zwischen International Governmental Organizations (IGO) und International Non-Governmental Organizations (INGO). Unter einer IGO wird eine durch multilateralen völkerrechtlichen Vertrag geschaffene Staatenverbindung mit eigenen Organen und Kompetenzen verstanden, die sich als Ziel die Zusammenarbeit von mindestens zwei Staaten auf politischem und/oder ökonomischem, militärischem, kulturellem Gebiet gesetzt hat. Eine INGO ist ein Zusammenschluß von mindestens zwei gesellschaftlichen Akteuren (Parteien, Verbände etc.), der zur Ausübung seiner grenzüberschreitenden Zusammenarbeit Regelungsmechanismen aufstellt. I.O. bilden eine besondere Form zur Steuerung des internationalen Systems, die durch die zunehmende Verflechtung der Staaten in ökonomischer, politischer und gesellschaftlicher Hinsicht erforderlich wurde.

Quelle: Wichard Woyke, Internationale Organisationen, in: Dieter Nohlen (Hg.), Pipers Wörterbuch zur Politik, Politikwissenschaft, Band 1, München 1985, S. 396.

M 3.3 Definition und Zusammensetzung internationaler Organisationen

Das „Yearbook of International Organizations 1992/93" führt eine Reihe von Kriterien zur Bestimmung von konventionellen internationalen Regierungs- und Nichtregierungsorganisationen auf. Eine Körperschaft wird demnach als internationale Organisation betrachtet, wenn sie die folgenden Merkmale zeigt:

- Sie muß genuin internationale Ziele verfolgen und die Absicht, mindestens drei Staaten zu umfassen.
- Die Mitgliedschaft muß auf individueller oder kollektiver Beteiligung beruhen, mit vollem Stimmrecht für mindestens drei Staaten.
- Die Mitgliedschaft muß für alle ausreichend qualifizierten Personen oder Einheiten im Betätigungsgebiet der Organisation offen sein.
- Die Stimmrechte müssen so verteilt sein, daß kein einzelnes Mitglied die Organisation kontrollieren kann, und die Satzung muß eine formale Struktur vorsehen, die den Mitgliedern ermöglicht, regelmäßig die leitenden Organe zu wählen.
- Die Organisation muß über einen ständigen Hauptsitz verfügen und die Kontinuität der Arbeit muß gewährleistet sein.
- Die Funktionäre dürfen nur dann alle derselben Nationalität angehören, wenn sie turnusmäßig von Vertretern anderer Mitgliedsländer abgewechselt werden.
- Mindestens drei Staaten müssen substanzielle finanzielle Beiträge zum Budget leisten, und es darf nicht nach Gewinnen zur Verteilung an die Mitglieder gestrebt werden.
- Mitglieder, die formell anderen Organisationen verbunden sind, müssen nachweislich unabhängig sein und eigene Funktionäre selbst bestimmen können.
- Es müssen laufende Aktivitäten der Organisation nachweisbar sein.

Internationale Organisationen: Kategorien und Anzahl 1992

Konventionelle Körperschaften	Reg.-Org.	NRO
A. Zusammenschlüsse internationaler Organisationen	1	39
B. Organisationen mit weltweiter Mitgliedschaft	34	426
C. Organisationen mit interkontinentaler Mitgliedschaft	36	774
D. Organisationen mit auf bestimmte Regionen beschränkter Mitgliedschaft	215	3.457

Andere internationale Körperschaften
(genügen nicht allen oben aufgeführten Kriterien)

E. Unterorganisationen	719	1.641
F. Organisationen einer speziellen Form	633	2.325
G. International orientierte nationale Organisationen	52	3.795

Reg.-Org. = Regierungsorganisationen
NRO = Nichtregierungsorganisationen

Quelle: Stiftung Entwicklung und Frieden (Hg.), Globale Trends 93/94. Daten zur Weltentwicklung, Frankfurt a.M. 1994, S. 40.

M 3.4 Charta der Vereinten Nationen (Auszüge)

Kapitel VII: Maßnahmen bei Bedrohung oder Bruch des Friedens und bei Angriffshandlungen

Artikel 39

Der Sicherheitsrat stellt fest, ob eine Bedrohung oder ein Bruch des Friedens oder eine Angriffshandlung vorliegt; er gibt Empfehlungen ab oder beschließt, welche Maßnahmen auf Grund der Artikel 41 und 42 zu treffen sind, um den Weltfrieden und die internationale Sicherheit zu wahren oder wiederherzustellen.

Artikel 40

Um einer Verschärfung der Lage vorzubeugen, kann der Sicherheitsrat, bevor er nach Artikel 39 Empfehlungen abgibt oder Maßnahmen beschließt, die beteiligten Parteien auffordern, den von ihm für notwendig oder erwünscht erachteten vorläufigen Maßnahmen Folge zu leisten. Diese vorläufigen Maßnahmen lassen die Rechte, die Ansprüche und die Stellung der beteiligten Parteien unberührt. Wird den vorläufigen Maßnahmen nicht Folge geleistet, so trägt der Sicherheitsrat diesem Versagen gebührend Rechnung.

Artikel 41

Der Sicherheitsrat kann beschließen, welche Maßnahmen – unter Ausschluß von Waffengewalt – zu ergreifen sind, um seinen Beschlüssen Wirksamkeit zu verleihen; er kann die Mitglieder der Vereinten Nationen auffordern, diese Maßnahmen durchzuführen. Sie können die vollständige oder teilweise Unterbrechung der Wirtschaftsbeziehungen, des Eisenbahn-, See- und Luftverkehrs, der Post-, Telegraphen- und Funkverbindungen sowie sonstiger Verkehrsmöglichkeiten und den Abbruch der diplomatischen Beziehungen einschließen.

Artikel 42

Ist der Sicherheitsrat der Auffassung, daß die in Artikel 41 vorgesehenen Maßnahmen unzulänglich sein würden oder sich als unzulänglich erwiesen haben, so kann er mit Luft-, See- oder Landstreitkräften die zur Wahrung oder Wiederherstellung des Weltfriedens und der internationalen Sicherheit erforderlichen Maßnahmen durchführen. Sie können Demonstrationen, Blockaden und sonstige Einsätze der Luft-, See- oder Landstreitkräfte von Mitgliedern der Vereinten Nationen einschließen.

Artikel 43

1. Alle Mitglieder der Vereinten Nationen verpflichten sich, zur Wahrung des Weltfriedens und der internationalen Sicherheit dadurch beizutragen, daß sie nach Maßgabe eines oder mehrerer Sonderabkommen dem Sicherheitsrat auf sein Ersuchen Streitkräfte zur Verfügung stellen, Beistand leisten und Erleichterung einschließlich des Durchmarschrechts gewähren, soweit dies zur Wahrung des Weltfriedens und der internationalen Sicherheit erforderlich ist.

2. Diese Abkommen haben die Zahl und Art der Streitkräfte, ihren Bereitschaftsgrad, ihren allgemeinen Standort sowie die Art der Erleichterungen und des Beistands vorzusehen.

3. Die Abkommen werden auf Veranlassung des Sicherheitsrats so bald wie möglich im Verhandlungswege ausgearbeitet. Sie werden zwischen dem Sicherheitsrat einerseits und Einzelmitgliedern oder Mitgliedergruppen andererseits geschlossen und von den Unterzeichnerstaaten nach Maßgabe ihres Verfassungsrechts ratifiziert.

Artikel 44

Hat der Sicherheitsrat die Anwendung von Gewalt beschlossen, so lädt er ein in ihm nicht vertretenes Mitglied, bevor er es zur Stellung von Streitkräften auf Grund der nach Artikel 43 übernommenen Verpflichtungen auffordert, auf dessen Wunsch ein, an seinen Beschlüssen über den Einsatz von Kontingenten der Streitkräfte dieses Mitglieds teilzunehmen.

Artikel 45

Um die Vereinten Nationen zur Durchführung dringender militärischer Maßnahmen zu befähigen, halten Mitglieder der Organisation Kontingente ihrer Luftstreitkräfte zum sofortigen Einsatz bei gemeinsamen internationalen Zwangsmaßnahmen bereit. Stärke und Bereitschaftsgrad dieser Kontingente sowie die Pläne für ihre gemeinsamen Maßnahmen legt der Sicherheitsrat mit Unterstützung des Generalstabsausschusses im Rahmen der in Artikel 43 erwähnten Sonderabkommen fest.

Artikel 46

Die Pläne für die Anwendung von Waffengewalt werden vom Sicherheitsrat mit Unterstützung des Generalstabsausschusses aufgestellt.

Artikel 47

1. Es wird ein Generalstabsausschuß eingesetzt, um den Sicherheitsrat in allen Fragen zu beraten und zu unterstützen, die dessen militärische Bedürfnisse zur Wahrung des Weltfriedens und der internationalen Sicherheit, den Einsatz und die Führung der dem Sicherheitsrat zur Verfügung

gestellten Streitkräfte, die Rüstungsregelung und eine etwaige Abrüstung betreffen.

2. Der Generalstabsausschuß besteht aus den Generalstabschefs der ständigen Mitglieder des Sicherheitsrats oder ihren Vertretern. Ein nicht ständig im Ausschuß vertretenes Mitglied der Vereinten Nationen wird vom Ausschuß eingeladen, sich ihm zu assoziieren, wenn die Mitarbeit dieses Mitglieds für die wirksame Durchführung der Aufgaben des Ausschusses erforderlich ist.

3. Der Generalstabsausschuß ist unter der Autorität des Sicherheitsrates für die strategische Leitung aller dem Sicherheitsrat zur Verfügung gestellten Streitkräfte verantwortlich.

Die Fragen bezüglich der Führung dieser Streitkräfte werden später geregelt.

4. Der Generalstabsausschuß kann mit Ermächtigung des Sicherheitsrats nach Konsultation mit geeigneten regionalen Einrichtungen regionale Unterausschüsse einsetzen.

Artikel 48

1. Die Maßnahmen, die für die Durchführung der Beschlüsse des Sicherheitsrats zur Wahrung des Weltfriedens und der internationalen Sicherheit erforderlich sind, werden je nach dem Ermessen des Sicherheitsrats von allen oder von einigen Mitgliedern der Vereinten Nationen getroffen.

2. Diese Beschlüsse werden von den Mitgliedern der Vereinten Nationen unmittelbar sowie durch Maßnahmen in den geeigneten internationalen Einrichtungen durchgeführt, deren Mitglieder sie sind.

Artikel 49

Bei der Durchführung der vom Sicherheitsrat beschlossenen Maßnahmen leisten die Mitglieder der Vereinten Nationen einander gemeinsam handelnd Beistand.

Artikel 50

Ergreift der Sicherheitsrat gegen einen Staat Vorbeugungs- oder Zwangsmaßnahmen, so kann jeder andere Staat, ob Mitglied der Vereinten Nationen oder nicht, den die Durchführung dieser Maßnahmen vor besondere wirtschaftliche Probleme stellt, den Sicherheitsrat zwecks Lösung dieser Probleme konsultieren.

Artikel 51

Diese Charta beeinträchtigt im Falle eines bewaffneten Angriffs gegen ein Mitglied der Vereinten Nationen keineswegs das naturgegebene Recht zur individuellen oder kollektiven Selbstverteidigung, bis der Sicherheitsrat die zur Wahrung des Weltfriedens und der internationalen Sicherheit erforderlichen Maßnahmen getroffen hat. Maßnahmen, die ein Mitglied in Ausübung dieses Selbstverteidigungsrechts trifft, sind dem Sicherheitsrat sofort anzuzeigen; sie berühren in keiner Weise dessen auf dieser Charta beruhende Befugnis und Pflicht, jederzeit die Maßnahmen zu treffen, die er zur Wahrung oder Wiederherstellung des Weltfriedens und der internationalen Sicherheit für erforderlich hält.

Kapitel VIII
Regionale Abmachungen

Artikel 52

1. Diese Charta schließt das Bestehen regionaler Abmachungen oder Einrichtungen zur Behandlung derjenigen die Wahrung des Weltfriedens und der internationalen Sicherheit betreffenden Angelegenheiten nicht aus, bei denen Maßnahmen regionaler Art angebracht sind; Voraussetzung hierfür ist, daß diese Abmachungen oder Einrichtungen und ihr Wirken mit den Zielen und Grundsätzen der Vereinten Nationen vereinbar sind.

2. Mitglieder der Vereinten Nationen, die solche Abmachungen treffen oder solche Einrichtungen schaffen, werden sich nach besten Kräften bemühen, durch Inanspruchnahme dieser Abmachungen oder Einrichtungen örtlich begrenzte Streitigkeiten friedlich beizulegen, bevor sie den Sicherheitsrat damit befassen.

3. Der Sicherheitsrat wird die Entwicklung des Verfahrens fördern, örtlich begrenzte Streitigkeiten durch Inanspruchnahme dieser regionalen Abmachungen oder Einrichtungen friedlich beizulegen, sei es auf Veranlassung der beteiligten Staaten oder auf Grund von Überweisungen durch ihn selbst.

4. Die Anwendung der Artikel 34 und 35 wird durch diesen Artikel nicht beeinträchtigt.

Artikel 53

1. Der Sicherheitsrat nimmt gegebenenfalls diese regionalen Abmachungen oder Einrichtungen zur Durchführung von Zwangsmaßnahmen unter seiner Autorität in Anspruch. Ohne Ermächtigung des Sicherheitsrats dürfen Zwangsmaßnahmen auf Grund regionaler Abmachungen oder seitens regionaler Einrichtungen nicht ergriffen werden; ausgenommen sind Maßnahmen gegen einen Feindstaat im Sinne des Absatzes 2, soweit sie in Artikel 107 oder in regionalen, gegen die Wiederaufnahme der Angriffspolitik eines solchen Staates gerichteten Abmachungen vorgesehen sind; die Ausnahme gilt, bis der Organisation auf Ersuchen der beteiligten Regierungen die Aufgabe zugewiesen wird, neue Angriffe eines solchen Staates zu verhüten.

2. Der Ausdruck „Feindstaat" in Absatz 1 bezeichnet jeden Staat, der während des zweiten Weltkriegs Feind eines Unterzeichners dieser Charta war.

Artikel 54

Der Sicherheitsrat ist jederzeit vollständig über die Maßnahmen auf dem laufenden zu halten, die zur Wahrung des Weltfriedens und der internationalen Sicherheit auf Grund regionaler Abmachungen oder seitens regionaler Einrichtungen getroffen oder in Aussicht genommen werden.

M 4. Pro und Contra KSZE

M 4.1 Entschließungsantrag der Fraktionen der SPD, FDP zur Erklärung der Bundesregierung zur KSZE

Der Bundestag wolle beschließen:
Der Deutsche Bundestag begrüßt die Ergebnisse der Konferenz über Sicherheit und Zusammenarbeit in Europa, die nach intensiven Vorbereitungen im Laufe der Verhandlungen in Genf erzielt werden konnten. Sie stellen einen bedeutsamen Beitrag zur Vertiefung der Entspannung in Europa dar, in dem erstmals konkrete Maßstäbe für die Möglichkeiten des friedlichen Zusammenlebens der Völker in ganz Europa gesetzt wurden.

Zum Zustandekommen der Konferenz haben die bilateralen Kontakte der Mitglieder des westlichen Bündnisses mit den Staaten Osteuropas, darunter vor allem die Abkommen der Bundesrepublik Deutschland mit ihren osteuropäischen Nachbarn, insbesondere die Verträge mit der UdSSR, der Volksrepublik Polen und mit der CSSR sowie der Grundlagenvertrag mit der DDR, erheblich beigetragen. Eine wesentliche Funktion auch für die Entspannungspolitik in Europa hatten darüber hinaus das Viermächteabkommen über Berlin sowie die Abkommen der Vereinigten Staaten mit der Sowjetunion, insbesondere die Vereinbarungen über die Begrenzung strategischer Waffensysteme und die Verhandlungen über beiderseitige ausgewogene Truppenverminderungen in Europa.

Diese bi- und multilateralen Übereinkünfte gingen mit umfangreichen Konsultationen innerhalb der Atlantischen Allianz sowie der Europäischen Gemeinschaft einher. Auf diese Weise sind der Zusammenhalt der Allianz und die Solidarität der neuen Mitgliedstaaten der EG gestärkt worden.

Der Deutsche Bundestag begrüßt nachdrücklich die Erklärung des Europäischen Rates zur KSZE.

Die Bundesrepublik Deutschland hat ihren Beitrag zur Entspannung als Mitglied der Atlantischen Allianz und der Europäischen Gemeinschaft geleistet und in allen Phasen der Konferenz auf das engste mit ihren westlichen Partnern zusammengearbeitet. Sie begrüßt das auf der Konferenz zum Ausdruck gebrachte hohe Maß an Gemeinsamkeit und sieht auch in Zukunft die Entspannung als eine gemeinsame Aufgabe des westlichen Bündnisses und der Europäischen Gemeinschaft an. Der Prozeß der westeuropäischen Gemeinschaftsbildung ist auch im Rahmen gesamteuropäischer Zusammenarbeit gestärkt worden.

Die Ergebnisse der KSZE sind ein erster wichtiger Schritt auf dem Wege zu einem multilateralen Interessenausgleich zwischen Ost und West, Mitgliedern verschiedener Bündnissysteme sowie neutralen und unge-

166

bundenen Ländern in Europa und auf dem amerikanischen Kontinent. Die KSZE stellt den bisher umfassendsten Versuch einer Zusammenarbeit auf zahlreichen Gebieten zwischen 35 Staaten mit verschiedener Gesellschaftsordnung dar und bekräftigt die völkerrechtlichen Grundlagen des friedlichen Zusammenlebens in Europa.

Der Deutsche Bundestag mißt einer vertrauensvollen Zusammenarbeit zwischen allen Staaten in Europa und auf allen Gebieten große Bedeutung bei. Sie dient der Erhaltung des Friedens und der Sicherheit. Die Ergebnisse der KSZE sollen für alle Menschen den Weg zu mehr Verständigung, Freizügigkeit, Information und Kontakten ebnen. Über die Grenzen der Bündnissysteme und unterschiedlichen Wirtschafts- und Gesellschaftsordnungen hinweg wird zum Nutzen aller die wirtschaftliche, wissenschaftliche und technische Zusammenarbeit verstärkt ermöglicht.

Der Deutsche Bundestag stellt fest, daß auf der KSZE die deutschen Interessen gewahrt worden sind. Er erwartet, daß nun nach Abschluß der Konferenz über die vertrauenbildenden Maßnahmen der KSZE hinaus zügige Fortschritte bei den Rüstungskontrollgesprächen, insbesondere bei den Wiener Verhandlungen über beiderseitige ausgewogene Truppenverminderung in Europa, erzielt werden, um eine Verbindung zwischen militärischer und politischer Sicherheit herzustellen. Der Deutsche Bundestag mißt Abrüstungsmaßnahmen große Bedeutung bei, um einen Zustand gegenseitigen Vertrauens in Europa zu erreichen.

Bonn, den 25. Juli 1975
Wehner und Fraktion
Mischnick und Fraktion

Quelle: Auswärtiges Amt (Hg.), Sicherheit und Zusammenarbeit in Europa. KSZE-Dokumentation, Bonn 1982, S. 171ff.

M 4.2 Entschließungsantrag der Fraktion der CDU/CSU zur Erklärung der Bundesregierung zur KSZE

Der Bundestag wolle beschließen:
Die Bundesregierung wird aufgefordert, die Schlußdokumente der KSZE nicht zu unterzeichnen.

Begründung

Das deutsche Volk ist das einzige zwischen Ost und West geteilte Volk in Europa.
Maßgebliche Inhalte des Schlußdokuments der Konferenz über Sicherheit und Zusammenarbeit in Europa

- werden wesentlichen Interessen des geteilten Deutschland und seiner Menschen nicht gerecht; sie erschweren zusätzlich die Ausübung des Selbstbestimmungsrechts des ganzen deutschen Volkes
- schaffen infolge gegensätzlicher Auslegung in grundlegenden Fragen statt Entspannung neuen Konfliktstoff, der sich auf Deutschland und besonders auf Berlin auswirkt
- werden der westlichen Forderung nach Freizügigkeit von Menschen, Meinungen und Informationen nicht gerecht
- dienen einer weltweiten Täuschung über die wahre Sicherheitslage in der Welt.

Die weltpolitische Lage hat sich seit Beginn der Konferenz verschlechtert. Die Auffassung der Sowjetunion und ihrer Verbündeten über Entspannung und Sicherheit in Europa steht im Gegensatz zu dem, was der Westen darunter versteht. Die kommunistischen Führer selbst bekunden dies in aller Offenheit; die jüngsten Entwicklungen in unserem geteilten Land, die Vorgänge in Portugal, die offensive Aufrüstung des Warschauer Paktes und die wieder zunehmende Unterdrückung der Freiheit in Osteuropa machen ihre Friedens- und Entspannungsbeteuerungen unglaubwürdig. Die Ergebnisse der KSZE drohen zu Instrumenten zur Durchsetzung langfristiger sowjetischer Ziele, insbesondere in ganz Deutschland zu werden, die elementaren Interessen des Westens in Europa zuwiderlaufen.
Die CDU/CSU-Fraktion tritt nach wie vor für eine Politik ein, die Spannungen abbaut, wahre Sicherheit schafft und die der Freiheit und dem Frieden der Menschen in der ganzen Welt dient.

Bonn, den 25. Juli 1975
Carstens, Stücklen und Fraktion

Quelle: Auswärtiges Amt (Hg.), Sicherheit und Zusammenarbeit in Europa. KSZE-Dokumentation, Bonn 1982, S. 175/176.

M 4.3 Auszüge aus der Bundestagsdebatte am 22. November 1990 über das KSZE-Gipfeltreffen in Paris

Bundeskanzler Dr. Kohl (CDU)
Im KSZE-Prozeß ist über 15 Jahre hindurch hervorragende Arbeit geleistet worden. Die **Schlußakte von Helsinki** von 1975 war die richtige, die zukunftsweisende Weichenstellung.
(Beifall bei Abgeordneten der SPD)
– Jetzt warten Sie bitte erst einmal ab. – Wir, die Unionsparteien, haben sie damals mit Skepsis aufgenommen, –
(Lachen bei der SPD)
– Meine Damen und Herren, ich würde Ihnen wirklich raten: Jetzt warten Sie doch einmal ab. Im Moment brauchen wir hier keine Wahlversammlung abzuhalten.
(Beifall bei der CDU/CSU und bei Abgeordneten der FDP – Lachen bei der SPD)
Es sollte möglich sein, auch in einer solchen Stunde einen solchen Satz einmal ruhig aussprechen zu können.
Wir, die Unionsparteien, haben sie damals mit Skepsis aufgenommen, eine Skepsis, die sich glücklicherweise als unbegründet herausgestellt hat. Ich nehme deshalb diese Debatte zum Anlaß, der damaligen Bundesregierung unter Bundeskanzler **Helmut Schmidt** und Bundesminister **Hans-Dietrich Genscher** meinen besonderen Respekt für diese Entscheidung zu bezeugen.
(Beifall bei der CDU/CSU, der FDP und der SPD)
Jetzt möchte ich den anderen Satz auch noch ruhig sagen. Ich schließe die Kollegen **Willy Brandt** und **Walter Scheel** ausdrücklich in diese Feststellung ein.
(Beifall bei der CDU/CSU, der FDP, der SPD und der Abg. Frau Unruh (fraktionslos))
Daß wir Deutsche in diesem Herbst eine glückliche Wende unserer Geschichte erleben und zugleich eine große Zukunft für ganz Europa mitgestalten dürfen, verdanken wir vor allem zwei historischen Entwicklungen: Präsident **Gorbatschow** hat in der Außen- und Sicherheitspolitik der Sowjetunion „Neues Denken" durchgesetzt, und die Völker Mittel-, Ost- und Südosteuropas sind in festem Vertrauen auf die Ideale der KSZE mutig für ihr Recht, für ihre Freiheit und für ihre Selbstbestimmung eingetreten. Ich habe dies in der letzten Sitzung des Deutschen Bundestages ausführlich gewürdigt und will heute unseren Dank noch einmal bekräftigen.
(Beifall bei der CDU/CSU und der FDP sowie bei Abgeordneten der SPD)
Nur auf dem Fundament dieses grundlegenden Wandels und des darauf neu begründeten Vertrauens war es möglich, in Paris Ecksteine für eine dauerhafte und gerechte **europäische Friedensordnung** zu legen.

Dieser grundlegende Wandel kommt besonders sinnfällig in der „gemeinsamen Erklärung von 22 Staaten" zum Ausdruck. Hierin erklären die 22 Staaten, die sich vormals in Bündnissen unversöhnlich gegenüberstanden, daß sie nicht mehr Gegner sind, sondern neue **Partnerschaften** aufbauen und einander die Hand zur **Freundschaft** reichen.

(Beifall bei der CDU/CSU und der FDP sowie bei Abgeordneten der SPD)

Vor allem: Sie bekräftigen ihre Verpflichtungen zum **Gewaltverzicht**. Sie versichern feierlich, daß sie keine ihrer Waffen jemals einsetzen werden, es sei denn zur Selbstverteidigung oder im Einklang mit der UNO-Charta. Wann in der Menschheitsgeschichte sind Allianzen in diesem Geist des Friedens und der Versöhnung aufeinander zugegangen?

(...)

Das Pariser Gipfeldokument ist eine **Magna Charta der Freiheit**.

(Beifall bei der CDU/CSU und der FDP sowie bei Abgeordneten der SPD)

Es bekennt sich zu einer auf Menschenrechten und Grundfreiheiten beruhenden Demokratie, zu Wohlstand durch wirtschaftliche Freiheit und soziale Gerechtigkeit sowie zu gleicher Sicherheit für alle Länder. Die sind Leitbilder für die gemeinsame Zukunft unseres Kontinents. Die Hoffnungen und Erwartungen so vieler Menschen und Völker, die sich über Jahrzehnte mutig für die Ideale der KSZE eingesetzt haben, werden damit endlich erfüllt.

Wir erinnern uns in dieser Stunde mit großer Dankbarkeit an Andrej **Sacharow**, der vor knapp einem Jahr starb.

(Beifall bei der CDU/CSU, der SPD, der FDP und den GRÜNEN/Bündnis 90)

Wer an die Tage zurückdenkt, in denen er seinen Kampf aufnahm, wer an die von sofortiger Repression begleiteten Anfänge so vieler Helsinki-Gruppen zurückdenkt, der kann ermessen, welch große Wegstrecke Europa auf dem Weg zur gemeinsamen Freiheit gegangen ist.

(...)

Dr. Ehmke (Bonn, SPD)

Wer eine dauerhafte **Friedensordnung in Europa** will, muß zweigleisig vorgehen: Nicht nur müssen die Militärpotentiale abgebaut und damit die Fähigkeit zur Kriegsführung verringert werden, sondern es müssen auch supranationale, friedenschaffende Strukturen aufgebaut werden. Der westeuropäische Integrationsprozeß hat gezeigt, daß das möglich ist. So wie heute auf Grund dieses Prozesses ein Krieg zwischen Frankreich und Deutschland undenkbar ist, so muß morgen jeder militärische Konflikt in Europa vom Atlantik bis zum Ural undenkbar werden.

(Beifall bei der SPD und bei Abgeordneten der GRÜNEN/Bündnis 90 sowie der Abg. Frau Unruh (fraktionslos))

Dabei erfordert die **Errichtung eines Europäischen Sicherheitssystems** nicht nur die endgültige Überwindung der Blockkonfrontation, sondern auch die Erarbeitung und Umsetzung einer gemeinsamen Friedens- und Sicherheitsordnung. Das erfordert den Verzicht auf nationale Souveränität, so wie ihn das Grundgesetz heute bereits erlaubt.

(Beifall bei Abgeordneten der SPD)
Die neue Ordnung muß über kompetente, demokratisch legitimierte und durchsetzungsfähige Institutionen verfügen.

Die Ergebnisse von Paris spiegeln die Veränderung der Grundkonstellation europäischer Politik aber nur sehr unvollkommen wider. Das Pariser Gipfeltreffen hat im Bereich der konventionellen Abrüstung beachtliche Ergebnisse gebracht. Was die Institutionalisierung des KSZE-Prozesses angeht, so kann bestenfalls von bescheidenen Ansätzen gesprochen werden.

Nun muß man sehen: Die Ausgangslage war unterschiedlich. Während die konventionelle Abrüstung an langjährige Erfahrung aus den MBFR-Verhandlungen anknüpfen konnte und von den noch bestehenden Militärallianzen organisiert wurde, müssen für die neuen Aufgaben der KSZE-Staaten, gemeinsame Sicherheit zu organisieren, neue kooperative Strukturen geschaffen werden.

Dies geht sicher nicht von heute auf morgen. Lassen Sie mich aber bitte daran erinnern, daß die NATO im Jahre 1986 ihr Bekenntnis zu konventioneller Abrüstung mit der Forderung nach kühnen neuen Schritten verbunden hat. Ein wenig von dieser Kühnheit hätte man sich auch in Paris für die nun eingeleitete Institutionalisierung des KSZE-Prozesses gewünscht. Statt dessen regiert im Augenblick leider eher Kleingläubigkeit.

(Beifall bei der SPD)
Ich denke da, Herr Bundeskanzler, z.B. an das sehr mager ausgestattete KSZE-Sekretariat. Ich denke aber insbesondere an das neu eingerichtete **Konfliktverhütungszentrum**, das der auf dem NATO-Gipfel in London erhobenen Forderung, es solle auch zur Schlichtung von Streitigkeiten zwischen KSZE-Mitgliedstaaten dienen, in der jetzigen Form nicht genügen kann. Hier fehlt eindeutig ein politisches Mandat, das diese KSZE-Institution in die Lage versetzen würde, den neuen sicherheitspolitischen Herausforderungen in Europa gerecht zu werden. Meine Damen und Herren, liebe Kolleginnen und Kollegen, der Kalte Krieg ist zwar vorbei, der Ost-West-Konflikt existiert nicht mehr; dem steht aber der Ausbruch nationaler Spannungen im Osten und Südosten Europas gegenüber – Spannungen, die von der kommunistischen Zwangsherrschaft zwar Jahrzehnte lang unterdrückt, aber nicht gelöst worden sind. Die KSZE-Staaten müssen daher gemeinsam dafür sorgen, daß solche Spannungen entschärft und, wenn es geht, abgebaut werden und daß auf keinen Fall die Sicherheit Europas Opfer solcher neuen nationalen Konflikte wird.

(Beifall bei der SPD und bei Abgeordneten der Gruppe der PDS sowie der Abg. Frau Unruh (fraktionslos))
Ein Konfliktverhütungszentrum, das wie das in Paris geschaffene nur buchhalterische Aufgaben hat, wird dieser Aufgabe nicht gerecht.

Den in Paris verhandelnden Staaten ist es nur ansatzweise gelungen, die **Grundlagen einer Friedenspolitik der 90er Jahre** festzulegen.

(...)

Ich sprach davon, daß die Geschichte der Konferenz für Sicherheit und Zusammenarbeit in Europa sich nahtlos in die Architektur sozialdemokratischer Ostpolitik einfügt. Im Verlauf dieser Geschichte hat sich der Helsinki-Prozeß gewandelt. Auch das müssen wir sehen. Ging es zunächst lange Jahre darum, auf unserem hochgerüsteten Kontinent schrittweise mehr Vertrauen zwischen Ost und West zu schaffen und gleichzeitig die Menschenrechte im kommunistischen Machtbereich langsam voranzubringen, so haben sich die Ausgangsbedingungen mit dem Wirken von **Michail Gorbatschow** grundlegend geändert, dem auch wir noch einmal für alles, was er in diesem Jahr und in den vorangegangenen Jahren für Deutschland und für Europa getan hat, herzlich danken.
(Beifall bei der SPD – Hornung (CDU/CSU): Und Reagan und Bush!)
Wir haben es heute in Osteuropa mit demokratisch legitimierten Regierungen zu tun, die sich aktiv für den Ausbau, die Intensivierung und die Institutionalisierung des KSZE-Prozesses einsetzen.
Angesichts dieser neuen Voraussetzungen kann die Politik der kleinen Schritte, die zu den Veränderungen in Mittel- und Osteuropa so Grundsätzliches beigetragen hat, ausgeweitet werden. Der **KSZE-Prozeß** war von Anfang an in mehrfacher Hinsicht innovativ: Er war erstens ein **blockübergreifender Kooperationsprozeß**, in dem West- und Osteuropäer, neutrale und blockfreie Europäer, die USA, Kanada und die Sowjetunion gleichberechtigt mitgearbeitet haben. Er hat **außen-, sicherheits-, wirtschafts- und gesellschaftspolitische Interessen** miteinander verknüpft mit dem Ziel, Sicherheit, Zusammenarbeit und Verflechtung zu erreichen und damit Konflikte gewaltfrei zu lösen. Der KSZE-Prozeß wies von Anfang an über eine multilaterale Kooperation hinaus auf eine neue europäische Friedensordnung, eine Friedensordnung, die gleichzeitig Sicherheit, wirtschaftliches Wachstum und demokratische Beteiligung für alle kooperierenden Staaten in Aussicht stellt. Wenn dieser Prozeß nicht bei der Suche nach dem kleinsten gemeinsamen Nenner aller beteiligten Staaten stehenbleiben soll, bedarf es neuer Formen der Kooperation, der Integration und supranationaler Strukturen.
(...)
Dafür ist es wichtig, daß der KSZE-Prozeß nicht nur eine Sache der Regierungen und der Parlamente bleibt. Er muß, wo immer es geht, auf der **Ebene der Gesellschaften** ergänzt werden. Die europäische Friedensordnung muß im gesellschaftlichen Leben verwurzelt werden, wie es sich etwa das Helsinki-Citizen-Committee zum Ziel gesetzt hat. Wenn wir von demokratischer Beteiligung reden, meinen wir auch die Beteiligung von Jugendorganisationen, Sportverbänden, Kirchen, Schulen und Universitäten an dem neuen Miteinander in Europa. Unser besonderer Dank gilt in dieser Hinsicht Präsident **Vaclav Havel**, der diese gemeinhin etwas unterbelichteten Seiten des europäischen Einigungsprozesses immer wieder eindrucksvoll herausgestellt hat.
(Beifall bei der SPD)
(...)

Vizepräsident Westphal: Das Wort hat der Herr Abgeordnete Dr. Bötsch.

Dr. Bötsch (CDU/CSU):
Herr Präsident! Meine sehr verehrten Damen und Herren! 1990 ist ein glückliches Jahr für die Deutschen. Am 3. Oktober vollzog sich die Einheit Deutschlands in Freiheit und Frieden mit Zustimmung unserer Verbündeten und europäischen Nachbarn. Am 9. November unterzeichneten Bundeskanzler Kohl und Präsident Gorbatschow den umfassenden deutsch-sowjetischen Vertrag in Bonn, und am Montag dieser Woche haben sich NATO und Warschauer Pakt mit der Unterzeichnung des Wiener Vertrages über konventionelle Abrüstung in Europa und mit ihrer gemeinsamen Erklärung die Hand zur Freundschaft gereicht. Nicht im 200. Jahr nach der Französischen Revolution, aber immerhin ein Jahr danach setzen sich **Freiheit, Menschenrechte und Demokratie** in ganz **Europa** durch.

Dieses Europa am 22. November 1990 läßt sich mit dem Europa etwa vom 1. Januar 1989 nicht vergleichen. Noch vor 23 Monaten schien der Kommunismus noch nicht gescheitert, lag der Erfolg der Wiener Abrüstungsgespräche noch im dunkeln, und nicht einmal Optimisten hätten zu hoffen gewagt, daß noch im selben Jahr die Mauer in Berlin fallen wird und mit den 90er Jahren eine neue Ära eingeleitet wird, die nicht mehr von alter Gegnerschaft, sondern von Solidarität und verantwortlichem Handeln für die Erhaltung des Friedens in Europa und der Welt geprägt wird.
(Beifall bei der CDU/CSU und des Abg. Paintner (FDP))
(...)

Vizepräsident Westphal: Das Wort hat die Abgeordnete Frau Dr. Vollmer.

Frau Dr. Vollmer (GRÜNE/Bündnis 90):
Herr Präsident! Liebe Kolleginnen und Kollegen! Die letzten 500 Jahre europäischer Zivilisation kannten neben unzähligen Kriegen auch vier große europäische Friedenskonferenzen: Den Westfälischen Frieden, den Wiener Kongreß, den Versailler Frieden und nun den KSZE-Gipfel von Paris. Auch aus dem letzten, diesem Kalten Krieg kriechen die Völker Europas heraus wie aus einer zu langen und zu kalten Frostperiode. Sie begreifen die neue Ordnung noch nicht und wissen noch nicht: Wird dieser Frieden nun von Dauer sein?
Einiges ist diesmal sicher anders als früher und vielleicht hoffnungsvoller: Auf dem Schlachtfeld des Kalten Krieges blieben nicht Millionen Tote zurück wie früher, wenn auch immer noch zu viele Verluste und Schädigungen von Menschen zu beklagen sind. Und es sind diesmal nicht die Sieger, die die Landkarte Europas im Rausch ihres Erfolges neu entwerfen. Formal jedenfalls waren sie alle gleichberechtigt, die am Runden

Tisch in Paris Platz nahmen. Es gab also keine Sieger mit Waffen; das ist wahr. Trotzdem hat es so etwas wie Gewinner gegeben, und wir Deutschen gehören dazu. Die Frage aber, die in Paris als Schrift groß an der Wand stand, ist nicht beantwortet worden: Wird es auch keine Verlierer geben?

Paris war vorerst nur der Abschluß einer Epoche, deren Ordnung berechenbar, waffenstarrend und ungerecht war. Ob es in der unsicheren Zukunft Europas wirklich keine Verlierer geben wird, hängt ganz und gar davon ab, ob es gelingt, eine **gerechte Zukunftsordnung** für dieses neue europäische Haus zu entwerfen.

(Beifall bei den GRÜNEN/Bündnis 90 und bei Abgeordneten der SPD)

Bundesminister Genscher (FDP):

(...)

Meine sehr verehrten Damen und Herren, als 1975 die Schlußakte von Helsinki unterzeichnet wurde, war das eine Investition in die Zukunft. Das war Zukunftsvertrauen, was ausgedrückt wurde. Auch jetzt ist von uns wieder Zukunftsvertrauen verlangt. Es geht darum, daß wir nach dem bedeutsamen Ergebnis von Paris, der „**Charta für das neue Europa**", einen Stabilitätsbegriff in Europa entwickeln, der immer weniger militärisch definiert wird, bei dem die wirtschaftlichen, die ökonomischen, die ökologischen Fragen in den Vordergrund treten und bei dem wir erkennen, wie sehr Europa aufeinander angewiesen ist, wie sehr Europa zusammengehört.

(Beifall bei der FDP)

Wir sind uns ja wohl auch alle bewußt, daß die Werte, zu denen sich nun alle Staaten Europas bekennen, nicht einen Sieg der einen über die andere Seite bedeutet, nicht einen Sieg des Westens über den Osten, sondern eine Besinnung des ganzen **Europa** auf eine **gemeinsame Kultur- und Geistesgeschichte**. Das ist wirklich ein Akt europäischer Selbstbesinnung.

(Beifall bei der FDP, der CDU/CSU und der SPD)

Es ist letztlich ein freiheitliches Bekenntnis zu einem Europa, das nicht irgendein Europa sein soll, sondern ein Europa der Menschenrechte, ein Europa der Demokratie, ein Europa der freien Wahlen, ein Europa der Marktwirtschaft. Der Begriff „Sozialismus" fehlt in dem Dokument von Paris.

(Zuruf von der FDP: Das ist gut so!)

Man kann also sagen: Es ist wirklich ein durch und durch liberales Zeitalter, vor dem wir stehen.

(Beifall bei der FDP – Zuruf von der SPD)

Deswegen fühlen wir uns sehr wohl. Es ist schön, wenn der Mensch so sehr in den Mittelpunkt europäischer Politik gerückt wird, wie das hier geschieht, und wenn soziale Gerechtigkeit zu einem gemeinsamen Ziel aller Staaten gemacht wird, soziale Gerechtigkeit, die eine wesentliche Voraussetzung auch der wirtschaftlichen und politischen Stabilität jedes Staates ist.

Wir müssen lernen, daß dieses Europa, wenn es eins sein soll, nicht mehr ein Europa der West-Ost-Beziehungen ist, wie ich überhaupt finde, daß West und Ost wieder mehr zu geographischen Begriffen werden sollten und nicht zu politischen und ideologischen Unterscheidungsmerkmalen. Wir können das Verhältnis zwischen den verschiedenen Staaten Europas nicht mehr allein durch Handelsbeziehungen und Zusammenarbeit definieren. Wir müssen gemeinsame Einrichtungen schaffen. Damit meine ich nicht die Institutionen, die wir jetzt mit dem Dokument von Paris geschaffen haben; die sind wichtig, damit dieses größere Europa handlungsfähig wird. Wir müssen gemeinsame Verbindungen, **gemeinsame Räume**, den gemeinsamen europäischen Rechtsraum, eine gemeinsame europäische Infrastruktur, einen europäischen Verkehrsraum, einen europäischen Energieverbund, einen europäischen Kommunikationsverbund schaffen. Das alles müssen Angebote der westlichen Staaten an unsere östlichen Nachbarn sein, um ihnen den Eintritt in die Marktwirtschaft im Rahmen ihrer Reformprozesse zu erleichtern.
(Beifall bei der FDP und der CDU/CSU sowie bei Abgeordneten der SPD)
Wir können ihnen die Entscheidungen, die sie intern zu treffen haben, nicht abnehmen. Wir können ihnen aber durch ein solches gesamteuropäisches Angebot die Durchführung dieser Entscheidungen erleichtern. Zu diesem Angebot muß auch die Offenheit unserer Europäischen Gemeinschaft für unsere östlichen Nachbarn gehören.
In diesen Tagen hat mich ein Außenminister eines unserer östlichen Nachbarn gefragt, wie es mit der Beitrittsperspektive aussehe. Ich habe ihm gesagt: Wir haben durchaus nicht den Ehrgeiz, für immer das östlichste Land der Europäischen Gemeinschaft zu bleiben, sondern wir möchten gern sehen, daß diese Europäische Gemeinschaft das wird, was ihr Name ausdrückt: eine Gemeinschaft europäischer Demokratien,
(Bahr (SPD): Ja!)
eine Gemeinschaft europäischer, marktwirtschaftlich orientierter Länder. Sie heißt ja nicht Westeuropäische Gemeinschaft. Sie heißt Europäische Gemeinschaft.
(Beifall bei der FDP, der CDU/CSU, der SPD und bei Abgeordneten der GRÜNEN/Bündnis 90)
Deshalb wird es wichtig sein, daß wir jetzt erkennen, daß in dieser **neuen Phase des KSZE-Prozesses** die Erwartungen des Ostens größer sein werden als die des Westens. Jetzt sind wir zur Leistung aufgefordert. Als wir 1975 im Deutschen Bundestag über die Schlußakte diskutierten, habe ich gesagt: Wenn diese Schlußakte Wirklichkeit wird, dann müssen nicht wir uns ändern, sondern unsere östlichen Nachbarn müssen sich ändern. Sie müssen das, was notwendig ist, um die hier übernommenen Verpflichtungen zu verwirklichen. Jetzt ist es an uns, darauf die Antwort zu geben. Auf die Reformpolitik des Ostens muß die Solidarität des Westens die gesamteuropäische Antwort sein.
(Beifall bei der FDP, der CDU/CSU, der SPD und den GRÜNEN/Bündnis 90)

Es ist ganz gewiß unser Ziel, diesen Reformprozeß unumkehrbar zu machen, aber es ist noch ein zerbrechlicher Prozeß. Es wird vieler Hilfe, großer Geduld und großer europäischer Solidarität bedürfen, damit die Unumkehrbarkeit Realität wird. Der Wille der Völker ist da, der Wille auch ihrer Repräsentanten ist da, aber die Fähigkeit, diesen Willen umzusetzen, können und müssen wir von hier aus unterstützen. Es ist das eine Europa, um das es geht. Es ist unser Europa. Was wir tun, ist auch eine Investition in die eigene, gemeinsame europäische Zukunft.

(...)

Quelle: Deutscher Bundestag, 11. Wahlperiode, 236. Sitzung, Bonn, Donnerstag, den 22. November 1990, S. 18864-18895

M 4.4 Aktuelle Zeitungsartikel

M 4.4.1 Werner Adam, Plus und Minus in Helsinki

Herber Enttäuschung ist gewichen, was vor achtzehn Monaten von der
Konferenz über Sicherheit und Zusammenarbeit in Europa (KSZE) bei
einem Gipfeltreffen in Paris erwartungsvoll ausgerufen worden war. Die
damals stolz proklamierte „neue Ära der Demokratie, des Friedens und
der Einheit" hat durch den Zerfall des östlichen Imperiums zwar eine
gewisse Bestätigung erfahren. Andererseits wird die seither von vierund-
dreißig auf zweiundfünfzig Staaten angewachsene und nun tief nach
Asien hineinreichende KSZE in ihrem Geltungsbereich von immer mehr
Disputen heimgesucht – von Kriegen, die ihre Ohnmacht in dem
Bemühen um Konfliktverhütung um so augenfälliger machen. Ob auf
dem Balkan, in Bessarabien oder im Kaukasus; nirgendwo hat diese
Staatenverbindung bisher vermittelnd zu wirken oder gar Frieden zu
stiften vermocht.

Aufgeben will und darf die KSZE mit ihren unbestreitbaren, zum Teil
bahnbrechenden Verdiensten beim Abbau der Ost-West-Spannungen
freilich nicht. Wohl lassen die von den Staats- und Regierungschefs der
Mitgliedsländer jetzt in Helsinki vereinbarten Maßnahmen zur Stärkung
des sogenannten Krisenmanagements weiterhin zu wünschen übrig. Sie
belegen jedoch, daß sich die KSZE siebzehn Jahre nach ihrem Zustandekommen unter den neuen Umständen nicht mehr als bloßes Verhandlungsforum verstanden wissen, sondern endlich mit wirksameren Mitteln
und größerer Autorität ausgestattet sein will. Darin vor allem liegt die
Bedeutung des Beschlusses, die KSZE zu einer regionalen Organisation
der Vereinten Nationen zu machen, wie in der UN-Charta ausdrücklich
vorgesehen. Dadurch gewinnt die europäische Sicherheitskonferenz das
Recht zur Beilegung von Streitigkeiten mit Hilfe operativen Eingreifens
friedenserhaltender Militäreinheiten.

Die Nato und die neun Mitgliedsländer der Westeuropäischen Union
haben ihre Dienste schon angeboten und als erstes einer maritimen Unterstützung der gegen Serbien und Montenegro verhängten Wirtschafts-
sanktionen zugestimmt. Auf die Ressourcen und Erfahrungen dieser Organisationen zurückzugreifen, wie es in dem neuen Schlußdokument von
Helsinki heißt, wird nicht einmal von dem zunächst mißtrauischen Rußland länger als unzumutbar empfunden. Angesichts der nationalen, religiösen und territorialen Konflikte in dem Gebiet der einstigen Sowjetunion treten die ihrerseits über das militärische und wirschaftliche Erbe
zerstrittenen Präsidenten Rußlands und der Ukraine nun vielmehr gemeinsam für die Ausarbeitung von KSZE-Plänen zur Krisenbewältigung
unter Einbeziehung der beiden westlichen Militärbündnisse ein. Schwerer
hat sich da bis unmittelbar vor dem Gipfeltreffen in Helsinki der Westen
getan. Frankreich, das die Rolle der Amerikaner in Europa und damit die
Bedeutung der Nato beharrlich zu mindern trachtet und aus ebendiesem

177

Grund zugleich hartnäckig an seinem Begehren nach einem verbindlichen KSZE-Sicherheitsvertrag festzuhalten sucht, stimmte einer allfälligen Zuhilfenahme der nordatlantischen Allianz nur unter der Bedingung einer zusätzlichen Komplizierung des Verfahrens zu.

Ohnehin ist dieser erste ernsthafte Versuch, dem Gebäude der KSZE militärische Streben einzuziehen, ein politisches Unterfangen mit immer noch zahlreichen Vorbehalten. Obwohl der ohnmächtige Einsatz von Blauhelmen der Vereinten Nationen im zerfallenen Jugoslawien die KSZE eines Besseren hätte belehren müssen, sollen auch Operationen von ihrer Seite nur möglich sein, wenn in dem jeweiligen Krisengebiet bereits Waffenstillstand herrscht und ein militärisches Eingreifen keine „Zwangsaktionen" notwendig macht. Zwar spricht vieles, wenn nicht alles dafür, regionale Konflikte regional zu lösen. Das aber setzt nach den blamablen Erfahrungen der Europäischen Gemeinschaft bei ihren Schlichtungsversuchen auf dem Balkan und der KSZE bei ähnlichen Bemühungen in Nagornyj Karabach mehr als das in Helsinki Vereinbarte voraus. Nach dem Vorbild der Vereinten Nationen bedürfte deren neue Regionalorganisation zumindest eines eigenen Sicherheitsrates und eines Instrumentariums, das die Entsendung von Blauhelmen in Konfliktgebiete nicht von dem für die KSZE nach wie vor bindenden Konsensus-minus-eins-Prinzip mit seinen lähmenden Begleiterscheinungen abhängig macht. Die nach vielen Querelen zustande gekommene Berufung eines Hohen Kommissars für nationale Minderheiten nimmt sich vor dem Hintergrund der europäischen Kriegsschauplätze ebenfalls nicht sonderlich beeindruckend aus.

Dennoch hat sich die KSZE in den letzten Jahren beträchtlich gewandelt und den alten Kontinent vermutlich davor bewahrt, nach dem Zusammenbruch des östlichen Imperiums noch mehr von den damit einhergehenden Konflikten heimgesucht zu werden. Was in komplizierter Kleinarbeit zumeist hinter verschlossenen Türen geschah, war für Europa durchweg von stabilisierender Wirkung und hat nun in Helsinki seinen Niederschlag in der Inkraftsetzung umfänglicher Vereinbarungen über konventionelle Abrüstung und Höchstgrenzen für Truppenstärken vom Atlantik bis zum Ural gefunden. Handelt es sich hier um Abmachungen zwischen den Staaten der Nato und denen des ehemaligen Warschauer Paktes, so sollen in künftige Verhandlungen über Rüstungskontrolle alle KSZE-Länder einbezogen werden. Was daraus wird, steht dahin. Immerhin aber waren die Gipfelteilnehmer diesmal realistisch genug, nicht gleich wieder den Anbruch einer neuen Ära zu verkünden. Sie wollen sich statt dessen den „Herausforderungen des Wandels" stellen: eine Notwendigkeit, die der rauhe Alltag diktiert.

Quelle: Frankfurter Allgemeine Zeitung vom 11.7.1992.

M 4.4.2 Siegfried Löffler, Herausforderungen. Die KSZE darf sich nicht auf den Erfolgen ausruhen

Es kann durchaus sein, daß die Abschlußerklärung des Gipfeltreffens der Konferenz über Sicherheit und Zusammenarbeit in Europa (KSZE) in Helsinki in der vergangenen Woche in der Beurteilung der einzelnen Europäer, für die sie in erster Linie bestimmt ist, nicht den Stellenwert bekommt, den sie verdient. Auf den 82 Seiten sind nämlich Prinzipien, wie zum Beispiel Freizügigkeit, Gedanken- und Informationsfreiheit, festgeschrieben worden, die inzwischen dank der erfolgreichen KSZE-Bemühungen Allgemeingut sind. Das ist gut so. Dies darf freilich nicht von den neuen Problemen ablenken, die nach dem Zusammenbruch des sozialistischen Systems entstanden sind: der bis zu Bürgerkriegen eskalierte Streit zwischen Mehrheiten und Minderheiten auf dem Balkan und in einem Teil der ehemaligen Sowjetunion.

Es ist deshalb positiv zu werten, daß die KSZE, wie es in der Präambel der Gipfelerklärung heißt, an der „Geburtsstätte des Helsinki-Prozesses" dem „gemeinsamen Bemühen neue Impulse" verlieh. Diese Impulse führten zur Entwicklung und zum Ausbau von ins Detail gehenden Konfliktverhütungs- und Krisenbewältigungsmaßnahmen, bei denen die KSZE im Interesse der Friedenserhaltung Unterstützung von der EG, der Nato, der Westeuropäischen Union oder auch von den GUS-Staaten anfordern kann.

Notwendiges Exempel

Nachdem die KSZE mit dem Ausschluß Jugoslawiens von der Teilnahme an dem Treffen in Helsinki und von allen weiteren KSZE-Aktivitäten bis Mitte Oktober ein notwendiges Exempel statuierte und nun bald die erste friedenserhaltende Maßnahme der KSZE Berg Karabach bevorsteht, bedeutet die Einigung auf die Einberufung eines Expertentreffens vom 12. bis 23. Oktober nach Genf, das sich unter anderem mit der Zwangsschlichtung und der Errichtung eines KSZE-Schiedsgerichtshofs beschäftigen soll, einen Fortschritt auf dem Weg zu mehr Autorität der KSZE beim Krisenmanagement. Die Einigung auf die Berufung eines Hohen Kommissars für nationale Minderheiten ist im Blick auf die Krisengebiete in Europa eines der wichtigsten Ergebnisse des Helsinkier Gipfeltreffens.

Rüstungskontrolle wurde verbessert

Hatte bereits das zweite Gipfeltreffen in der fast zwanzigjährigen KSZE-Geschichte, das im November 1990 in Paris das Ende des Kalten Krieges markierte, vorher in Wien ausgehandelte drastische Rüstungsbegrenzungen gebracht, einigten sich nunmehr die Militärexperten in der österreichischen Hauptstadt auf wesentliche Reduzierungen der Truppenstärken.

179

Rüstungskontrolle, ein weltweiter Austausch militärischer Informationen sowie der Ausbau der Überprüfungs- und Inspektionsmechanismen sind wichtige vertrauensbildende Maßnahmen, die noch vor zehn Jahren von der damaligen Sowjetunion als „Spionageversuch" und somit als unzumutbar abgelehnt wurden. Es ist ein Erfolg der KSZE, daß man heute in den meisten Staaten zu der Erkenntnis gelangte, daß nur diejenigen etwas gegen Inspektionen haben, die etwas verbergen wollen.

Die KSZE hat trotz der jahrelangen Behinderungen durch totalitär regierende Politiker gewaltige Veränderungen geschaffen und einen entscheidenden Beitrag zur Beendigung der Ost-West-Konfrontation geleistet. Der „Geist von Helsinki" machte es schließlich möglich, das Europäische Haus als eine Begegnungsstätte der offenen Türen zu errichten. Die Gipfelkonferenz am „Geburtsort" Helsinki hat die Architektur überprüft und die Statik verbessert. Das ist ein entscheidender Fortschritt, auch wenn er erst nach und nach für jedermann sichtbar werden sollte.

Quelle: Handelsblatt vom 13.7.1992.

M 4.4.3 Karl Feldmeyer, KSZE verfolgt nur noch bescheidene Ziele. Hilflosigkeit gegenüber dem serbischen Krieg

Bonn, 9. Dezember. Die Außenminister der 52 KSZE-Mitgliedsländer werden am Montag und Dienstag in Stockholm zusammenkommen. Der Außenminister von Serbien und Montenegro wird nicht teilnehmen, weil die Mitgliedschaft seines Landes suspendiert ist. Der serbische Krieg wird eines der zentralen Themen der zweitägigen Zusammenkunft sein. Freilich sehen die Teilnehmer keine Möglichkeit, ein Ende des Krieges herbeizuführen. Im Rahmen der KSZE verfolgt man derzeit bescheidenere Ziele. So hält man es bereits für einen Gewinn, wenn es in Stockholm gelingt, die gemeinsame Grundhaltung der 51 anwesenden Staaten zum Krieg zu erhalten und zu festigen. Zu dieser gemeinsamen Haltung gehört die Suspendierung der serbischen KSZE-Mitgliedschaft. Diese Position durchzuhalten, gilt angesichts der traditionell engen russisch-serbischen Beziehungen nicht als selbstverständlich.

In diesem Zusammenhang gehören auch die Bemühungen, alles zu tun, um eine Ausweitung des Kriegs auf das Kosovo und auf Mazedonien zu verhindern. Dazu dient die Entsendung von Beobachtern in die gefährdeten Gebiete, in das Kosovo, in den Sandjak und die Vojvodina, nach Kroatien und, wie geplant, nach Bosnien-Hercegovina. Auch nach Bulgarien, Ungarn und Rumänien schickt die KSZE Missionen, um die Einhaltung der UN-Sanktionen gegen Serbien zu kontrollieren. In diesen Zusammenhang gehören auch Bemühungen, die persönliche Verantwortlichkeit der einzelnen Kriegsteilnehmer für Verletzungen von Menschenrechten, etwa von Vergewaltigungen, deutlich zu machen und die Möglichkeiten für die Schaffung eines Strafgerichtshofs für solche Vergehen zu sondieren.

Die KSZE kann sich allerdings nicht nur mit dem serbischen Krieg befassen. Auch der Beendigung der Gewaltanwendung in Nagorny Karabach, in Georgien, die Stabilisierung der derzeit wieder ruhigen Situation in Moldawien und in Estland stehen auf der Tagesordnung der Außenministerkonferenz.

Gegenstand der Beratungen wird sodann die Verbesserung der Handlungsfähigkeit der KSZE sein. Der organisatorischen Stärkung soll die Schaffung des Amtes eines KSZE-Generalsekretärs dienen. Ein entsprechender Beschluß dürfte in Stockholm fallen. Die Ernennung des ersten Generalsekretärs ist dann durch den Außenministerrat der KSZE Ende nächsten Jahres vorgesehen. Dagegen dürfte der erste Hochkommissar der KSZE für Minderheiten bereits in Stockholm eingesetzt werden. Vorgesehen ist für dieses Amt der frühere niederländische Außenminister van der Stoel. Schließlich sollen neue grundsätzliche Regelungen für die Organisation, die Finanzierung und die Führung der KSZE-Missionen ebenso beschlossen werden wie eine verbesserte Finanzausstattung der KSZE. Ihr Etat betrug im ablaufenden Jahr 7,3 Millionen Mark. Der Etat des nächsten Jahres soll auf 13,4 Millionen Mark steigen. Deutschland trägt davon 9 Prozent.

Quelle: Frankfurter Allgemeine Zeitung vom 10.12.1992.

M 4.4.4 Cathrin Kahlweit, Begräbnis auf Raten

Es war einmal eine Zeit, die sich Visionäre und Utopisten in ihren kühnsten Träumen ausgemalt hatten: Der kalte Krieg war zuende, die beiden Supermächte arbeiteten Hand in Hand, die Ideale von Souveränität und Nationalbewußtsein auf der einen sowie Toleranz und Annäherung auf der anderen Seite schienen sich endlich verknüpfen zu lassen. Als Wegbegleiter in diese schöne, neue Welt wurden UNO und KSZE auserkoren – die eine Organisation zur internationalen, die andere zur europäischen Zusammenführung entfremdeter Kulturen.

Die „Konferenz für Sicherheit und Zusammenarbeit in Europa" hatte einst aufgrund ihrer Menschenrechtspolitik eine unterschätzte Rolle als moralische Anstalt gespielt; doch wäre die Einhaltung ihrer Grundsätze nicht auch in Osteuropa eingefordert worden, wäre der eiserne Vorhang vielleicht sehr viel später gefallen. Nun sollte ihre Rolle umgestaltet werden: Humanistische Bildungsanstalt für die aufklärungsbedürftigen Staaten der ehemaligen UdSSR sollte sie bleiben; als Vermittlerin und Friedenserhalterin aber noch verstärkt wirken. „Vorbeugende Diplomatie" war das Stichwort, das Ausloten potentieller Konfliktherde die neue Aufgabe.

In dem Maße jedoch, in dem sich die schöne neue Welt als Illusion entpuppte, mußte auch dieses Konzept revidiert werden: Da war nicht mehr viel vorzubeugen, in zu vielen der 52 Mitgliedsländer herrschte inzwischen Bürgerkrieg oder Krieg. Schadensbegrenzung war nun nötig als erster winziger Schritt zu einer neuen Weltordnung; Vertrauensbildung erst der zweite. Die KSZE machte sich auf die Suche nach einer Handhabe für die veränderte Situation, die Zahl der neuen Konzepte erhöhte sich um ein Vielfaches: Institutionalisierung des KSZE-Prozesses, europäisches Krisenmanagement, kooperative Sicherheitsstrukturen. Die Dame in der Midlife-crisis wollte sich ein neues Gebiß verpassen, denn ihre Rolle war angesichts eskalierender Konflikte in Eurasien anachronistisch geworden, weil Friedensschaffung, ja Friedenserzwingung – und nicht Friedensbewahrung – dem Gebot der Stunde entsprachen.

Doch die dritten Zähne erweisen sich als ebenso untauglich wie die zweiten: Wo schon die UNO unfähig ist, mit ihren Mitteln einen Zipfel des Traums von der schönen neuen Welt zu bewahren, da muß die KSZE mit ihren hochfliegenden Plänen umso mehr scheitern. Das liegt zum einen an der inneren Struktur, denn 52 Mitgliedstaaten aus unterschiedlichen Kulturkreisen verhindern eine produktive interne Debatte, die durch die objektive Führungslosigkeit der Organisation noch verstärkt wird. Während beispielsweise die UNO mit dem Sicherheitsrat zumindest über eine schlagkräftige Entscheidungsmaschinerie verfügt, ist die Führungstroika der KSZE tatsächlich nicht mehr als gleich unter Gleichen. Wo aber die interne Debatte zur Dauer-Redeschlacht wird, da muß die Suche nach Gemeinsamkeiten schon bei der Einigung auf die Tagesordnung enden.

Zum zweiten scheitert die KSZE derzeit am Auseinanderklaffen von selbstauferlegten Ansprüchen und selbstgesteckten Grenzen: Für „große" Aufgaben wie Blauhelm-Missionen beispielsweise ist die UNO besser geeignet. Zu Zwangsmaßnahmen dürfen die KSZE-Friedenstruppen nicht greifen, und das Recht auf Hinzuziehung der NATO oder der WEU hat sich als papierene Waffe erwiesen, da die zur Unterstützung der KSZE-Missionen herbeigerufenen Soldaten nicht mehr sein dürfen als kritische Beobachter.

In der Praxis riechen die derzeitigen Aktionen der europäischen „Regionalorganisation der UNO" denn auch ziemlich stark nach organisierter Hilflosigkeit: Die KSZE erteilt der EG ein Beobachter-Mandat in Ex-Jugoslawien und delegiert damit Aufgaben; sie entsendet eine Vermittlergruppe nach Nagornij-Karabach und bleibt dort erfolglos; sie organisiert „Langzeit-Missionen" in der Vojvodina und im Kosovo und ist dabei ironischerweise auf die Zustimmung Belgrads angewiesen; sie wird nach Moldawien und Georgien gerufen, wo sie jedoch im Interesse der jeweiligen Regierung nur als Gegengewicht zu den russischen „Vermittlern" dienen soll.

Und so ist allen Beteiligten klar, was im Argen liegt: Die Organisation ist zahn- und kraftlos, ihre Beschlüsse sind völkerrechtlich unverbindlich, ihre auf Langfristigkeit ausgelegten Konzepte sind angesichts der Masse von akuten Problemen untauglich, sie überfordert ihre jungen, ohnehin zum Teil nach Asien orientierten Mitglieder. Also werden nun abermals die Möglichkeiten und Zielsetzungen einer Revision unterzogen, und die Brötchen werden wieder kleiner: Nun möchte man in weiser Einsicht Teil eines aus vielen Institutionen bestehenden Systems werden, dessen Formen (also UNO, NATO, EG, WEU und KSZE) sich überschneiden und ergänzen. Doch noch beschränkt sich die Vernetzung auf Kommuniques und Absichtserklärungen. Was fehlt, sind bessere Aktions- und Kontrollmöglichkeiten, vor allem aber eine funktionierende Arbeitsteilung. Dabei gäbe es durchaus eine sinnvolle Aufgabe in einem arbeitsteiligen Konzept. Wer eignete sich mehr als der Debattierclub KSZE dazu, sich tatsächlich mit Zukunftskonzepten, mit kontinentübergreifenden Entwürfen für eine neue Ordnung zu befassen? Die Rolle als eurasischer „thinktank" mit vertrauensbildender Langzeitwirkung wäre schließlich ehrenvoller als ein Begräbnis auf Raten.

Quelle: Süddeutsche Zeitung vom 20.1.1993.

M 4.4.5 Pierre Simonitsch, Der Pförtner weiß nicht, wo der Krieg verhindert wird

Die Wiener Zentrale der KSZE zur Früherkennung von Konflikten findet für ihre Arbeit nur ein paar kleine Nischen

Die Konferenz über Sicherheit und Zusammenarbeit in Europa (KSZE), einst strahlendes Beispiel des Verständigungswillens über die ideologischen Gräben hinweg, muß wieder einmal einen Rückschlag hinnehmen. Rest-Jugoslawien hat die „Langzeitmissionen" der KSZE in den serbischen Provinzen Kosovo, Vojvodina und Sandschak – wo ethnische Konflikte zu explodieren drohen – zum sofortigen Abzug aufgefordert. Als Grund für den Rausschmiß gibt die Regierung in Belgrad die Weigerung der KSZE an, die vor einem Jahr suspendierte Bundesrepublik Jugoslawien (Serbien und Montenegro) wieder als honoriges Mitglied der Staatengemeinschaft willkommen zu heißen. Auf die Frage, was jetzt geschieht, antwortet ein KSZE-Beamter schlicht: „Unsere Leute packen die Koffer".

Das Wirken der KSZE ist ebenso improvisiert wie ihr derzeitiges Hauptquartier in Wien. „Gehen Sie durch den Hofburgeingang am Schild ‚Kein Zutritt' vorbei, dann links um die Ecke und die Treppe hoch", hatte mir der frischgebackene KSZE-Generalsekretär Wilhelm Höynck am Telefon eingeschärft. Der Portier schickte mich dennoch in die falsche Richtung – von einem Generalsekretariat hatte er noch nie gehört. Tags zuvor war der FR-Korrespondent umsonst zu einer Verabredung ins Konfliktverhütungszentrum der KSZE getrabt. Der Herr Doktor weilte laut Auskunft seiner Sekretärin gerade in einem Ministerium. Eine Entschuldigung für das geplatzte Rendevous hielt er für überflüssig.

Doch das soll alles besser werden. Das Generalsekretariat und das Konfliktverhütungszentrum werden demnächst in einen neuen Komplex am feudalen Kärntnerring zusammengelegt. Höynck ist sich bewußt, daß die Öffentlichkeitsarbeit einen Anstoß nötig hätte; denn die Verdienste der KSZE um die Beendigung des Kalten Krieges geraten in Vergessenheit, und ihre jüngeren Initiativen stehen unter keinem guten Stern.

Davon kann Mario Raffaelli, der KSZE-Beauftragte für die zwischen Armenien und Aserbeidschan umkämpfte Enklave Berg-Karabach, ein Lied singen. Mangels Sicherheitsgarantien mußte der italienische Spitzendiplomat dieser Tage eine Rundreise nach Baku, Eriwan, Stepanakert und Agdam abblasen. Der amtierende Präsident Aserbeidschans, der Altkommunist Geidar Alijew, bezichtigte daraufhin die KSZE der Parteilichkeit, weil sie sein Land gegen Armenien im Stich lasse.

Während im fernen Kaukasus die Waffen Länder verwüsten, klappern in einem verwinkelten Bürogebäude der Wiener Herrengasse die Computertasten. 15 Personen unter Leitung des Dänen Bent Rosenthal brüten im Konfliktverhütungszentrum der KSZE Einsatzpläne für Friedensmissionen aus. Durch die Aufnahme aller Nachfolgestaaten der Sowjetunion hat sich die KSZE eine eindrucksvolle Anzahl von Konflikten eingehandelt. „Wir waren nicht naiv, als wir die kaukasischen und zentralasiatischen Republiken in die KSZE eingliederten", beteuert Höynck heute, „aber die Frage, die wir uns damals stellen mußten, lautete: Wie können wir verhindern, daß das zusammengebrochene Sowjetreich völlig unstabil wird?"

Das Konfliktverhütungszentrum ist bisher ausschließlich in Ex-Jugoslawien und in früheren Sowjetrepubliken tätig geworden. Die „Langzeitmissionen" in Kosovo, dem Sandschak und der Vojvodina überlebten knapp zehn Monate. Ihre Aufgaben entsprachen am ehesten denjenigen eines Ombudsmanns. Die Delegierten waren angehalten, Kontakte mit allen Bevölkerungsgruppen und den lokalen Behörden zu pflegen. Wenn etwa Eltern über eine Benachteiligung ihrer Kinder aus ethnischen oder religiösen Gründen in der Schule klagten, sollten die Abgesandten der KSZE den Vorwürfen nachgehen und Abhilfe schaffen.

„Wir arbeiten in Nischen, die von den Friedenstruppen der UN nicht ausgefüllt werden", sagt Stefan Estermann, ein junger Schweizer Angestellter des Konfliktverhütungszentrums. „Die KSZE will Spannungen frühzeitig erkennen und deeskalierend wirken, bevor es zu einem Krieg kommt. Zu diesem Zweck werden kleine Missionen hochkarätiger Diplomaten als Vermittler in Krisengebiete entsandt. Die Diplomaten müssen der jeweiligen Landessprache mächtig sein, was allerdings ihre Rekrutierung schwierig macht."

In Makedonien halten acht KSZE-Beobachter an der Grenze zu Serbien Wacht, um ein Überschwappen der Konflikte in Ex-Jugoslawien auf das noch friedliche Land zu melden. Im Ernstfall sollen sie „die Tatsachen feststellen, um eine weitere Verschlechterung der Lage zu vermeiden". In Estland versuchen KSZE-Vertreter den Streit um die Rechte der russischen Bevölkerung zu entschärfen. Der von der KSZE ernannte Kommissar für Minderheiten, Max van der Stoel, vermochte den estnischen Präsidenten Lennart Meri zu überzeugen, einen bereits vom Parlament verabschiedeten Gesetzentwurf nicht in Kraft zu setzen. Die russische Regierung hatte das umstrittene Staatsbürgerschaftsgesetz als für die 500 000 russischsprachigen Einwohner Estlands „diskriminierend" bezeichnet und Sanktionen angedroht. Das estnische Parlament erließ denn auch einige Gesetzesänderungen, so daß künftig Pensionäre der ehemaligen Sowjetarmee ebenfalls ein Aufenthaltsrecht erhalten können und der Weg zur Staatsbürgerschaft etwas einfacher wird.

Meistens treffen die Abgeordneten der KSZE allerdings erst ein, wenn der Krieg schon im Gange ist. Seit Dezember versucht eine elfköpfige Mission in Georgien gleichzeitig in den blutigen Konflikten um Süd-Ossetien und um Abchasien zu vermitteln. In Süd-Ossetien hält derzeit eine russische Friedenstruppe die Gegner auf Distanz. In Abchasien sind die Kämpfe zwischen den georgischen Regierungstruppen und den Sezessionisten voll entbrannt.

Das Mandat der KSZE-Vertreter scheint angesichts der Ausweitung des Krieges illusorisch: Sie sollen den Verhandlungsrahmen für einen Waffenstillstand schaffen und eine politische Lösung ausarbeiten. Generalsekretär Höynck gewinnt der Übung dennoch einen Sinn ab: „In Georgien wird ein neuer Typ von Mission ausprobiert, nämlich eine Mischung von Diplomaten und Militärs."

Zu spät gekommen sind die Delegierten der KSZE auch in Moldava. Als die acht Mannen Ende April in der Hauptstadt Chisinau (russisch: Kischinjow) eintrudelten, hatten die brutalen Auseinandersetzungen am linken Dnjest-Ufer zwischen rumänischstämmigen und slawischen Einwohnern bereits Tausende von Todesopfern gefordert. Zeugen berichteten von Lastwagenkolonnen voller übel zugerichteter Leichen. Mittlerweile hat die KSZE einen Beobachtungsposten in Tiraspol, dem Zentrum des Krisengebietes, eingerichtet. Der von den Medien kaum zur Kenntnis genommene Krieg geht indessen weiter.

„Die KSZE kann keine Zwangsmaßnahmen durchführen", führt Höynck ins Feld, „auch friedenserhaltende Einsätze machen nur dann einen Sinn, wenn sie die Perspektive einer politischen Lösung aufzeigen." Als ein Element der Frühwarnung versteht der deutsche Karrierediplomat die Institution eines runden Tisches, an dem jeden Donnerstag die Botschafter der KSZE-Staaten zusammentreffen. Noch ist die „Wiener Gruppe" unvollständig. Die zentralasiatischen Republiken bringen nicht das Geld auf, in Wien Botschaften einzurichten. Bis Jahresende werden aber alle 53 KSZE-Mitglieder an der blauen Donau vertreten sein, hofft Höynck. Die österreichische Regierung bietet nämlich den Pleitestaaten unentgeltliche Büroräume an.

Quelle: Frankfurter Rundschau vom 12.7.1993

M 4.4.6 Frau af Ugglas lobt die KSZE.
Die schwedische Außenministerin in Bonn/ Osteuropa und der Balkan

C.G. Bonn, 27. April. Schweden hat in diesem Jahr den Vorsitz der Konferenz für Sicherheit und Zusammenarbeit in Europa (KSZE) inne. Die schwedische Außenministerin af Ugglas, die sich am Dienstag zur Begleitung des Königspaares in Bonn aufhielt, hat dafür geworben, Deutschland solle trotz der Kriege auf dem Balkan und in einigen Gebieten der früheren Sowjetunion die Möglichkeiten der KSZE besonders zu vorbeugender Konfliktverhütung nutzen. Die Außenministerin sagte im Gespräch mit dieser Zeitung: „Neben anderen Organisationen hat die KSZE bedeutende Aufgaben in der Übergangszeit nach dem Ende des Kommunismus; Deutschland sollte daran aktiv mitwirken." Zwischen 1975 und 1989 habe die wichtigste Aufgabe der KSZE im „Bau einer Brücke über die ideologische Kluft in Europa hinweg" bestanden. Jetzt müsse versucht werden, eine friedliche Übergangsregelung für Osteuropa zu finden, um Wiederholungen der Tragödie im ehemaligen Jugoslawien zu verhindern. In der Übergangszeit sei es nicht möglich, „mit einem raschen Schnitt eine alles abdeckende Organisation zu schaffen, mit der alle zufrieden sind". Nicht als einzige und alles umspannende Einrichtung, aber eingefügt in das Geflecht aus Vereinten Nationen, Europäischer Gemeinschaft und Nato finde die KSZE ihren Platz.

Als Beispiel der Wirkungsmöglichkeit der KSZE bezeichnete die Außenministerin die Mitwirkung an der Überwachung der Sanktionen gegen Serbien-Montenegro. Darüber berate seit Montag der „Ausschuß Hoher Beamter" der KSZE in Prag. Die KSZE unterstütze die Überwachung der Sanktionen und organisiere die Arbeit der „Sanktionsgruppen", bei denen es sich vor allem um Zollbeamte handele, in den Nachbarländern Serbien-Montenegros. Die Verwaltung obliege einer Gruppe unter italienischem Vorsitz in Zusammenarbeit mit der EG. Beobachter der KSZE befänden sich aufgrund eines Vertrags über die Zusammenarbeit zwischen der KSZE und den Vereinten Nationen im Kossovo und in Mazedonien. Darin werde der Vorrang deutlich, den die KSZE der vorbeugenden Diplomatie zumesse. Es gelte, frühzeitig Spannungen zu mindern, damit Konflikte möglichst nicht gewaltsam ausbrechen. Frau af Ugglas verwies auf die Bemühungen um die Integration der russisch-sprachigen Bevölkerung in Estland. In einer Arbeitsteilung mit den Vereinten Nationen liege für die KSZE das Gewicht auf der Vorbeugung, während die UN mit ihrer Erfahrung und ihren rechtlichen Möglichkeiten die offenen Konflikte zu bewältigen suche. Der KSZE-Hochkommissar für Minderheiten, van der Stoel, suche im Baltikum, in der Slowakei und in Ungarn ethnischen Auseinandersetzungen die Sprengkraft zu nehmen. Bald werde der Hochkommissar mit dem gleichen Ziel nach Zentralasien reisen. Das Nationalitätengemisch könne in jenen Republiken Gefahren schaffen.

Die schwedische Außenministerin hat gerade die fünf asiatischen Republiken Kasachstan, Kyrgistan, Tadschikistan, Turkmenistan und Usbekistan besucht. Die neuen KSZE-Mitglieder sollen in die europäische Zusammenarbeit einbezogen werden. Einige der zentralasiatischen Republiken wollen diplomatische Vertretungen in Wien einrichten. Botschafter aller KSZE-Mitgliedstaaten sollen in Wien die Möglichkeit zu rasch einberufenen Zusammenkünften ähnlich den Brüsseler Beratungen der EG-Botschafter bekommen. Tadschikistan wünscht die Hilfe der KSZE bei der Ausarbeitung einer demokratischen Verfassung. Frau af Ugglas berichtete, in Turkmenistan und Usbekistan habe man behauptet, es gebe dort keine politische Opposition. Trotzdem sei es Mitgliedern der KSZE-Abordnung gelungen, Verbindung mit Vertretern der jeweiligen Opposition aufzunehmen. Im Gegensatz zu diesen beiden Republiken sei das demokratische Parteiensystem in Kasachstan und besonders Kyrgistan besser entwickelt. Angehörige des Warschauer KSZE-Büros für Wahlüberwachungen hätten sich auch nach der Abreise der Delegation in den zentralasiatischen Republiken aufgehalten, um Ratschläge zu geben. Ein Bericht über die Ergebnisse der Reise soll demnächst dem „Ausschuß Hoher Beamter" zugeleitet werden. Frau af Ugglas beurteilte die Aussichten der KSZE-Mission in Moldova, den Ausbruch von Kämpfen zu verhindern, zuversichtlich; in Georgien und Nagornyj-Karabach versuchten die KSZE-Diplomaten, auf eine Eingrenzung der Gewaltakte hinzuwirken. Die Außenministerin bezeichnete es als äußerst nützlich, daß die KSZE einen Generalsekretär erhalten werde: es soll der Bonner Diplomat Höynck werden.

„Für Schweden wird die europäische Zusammenarbeit Motor und Kern einer künftigen Politischen Union bedeuten", sagte Frau af Ugglas. Darin liege „Schwedens europäische Vision". Stockholm wünsche sowohl die Vertiefung als auch die Erweiterung der Europäischen Gemeinschaft. Auf den Beitritt der EFTA-Länder solle in einer zweiten Runde die Mitgliedschaft der „Visegrad"-Staaten Polen, Ungarn, tschechische Republik und Slowakei folgen. In Schweden werde der Begriff der „Neutralität" kaum noch verwendet. Nach dem Verschwinden des Warschauer Paktes gehöre dieser Begriff der Vergangenheit an. Statt dessen setze Schweden auf die „europäische Zugehörigkeit und Identität". Der EG-Beitrittskandidat Schweden befürworte auch die außen- und sicherheitspolitische Komponente des Maastrichter Vertrages zur Politischen Union. Eine kollektive europäische Sicherheitsordnung sei das Ziel.

Quelle: Frankfurter Allgemeine Zeitung vom 28.4.1993.

M 5. Die KSZE und die gesellschaftliche Konfliktprävention

M 5.1 Grundsatzerklärung der „Helsinki Citizens Assembly"

Der Kalte Krieg ist vorbei, aber Europa ist noch nicht vereint. Die „Helsinki Citizens Assembly" ist ein internationales Netzwerk von Bürgern Europas und Nordamerikas, die sich für die demokratische Integration Europas engagieren. Wir arbeiten für:

Eine friedliche, demokratische Gemeinschaft wohlhabender und unabhängiger Staaten, vereint in der gemeinsamen Verpflichtung auf die Werte der Demokratie, der Menschenrechte, der sozialen Gerechtigkeit und der ökologischen Verantwortung.

Ein Europa, das der Freiheit und der Selbstbestimmung der Völker, den Rechten von Minderheiten, der kulturellen Vielfalt und dem Pluralismus verpflichtet ist.

Ein Europa, frei von Militärblöcken, fremden Truppen und Massenvernichtungswaffen, das sich zur friedlichen und demokratischen Lösung von Konflikten verpflichtet.

Ein Europa der Menschenwürde und der weltweiten Solidarität, darum bemüht, die Kluft zwischen Nord und Süd zu überbrücken.

Wir sind davon überzeugt: Um das neue Europa als eine Zivilgesellschaft zu errichten, bedarf es mehr als eines nur formalen Politikverständnisses. Deshalb rufen wir zu einer engeren Zusammenarbeit zwischen allen demokratischen politischen Organisationen und den demokratischen Bürger- und Sozialinitiativen auf.

Wenn wir eine europäische Einheit erreichen wollen, müssen wir uns gemeinsam den Herausforderungen stellen: dem Nationalismus und Föderalismus, der nationalen Selbstbestimmung, den Migrations- und den Flüchtlingsbewegungen, der regionalen Zusammenarbeit, den Minderheitenrechten, dem Frieden und dem Abbau des Militärs, der Lage der Frauen, der Armut und Arbeitslosigkeit, einer ökologischen Orientierung der Wirtschaft und der Notwendigkeit, demokratische Institutionen in Europa zu schaffen, einschließlich der Institutionalisierung des Helsinki-Prozesses.

(aus dem englischsprachigen Faltblatt der HCA ins Deutsche übertragen von Berthold Meyer)

M 5.2 Petra Haumersen, Entwicklung von Modellworkshops zum Konfliktmanagement in ethnonationalen Spannungsfeldern

Das im folgenden kurz dargestellte Projekt ist ein – hoffentlich erfolgversprechender – Versuch, sich dem Problem der ethnonationalen Konflikte nach dem Ende des Ost-West-Konflikts, wie sie sich überall in den Ländern des ehemaligen Ostblocks in mehr oder weniger schlimmen Formen zeigen, anzunähern. Es wird davon ausgegangen, daß eine friedliche oder wenigstens gewaltfreie Bewältigung dieser Konflikte ohne die Beteiligung einer dritten Partei und die gemeinsame Entwicklung neuer problemlösungsorientierter Methoden auf der inner- und zwischengesellschaftlichen Ebene ebensowenig möglich sein wird wie ohne entsprechende Abrüstungsanstrengungen und gesetzgeberische Regelungen.

Ziel des Projektes

So entstand im Rahmen von KSZE-Consult e.V., eines 1990 gegründeten Zusammenschlusses von Experten aus den Bereichen des „sanften" Tourismus, des interkulturellen (Jugend-)Austauschs und der Friedens- und Konfliktforschung das Vorhaben, Modellworkshops zum Konfliktmanagement in ethnonationalen Spannungsfeldern zu entwickeln. Konfliktlösung ist ausdrücklich nicht das Ziel dieses Vorhabens, weil wir davon ausgehen, daß Konflikte eine automatische und „normale" Begleiterscheinung des Unterschieds zwischen Ethnien sind und nur durch das Verschwinden dieses Unterschieds (was manchmal, wie z.B. gerade in Bosnien, verstanden wird als: einer oder zwei oder drei Ethnien!) aufzulösen wären.

„Erprobungsfeld" Rumänien

Die Entwicklung des Modellkonzepts sollte exemplarisch anhand des ethnonationalen Spannungsfeldes in Rumänien erfolgen. Hier lebt mit ca. 2 Millionen Ungarn die größte Minderheit in Südosteuropa. Der ungarisch-rumänische Konflikt in und um Siebenbürgen reicht weit zurück in die Geschichte und ist in der Zeit nach der Abschaffung des Ceaucescu-Regimes nicht nur nicht beigelegt worden, sondern teilweise, im Sinne einer Ablenkung von den Problemen des gesellschaftlichen Umbruchs, von interessierter Seite eher angefacht worden.

Eine erste Kontaktreise nach Rumänien zeigte, daß bei Vertretern beider ethnischer Gruppen lebhaftes Interesse an der Teilnahme an einem solchen Projekt bestand. Mit der Unterstützung der Berghof-Stiftung für Konfliktforschung (und voraussichtlich später auch weiterer Institutionen) konnte die Durchführung einer wissenschaftlich begleiteten Seminarreihe zum Konfliktmanagement begonnen werden. Sie ist auf einen Zeitraum von drei Jahren hin konzipiert, soll von 1992 bis 1994 dauern und mit Multiplikatoren aus Jugendorganisationen durchgeführt werden. Auf Anregung unserer rumänischen und ungarisch-rumänischen Kontaktpartner wurden auch Vertreter der anderen ethnischen Minderheiten in Rumänien, der Roma und der Deutschen, sowie Vertreter der ungarischrumänischen Minderheit aus dem ungarischen Exil in die Teilnehmergruppe einbezogen.

Allen organisatorischen Problemen und Hindernissen zum Trotz konnte das erste der für den Zeitraum von 1992 bis 1994 geplanten sieben Seminare im Juni in Hessen stattfinden.

Leitgedanken

Die Grundidee des Projektes ist die Überzeugung, daß die Moderation durch eine dritte Partei helfen kann, interethnische Konflikte bearbeitbar zu machen. Der Versuch, Konflikte unter Inanspruchnahme von Vermittlern zu entschärfen, hat nach unserem Verständnis nicht nur auf der zwischenstaatlichen Ebene seine Berechtigung, sondern auch da, wo das Aushalten von ethnischen Unterschieden letztendlich gelebt werden muß: im ganz alltäglichen Zusammenleben innerhalb multiethnisch zusammengesetzter Gesellschaften. In Anlehnung an die „Problemlösungsworkshops", wie sie von John Burton, Leonard Doob und Herbert C. Kelman entwickelt und beschrieben wurden, verfolgt das Projekt zwei Ziele: Zum einen geht es darum, herauszufinden, welche Aufgaben die dritte Partei in interethnischen Konflikten wahrnehmen kann und muß, welchen Hindernissen sie sich dabei gegenüber sieht und welche Kompetenzen das erfordert. Zum anderen soll im Rahmen der Seminarreihe, durch die Arbeit mit der Zielgruppe „Multiplikatoren", gleichzeitig ein Kern von Vermittlern im rumänisch-ungarischen Konflikt herangebildet werden.

Teilnehmergruppe und Leitungsteam

Die Zusammensetzung der Teilnehmergruppe soll, nach geringfügigen Änderungen nach dem ersten Seminar, bis zum siebten und letzten Seminar dieselbe bleiben, um die Kontinuität des Lernprozesses zu fördern. Die Teilnehmer sind Vertreter von Jugendorganisationen der Regierungspartei, verschiedener Oppositionsparteien, der ungarisch-reformierten Kirche, der Organisation der Ungarn in Rumänien, der Studentenorganisation der Roma und der rumänischen Jugendliga und kommen aus allen Teilen des Landes. Ergänzend wurden aus Ungarn Vertreter einer Menschenrechtsorganisation und eines Zusammenschlusses der aus Rumänien emigrierten Ungarn eingeladen und aus der Bundesrepublik Deutschland je ein Vertreter der aus Rumänien emigrierten deutschen und ungarischen Minderheit.

Dritte Partei ist im Rahmen unseres Projektes das Leitungsteam. Es setzt sich zusammen aus zwei deutschen, einem rumänischen und einem ungarisch-stämmigen rumänischen Kollegen. Dies unterscheidet unseren Ansatz von den „klassischen" Vorbildern in den Problemlösungsworkshops. Es „trübt" zwar das Rollenverständnis der dritten Partei im Sinne eines neutralistischen Rollenverständnisses, eröffnet aber Chancen für eine interkulturelle Vermittlungsarbeit, die letztlich der Moderation der Konflikte zugute kommen kann. Erste Erfahrungen damit deuteten jedenfalls an, daß sich diese Teamzusammensetzung durchaus bewährt.

Inhaltlich-methodischer Ansatzpunkt und erste Erfahrungen

Eine der Grundvoraussetzungen dafür, die alltäglichen Reibungen und Konflikte zwischen den ethnischen Gruppen nicht immer wieder bloß zu reproduzieren, ist die – zumindest zeitweilige – Distanz zur eigenen, alltäglichen Wahrnehmung der eigenen und der „gegnerischen" Gruppe. Erst ein Sich-Lösen von der normalerweise eben stereotypen Sichtweise ermöglicht die Infragestellung eigener Verhaltensmuster wie auch das Erkennen vorher verborgen gebliebener Gemeinsamkeiten.

Dies gilt es im Rahmen der Seminarreihe zu erreichen, diesem Ziel dienen die angewandten Methoden, die behandelten Inhalte ebenso wie die Rahmenbedingungen („dritter Ort", s.u.; „Konferenzsprache" Englisch) der Seminare. Die dritte Partei hat dabei keine leichte Aufgabe zu bewältigen, muß sie doch strikt darauf achten, daß die „Zumutungen", vor die sie die Teilnehmer stellt, indem sie eine solche Abkehr von – Orientierung und Sicherheit gewährenden – „Gewißheiten" erwartet, nicht ungleichgewichtig die eine Gruppe mehr belasten als die andere.

Relativ einfach ist das z.B. hinsichtlich der Rahmenbedingungen. Die räumliche Entfernung der Teilnehmer vom alltäglichen Konfliktfeld durch die Wahl des Veranstaltungsortes in Deutschland, wie es für die ersten drei der sieben Seminare vorgesehen ist, sollte auch im übertragenen Sinn ein Sich-Entfernen von gewohnten Mustern erleichtern. Dies trifft, mit Ausnahme der beiden in der BRD wohnenden Teilnehmer, alle Teilnehmer gleichermaßen. Das gleiche gilt auch für die Sprache: Umgangsprache in den Seminaren ist Englisch, für keinen der Beteiligten die Muttersprache, auch das soll zu einer Ent-Fremdung vom Alltäglichen beitragen.

Strittig sind innerhalb der Gruppe hingegen die inhaltlichen Gegenstände der Arbeit. Obwohl die Themen, die in den Seminaren behandelt werden sollen (Fragen der die Minderheitenrechte betreffenden internationalen gesetzlichen Standards, der Geschichte, der Massenpsychologie, der gesellschaftlich-politischen und der ökonomischen Entwicklungsmöglichkeiten u.a.m.), im Sinne einer rollenden Planung gemeinsam mit den Teilnehmern erarbeitet wurden, zeichnet sich ab, daß die gegensätzlichen inhaltlichen Positionen sehr hart verteidigt werden und daß die Annäherung aneinander sich nur in kleinen und mühsamen Schritten vollzieht. Als eine große Schwierigkeit erwies es sich für das Leitungsteam, ein Regelwerk für die Verständigung der Teilnehmergruppe zu finden, das diesen Schritten einen Boden bereitet. Ein Fazit des ersten Seminars, mit den Worten eines Teilnehmers: „Wir haben alle noch sehr viel zu lernen!"

Am Ende der Seminarreihe jedenfalls soll zweierlei stehen: Die Teilnehmer sollen aus eigener Erfahrung gelernt haben, daß und wie man sich aufeinander zubewegen kann, trotz aller Differenzen, und sie sollen in die Lage versetzt worden sein, daß sie diese Erfahrung zurückvermitteln können in ihre jeweiligen Organisationen, von wo aus sie sich nach dem Schneeball-Prinzip verbreiten sollen. Und es sollen die Erfahrungen mit diesem ersten Durchgang in Form eines Modells verdichtet werden, von dem die Projektmitarbeiter hoffen, daß es sich auch andernorts bewähren könnte.

Quelle: Puzzle, 1. Jg., Heft 3, Dezember 1992, S. 14/15.